The Theory and Practice of Historical
Geographic Informatization

历史地理信息化的理论与实践

主　编◎潘　威

副主编◎白江涛　苏绕绕

科学出版社

北　京

内 容 简 介

本书受国家社科基金冷门绝学项目"近代中国西部边疆多语种水利史料整理与研究"（23VJXT018）和云南大学研究生优质课程建设项目"数字人文与史学研究"联合资助。21世纪初，中国历史地理学界开始尝试将地理信息系统技术引入研究实践，并发展出"历史地理信息化"这一新兴方向。在当前国家"新文科"发展战略下，"历史地理信息化"在高校历史学的科研、教学中日益重要，因此有必要对"历史地理信息化"的理论与实践进行探讨与总结。本书系统介绍了历史地理信息化的学科发展历程，实际操作中的应用软件与工具，以及分析方法。针对古旧地图的信息化处理和管理还进行了举例分析，并通过实践案例介绍了历史地理信息化在具体研究中的操作过程。

本书适合对历史地理信息化感兴趣的历史学和"数字人文"学者及研究生阅读。

图书在版编目（CIP）数据

历史地理信息化的理论与实践/潘威主编. —北京：科学出版社，2024.6
ISBN 978-7-03-078347-9

Ⅰ.①历⋯　Ⅱ.①潘⋯　Ⅲ.①历史地理学–信息化–研究–中国
Ⅳ.①K928.6-39

中国国家版本馆 CIP 数据核字（2024）第 070568 号

责任编辑：李春伶　李秉乾 / 责任校对：张亚丹
责任印制：肖　兴 / 封面设计：润一文化

科 学 出 版 社 出版
北京东黄城根北街 16 号
邮政编码：100717
http://www.sciencep.com
三河市骏杰印刷有限公司印刷
科学出版社发行　各地新华书店经销
*
2024 年 6 月第 一 版　　开本：720×1000　1/16
2024 年 6 月第一次印刷　　印张：17 3/4
字数：237 000
定价：88.00 元
（如有印装质量问题，我社负责调换）

序

中国历史地理学脱胎于传统的沿革地理，20世纪二三十年代，以顾颉刚为代表的禹贡学派开始探索在现代学科体系下中国历史地理的研究之路。在谭其骧、侯仁之、史念海等先生的共同努力之下，发展起中国历史地理学，即以现代地理学的理论、方法为指导，研究历史时期中国的地理问题。传统的沿革地理转变为现代历史地理，历史地理学的学科属性为之一变，研究视角与问题更加丰富，地理学的研究方法也不断地为历史地理研究所使用。

进入21世纪，随着计算机、信息技术的普及，地理信息系统（geographic information system，GIS）技术成为地理科学非常重要的方法论之一。这项技术的应用，一方面使地图处理、可视化分析、智能开发等领域的研究产生了翻天覆地的变化；另一方面，历史地理学在古旧地图处理、数字化发展、数据库建设等问题研究的路径上也迎来了新技术的挑战。如何跟上地理学的研究步伐，使历史地图空间表达实现数字化发展？如何使数字技术应用于历史地理相关问题的研究？如何在新技术的加持之下，提高历史地理问题的研究精度？这是信息时代赋予我们历史地理学者的新任务。

2001年，复旦大学历史地理研究中心与美国哈佛大学等机构联合启动了"中国历史地理信息系统"（Chinese Historical Geographic Information System，CHGIS）项目，试图建立一套中国历史时期连续变化的基础地理信息库，为研究者提供GIS数据平台、时间统计及查询工具和模型。CHGIS项目开启了中国历史地理学信息化发展的探索之路。与此同时，国内相关领域的研究工作也开始展开，其中最具代表性的就是以满志敏为核心的研究团队进行的工作。从 2000 年开始，满志敏陆续发表多篇文章，提出结合遥感影像数据，利用 GIS 方法复原历史时期黄河水道的流路与形态，使原本只能以示意形式表达的黄河历次河流改道发展成流路的方式能够与地貌契合的方式。流路与形态的完美呈现，为更深入的研究提供了可资利用的地理数据。满志敏利用 GIS 分析软件中克里金（Kriging）空间插值法，补充史料缺少记载的旱情数值，研究清光绪三年（1877）北方大旱过程中的天气因素，复原该年份梅雨季节雨带北移的动态过程，使历史气候研究从对温度与湿度指数的研究，发展到对气候过程的描述，促进该领域的研究内容上升到一个新台阶。满志敏进而提出小区域信息化研究中的格网数据分析方法，将河流水系、聚落交通、城市节点等要素转化为格网化数据，为历史地理数据多层次、多类型整合提供了一种可操作的研究路径，打破了历史自然与人文研究的学科界限，使综合性的区域发展与环境变迁关系研究成为可能。此外，满志敏还带领学术团队开展了 GIS 运用于历史自然地理、环境变迁、上海城市形态演变、历史人文地理等多方面的科研工作，且都取得了不小的突破，这种学科方向上的开拓之功，实在不能用几个简单的词汇来概括。潘威作为满志敏的高足参与了其中多项工作，也成为继满志敏以后，探索 GIS 应用于历史地理研究成就最高的年轻学者之一。

历史地理信息化（historical geographic informatization，HGI）在许多方面需要新的开拓，将传统文献转化为可资分析的地理数据，再利用 GIS 软件进行模型分析，是新时代产生的新方法，多数没有前人成果可资借鉴，许多内容都需要在探索中完成。这中间既需要学者熟稔地理解历史文献，更需要其游刃有余地运用地理分析工具。而近年来，计算机、GIS、人工智能（artificial intelligence，AI）的发展日新月异，跟上这种速度已非易事。掌握这些技术以后，还要将历史文献转化为该项技术可以支持的分析数据，进而形成人机协作，完成科研创新。科研工作者几乎每天都在历史与现实当中穿越。一只眼睛紧盯科技天花板，一只眼睛回望老祖宗的文化遗产，有时实在分不清自己到底是现代人还是古代人，难度自不必说，而潘威可算是这中间穿越的速度与力度都恰到好处的历史地理学者。

如果说运用地理分析工具进行历史地理研究，在方法上尝试最多者，潘威应属其一。例如，他前期参与满志敏的课题时，就较早地实践了利用民国大比例尺地图进行河网提取与数字化校正，研究小区域河网结构与环境变迁的关系，利用网格体系研究方法进行区域河流密度分析。后来在河流水系研究当中，他又利用GIS软件进行水道提取，还发明了更加适合历史时期河流水道提取的小程序；他结合历史人文、社会诸要素，研究清代黄河的志桩水报制度，并利用社会网络分析方法，分析了不同时期报汛程序差异与治河效率的关系；他引入数字人文方法，利用热点词搜索、voyant软件对河务奏折文本结构进行提取与分析，找出各时段用词差异，并揭示各个时期朝廷与地方官员在河道治理当中面对的关键问题的转变；等等。在这本《历史地理信息化的理论与实践》书中，大家可以看到不少成功的案例，未来都是可以作为方法论，进行实践操作的，其中凝聚了作者及其团队多少心血，熬过工作上的多少个日日夜夜，怕是无法用正常的工作时间来统计的。记得我与潘威同在陕西师范大学工作时，他大部分时间都待在实验室，直到夜半才回家。说实话，当时我与他的交流并不多，每天只能见到他匆匆的背影。

潘威从事历史地理研究，工作方法与传统学者迥异。众所周知，近年来历史地理学科的发展与地理学分异越来越明显，分布于历史学院的历史地理学往往尚存一席之地，而在地理学科之下设置的历史地理学科，生存越来越艰难。虽然老一辈学者如侯仁之、谭其骧、史念海等先生都强调历史地理学的学科属性归属于地理学，但研究所用的资料毕竟是历史文献，地理学的土壤分析、地貌勘查、空间统计、实验模型很难运用到历史文献研究当中，二者在研究的质与量上都无法平衡。相较而言，历史地理学在方法论上反而更为接近史学研究，尤其是分布于历史学科之下的历史地理学者，还受到高校各种考评机制的制约，传统史学基础之上的文献研究占据主流。潘威则一开始就致力于HGI工作，努力从中国传统文献中找出适合地理分析的路径，理科式地开展实验室建设，团队协作。他先从工作方法上突破，再实现研究结论的创新：在实践当中形成HGI标准的工作方法，从最基础的文献爬梳、数据提取到建立空间模型、数据分析，最终得出结论。潘威从荒草丛棘到开疆拓土，逐渐形成了自己一整套的工作与科研方法，所带团队质量高、成绩明显。该书讲到诸多工作流程与手段，是值得借鉴的经验。

潘威从事HGI研究已有十余年，可以说他所形成的各种研究结论，都是这十多年来从科研实践当中总结得出的。该书是一部匠心之作，书中既有作者最基础的实证案例研究，也有对相关软件的使用心得，以及对模型分析的实践操作。除此之外，还有对近年来HGI发展历程的总结，以及对未来信息化发展方向的预测。当然，这和作者长期关注学术前沿，善于把握学术发展有很大关系，在此之前，他也写过多篇学术总结，提出HGI 2.0的概念，这些都是该书的可取之处。当然，书中也有不足之处，有待后续更新及完善。

潘威与我合作多年，完成书稿之后，希望我能提供一篇小序。这些年来，许多高校都在开设"数字人文"或"历史GIS"的课程，但均苦于没有可资利用之书，潘威及时补缺，方便学界，我为他的这项工作感到高兴，故毫不犹豫应允下来，也是先行一阅，乐见其成。

张 萍

2024年4月25日于北京

前　言

相比历史地理学其他分支，HGI 是相对年轻的一个研究领域，其发展时间仅有约 20 年。虽然目前尚不能达成"革新历史地理学研究方法"这一期许，但 HGI 方法已经日益融入各分支方向的科研实践中。在这一背景下，各高等院校迫切需要加强对历史学专业本科生、研究生进行 HGI 理论知识和实践操作能力的培养，切实落实国家"新文科"建设政策，培养适应"大数据时代"的新一代史学工作者。而目前历史学专业中并无针对以上目的的相关教学用书，这成为笔者编著本书的主要动因。笔者有十余年的 HGI 教学经验，深感此方向针对性材料缺失、体系杂乱给本科生、研究生培养带来了负面影响。首先，HGI 领域数据格式混乱、重复性工作较多，都和本科生、研究生培养缺乏规划有关。教育的过程同时也是学科发展的过程，领域内规范教学用书的出现，可以在学科某些基本概念、基本方法上形成共识，推进学科术语体系的完善，有利于 HGI 领域内的学术交流。其次，缺乏必要的学科发展史讲授，使本科生、研究生难以系统地掌握学科趋势和吸取以往的经验教训，不利于其对自身在整个学科中的位置形成准确的认识，负有评价责任的教师对学生学习成果价值的判断也需要有一个基础性的、普遍性的衡量标准，而这一标准需要在教学用书的指导下进行构建。因此，当前若要从根本上推动 HGI 的发展，学界、学校和教育部门应当组织出版一套有关 HGI 理论与操作的专业书籍。

　　HGI 未来的发展方向仍需探索，即便是对信息化手段使用较多的历史地理学者，也不能很好地描述这一领域的现状与趋势。学界对 HGI 的诉求各异，各团队发展理念不尽相同。关于 HGI 的发展过程和未来展望，近年来已有多篇成果，对于该方向发展历史已经形成了某些基本共识，包括 CHGIS 的标志性意义、GIS 不是单纯的制图软件等。[①]2000 年之后，海内外学界的一些新动向值得我们高度关注，特别是无法回避的"数字人文"（digital humanities，DH）或称为"人文计算"浪潮、"e 考据"、"量化史学"、"数字史学"等新思想不断挑战原有的研究方式，丰富了历史地理学的研究方法体系。

　　当今学术界，研究的边界正在日益模糊，"跨界与融合"的现象已经较为普遍，而且越来越多，许多重要问题已经成为多学科共同的研究对象。2012年至今，不仅地理信息技术发展迅猛，就连欧美人文社会科学界兴起的 DH 也已成为包括历史学在内的许多人文学科学者所关注的领域。国际数字人文组织联盟（The Alliance of Digital Humanities Organization，ADHO）已经成立二十余年，美国是这一领域执牛耳者，世界范围内主要的 DH 研究机构也以美国居多，包括斯坦福大学的人文科学实验室、麻省理工学院的数字工作室、南加利福尼亚大学的人文计算研究中心、伊利诺伊大学的科学与学术情报研究中心等。超过 180 家科研机构和项目组以 DH 冠名或者以其为研究宗旨，包括美国国家人文基金会（National Endowment for the Humanities，NEH）、日本科学技术振兴机构（Japan Science and Technology Agency，JST）、德国科学基金会（Deutsche Forschungsgemeinschaft，DFG）、英国信息系统联合委员会（Joint Information Systems Committee，JISC）、安德鲁·W. 梅隆基金会（Andrew W. Mellon Foundation，简称梅隆基金会）、麦克阿瑟基金会（John D.

[①] 张萍：《地理信息系统（GIS）与中国历史研究》，《史学理论研究》2018 年第 2 期；王大学、陈熙、杨光辉：《基于 GIS 的中国古籍地理信息系统研究》，《复旦学报（自然科学版）》2016 年第 6 期；王大学：《国际学界国家历史地理信息系统建设与利用的现状及启示》，《江苏师范大学学报（哲学社会科学版）》2016 年第 3 期；陈刚：《"数字人文"与历史地理信息化研究》，《南京社会科学》2014 年第 3 期；潘威：《"数字人文"背景下历史地理信息化的应对——走进历史地理信息化 2.0 时代》，《云南大学学报（社会科学版）》2018 年第 6 期。

and Catherine T. MacArthur Foundation）等机构都有专门的 DH 发展规划。其中，NEH 在 2009 年将其 DH 办公室升级为永久性机构。DH 已经在学界成为重要的新兴研究领域，这一点毋庸置疑，历史学或者历史地理学恐怕很难回避这一方向发展所带来的冲击。2011 年，武汉大学王晓光教授建立了第一个 DH 研究中心；2017 年，王涛副教授成立了南京大学数字人文研究中心，并率先在学界开设了 DH 课程。

　　从笔者近年来所参加的一些学术会议来看，GIS 和空间分析技术在历史学中的应用较之前更加广泛，除历史地理学之外，经济史、历史人类学、环境史、社会史等领域都在引入包括 GIS 在内的多种信息化手段。对这一学界现象的总结已经有一些文章谈及，而本书想要讨论的问题则更加集中在 HGI 建设方面。具有时间属性的二维平面数据，以及标准化的历史地理数据库和具有基本演示功能的地理信息平台，已经运用在人文社会学科的研究中，这些技术已非历史地理学所独有。①

---

① 朱本军、聂华：《跨界与融合：全球视野下的数字人文——首届北京大学"数字人文论坛"会议综述》，《大学图书馆学报》2016 年第 5 期。

目　录

绪　　论

HGI 建设起步于 20 世纪 90 年代末，经过二十余年的发展，HGI 的内涵和外延已经有了明显的深入和扩展。我国大概在 2004 年初步明确了以 GIS 建设与应用为主的发展方向，2018 年提出了结合 DH 与 GIS 的 HGI 建设方向。因此，本书认为，现阶段对 HGI 的定义应为：基于各类历史文献记录，以计算机与互联网为主要辅助技术，在地理信息科学、统计学、数据库技术、文本数字化处理、可视化等手段的支持下，将历史文献记录转换为各类信息的操作过程及其规范、标准与管理方案，并对转换后的信息进行呈现与分析，用以解决历史地理学研究中的各类问题，或传播历史地理学的研究成果。

地理信息技术在"冷战"时期就已经存在，但当时基本应用于军事领域，人文社会科学研究很难广泛采用这一技术。民用化、商业化、个性化，是地理信息技术能够从单纯的计算机科学领域走进其他学科，特别是走进人文社会科学领域的必备条件。"新千年"伊始，这三个条件很快成熟，由此为 HGI 的发展奠定了坚实的基础。

在全球都沉浸在对"新千年"的种种憧憬与想象时，1998 年 1 月，美国副总统艾伯特·戈尔（Albert Arnold Gore Jr.，任职时间为 1993—2001 年）在加利福尼亚科学中心开幕典礼上发表演讲——*The Digital Earth: Understanding Our*

Planet in the 21ˢᵗ Century (《数字地球：在 21 世纪理解我们的行星》)，在这篇演讲中，戈尔描绘了信息、计算机网络在人类了解、应用地理知识中发挥巨大作用的图景。"新一波的技术革新使我们能够捕获、存储、处理和显示数量空前的关于地球的信息以及各种各样的环境、文化现象。其中大部分信息具有地理坐标属性——也就是说，它将指地球表面的某个特定位置。""我认为我们需要一个'数字地球'。一个具有多分辨率的三维地球模型，我们可以在其中嵌入大量的地理参考数据。"此外，戈尔特别强调了历史信息对"数字地球"的独特作用。"它不仅可以穿越空间，还可以穿越时间……可以以天、年、世纪，甚至地质年代为单位。"这已经具备了 HGI 的基本要素——时间、空间、计算机网络、数据。[①]由此，历史也成为"数字地球"的组成部分。戈尔的"数字地球"连同他提出的另一个重要概念——"信息高速公路"，推动了地理信息科技的发展和普及。同时，戈尔作为当时的美国副总统，其观点实际上代表了美国联邦政府的产业战略。"数字地球"和"信息高速公路"概念的提出，很快在世界主要国家引起反响。在当时国内外发展地理信息科学和产业的大背景下，软件、网络环境、科研、社会普及等得到了政府的大力支持，网络环境、软件成本、人才培养等方面获得了极大发展，这为其他学科使用 GIS 技术成果提供了重要的基础。

国内 GIS 产业与发达国家差距缩短之时，HGI 开始起步。如果没有 1998 年"数字地球"概念的提出，以及软件、网络、技术等要素迅速向民用和商业领域拓展，HGI 对其他学科的促进作用很可能会推迟，那样也许其起步很可能会更为艰难。20 世纪末，满志敏、李孝聪、王均等先驱开始将 GIS 手段应用于历史地理学的早期探索。2000 年可以被视为 HGI 元年，在当年的历史地理学昆明年会上，葛剑雄做了题为《面向 21 世纪的中国历史地理学》的大会报告，其中特别强调了引入现代科技手段对提高历史地理学研究精度的

---

① Gore Jr A A.The digital earth: Understanding our planet in the 21ˢᵗ century. *Australian Surveyor*, 1998, 43 (2): 89-91.

重要性。在这次会议上，李孝聪的《迈向 21 世纪数字化时代的中国历史地理学》、王均的《21 世纪初期历史地理学信息化的实践——近现代地形图处理、专题 GIS 及网站建设》专门强调了信息化手段对新世纪历史地理学研究的重要意义，这次会议标志着历史地理学开始了信息化建设。①之后，学界对 HGI 的讨论渐趋热烈。总体而言，学界肯定了以 GIS 为代表的信息化方法进入历史地理学的积极意义。葛全胜将 GIS 技术的引入作为 20 世纪历史地理学的主要进展之一。②

21 世纪初，GIS 得到了大力倡导与推广。例如，王均和陈向东的《历史地理学信息化若干问题的探讨》论述了 GIS 在国内的发展，以及 GIS 软件在处理历史地名信息中的强大作用。③近年来，这一倡导引起了更广泛的学术共鸣，如申斌和杨培娜的《数字技术与史学观念——中国历史数据库与史学理念方法关系探析》④及张萍的《地理信息系统（GIS）与中国历史研究》。后者全景式地展示了中国历史学界对 GIS 的使用现状，且认为包括历史地理学在内的历史学研究向纵深发展离不开 GIS 支持。⑤此外，潘威等的《GIS 进入历史地理学研究 10 年回顾》⑥和潘威的《"数字人文"背景下历史地理信息化的应对——走进历史地理信息化 2.0 时代》⑦在理论层面探讨了 HGI 发展的经验与教训，以及对今后工作的展望。而 HGI 重要的开拓者和奠基人——复旦大学历史地理研究中心的满志敏一方面参与了这一阶段理论性文章的

① 复旦大学历史地理研究中心主编：《面向新世纪的中国历史地理学——2000 年国际中国历史地理学术讨论会论文集》，济南：齐鲁书社，2001 年。
② 葛全胜、何凡能、郑景云，等：《21 世纪中国历史地理学发展的思考》，《地理研究》2004 年第 3 期；葛全胜、何凡能、郑景云，等：《20 世纪中国历史地理研究若干进展》，《中国历史地理论丛》2005 年第 1 期。
③ 王均、陈向东：《历史地理学信息化若干问题的探讨》，《地理科学进展》2001 年第 2 期。
④ 申斌、杨培娜：《数字技术与史学观念——中国历史数据库与史学理念方法关系探析》，《史学理论研究》2017 年第 2 期。
⑤ 张萍：《地理信息系统（GIS）与中国历史研究》，《史学理论研究》2018 年第 2 期。
⑥ 潘威、孙涛、满志敏：《GIS 进入历史地理学研究 10 年回顾》，《中国历史地理论丛》2012 年第 1 期。
⑦ 潘威：《"数字人文"背景下历史地理信息化的应对——走进历史地理信息化 2.0 时代》，《云南大学学报（社会科学版）》2018 年第 6 期。

写作，另一方面他更注意到了 GIS 应用中的一些具体问题，如历史地理数据整编思想、GIS 与历史文献在具体研究上的结合方式等，这些工作对研究实践的针对性更强。因此，这类实证性的研究实际上也发挥了方法论原理构建的作用。

从以上对 HGI 概念的讨论可以发现，这一概念在 2000 年被提出时，其特指利用 GIS 软件进行数字化历史地图的编制和历史地理信息系统（historical geographic information system，HGIS）平台的搭建；之后，满志敏将其内涵扩展为利用信息化手段丰富研究资料来源，并与实际研究相结合，这就明确了 HGI 不仅是辅助性手段，更应成为历史地理研究必备的方法。2010 年，HGI 的外延由"一种地理信息系统"扩展为"地理信息科学的一类"。2018 年，HGI 2.0 概念被提出。在 HGI 2.0 时代，HGI 与个性化的研究结合得更加紧密，数据表现方式从静态到动态、从平面到三维。HGI 的内涵发展日益贴近个人化研究，通过扩大技术手段边界，囊括更多相关学科的技术体系，以符合历史地理学界各分支差异日渐扩大的实际情况。同时，其外延也从制图扩大为数据重建工具、分析工具，进而成为历史地理研究实践中不可或缺的重要工具、思维方式和成果表现方式。[1]

---

[1] 满志敏：《走进数字化：中国历史地理信息系统的一些概念和方法》，见中国地理学会历史地理专业委员会、《历史地理》编委会编：《历史地理》（第 18 辑），上海：上海人民出版社，2002 年。

第一章 学科发展历程

第一节 学科发展

一、蹒跚起步

历史不可能游离于地理空间之外，而构成地理空间的诸多要素并非仅靠文字描述就能还原其面貌，已经逝去的地理现象必须依靠一些技术手段去模拟，之后在其基础上进行分析探讨，进而审视不同空间尺度下的历史进程。在目前众多可借鉴的技术方法中，GIS 是相对最为理想的选择。GIS 目前已经是广泛应用于多个学科和研究领域内的一种方法或计算机系统，早已超出了地学领域本身，而是作为一种管理、分析多种具有空间属性的信息或数据的手段。历史地理学使用 GIS 的深度和广度亟待拓展，这一现象已经为历史地理学界所认识。自 20 世纪 90 年代末，历史地理学开始走上具有自己特色的信息化、数字化之路。

地理信息科学作为一门独立的学科，是在地理信息系统的基础上发展而来的，当然也包含后者。20 世纪 40—50 年代尚处于电子管时代的第一代计算机就被试图用来管理地理空间数据，特别是地籍数据。1956 年，奥地利测绘部门首先利用电子计算机建立了地籍数据库，随后各国的土地测绘和管理部门逐步发展土地信息系统（land information system，LIS），并将之用于地籍管理。1963

年，加拿大测量学家 R. F. 汤姆林森（R. F. Tomlinson）首先提出了"地理信息"这一术语，并于 1971 年基于集成电路计算机（第三代计算机）建立了世界上第一个地理信息系统——加拿大地理信息系统（Canada Geographic Information System，CGIS），用于自然资源的管理和规划。稍后，美国哈佛大学研究出 SYMAP 系统软件，以计算机辅助绘制各类地图。由于当时计算机水平的限制，GIS 趋向于一种管理软件计算机辅助设计（management software computer aided design，MS-CAD，简称 CAD）手段，尚未应用于地学研究。

"地理信息科学"这一概念是古德柴尔德（Michael F. Goodchild）在其代表著作 *Geographical Information Systems and Science*（《地理信息系统与科学》）中正式提出的。古德柴尔德是美国科学院唯一一位地理信息科学院士，"瓦特林·路德国际地理学"奖得主，美国国家地理信息与分析中心（National Center for Geographic Information and Analysis，NCGIA）创始人。古德柴尔德具有优秀的数学和计算机能力，当与其同时代的学者尚沉迷于 GIS 带来的精美专题地图或困惑于复杂的海量空间数据计算时，古德柴尔德已经将自己的思维跳出了把地理信息系统定义为计算机系统的条条框框，而将地理信息的不确定性、地理现象的空间分析方法、空间模型的构建等一系列问题提升到科学的层次去审视，为地理信息科学的进一步发展指明了方向。自此之后，地理信息科学制图功能在被强化的同时，更加专注于空间模型的建立和分析。与地理信息系统相比，地理信息科学更加侧重将地理信息视作一门科学，而不仅仅是一门技术。这主要表现在应用计算机技术对地理信息进行处理、存储、提取以及管理和分析过程中，提出一系列基本问题；地理信息科学在对地理信息技术进行研究的同时，还指出了支撑地理信息技术发展的基础理论研究的重要性。

遥感技术（remote sensing，RS）是地理信息科学的一个分支，自 20 世纪 80 年代开始，就已被应用于历史时期的古河道、古城研究，但这些研究并不能算得上真正意义上的将地理信息科学引入历史地理学。首先，历史地理最为强调的历史文献在此类研究中并未被系统使用；其次，此类研究实际上更关心的是地表现状，而古河道、古城究竟为哪朝哪代、为何湮废等历史地理学所关心的核心问题，则并非这类研究的对象，也并非其学科所长。历史自然地理是历史地理学的传统研究领域，其一方面继承了舆地学的河道沿革传统，另一方面接受了地理学环境变迁研究的思想，在历史地理的各主要分支中与地理学的"亲缘"关系最为靠近，对地理学研究手段的变化相对其他方向要更敏感，因此历史自然地理首先尝试了将地理信息科学与历史文献记录相结合。

在这一进程中，满志敏起到了拓荒者的作用，其许多想法（包括某些尚未实现的）在今后很长的一段时间内仍将处于前沿。但在当时，历史地理学界的地理信息科学普及程度近乎空白。直到 20 世纪末，历史地理学界对 GIS 的认识还比较模糊，虽然当时的地理学界已经迅速将 3S 技术[①]应用到多个分支中，但历史地理业内的图形工作普遍停留在为论文配置手工插图阶段，很多论文甚至不需要借助图形就能进行恰当的表达。可以说，满志敏是在一个毫无前期理论探讨和必要实验的基础上开始了中国历史地理的信息化工作，其艰难程度可想而知。

2000 年，满志敏的《光绪三年北方大旱的气候背景》[②]刊出，这篇论文被视为地理信息科学进入历史地理研究的里程碑。其使用的是"文献爬梳→数据提取→空间模型建立→分析"一整套工作方法。[③]满志敏在文章中将光绪三年（1877）山西、直隶的旱情进行了指数化处理，所用指标是受灾村落数量，使用 MapInfo 软件的专题制图功能和空间数据插补功能展现了山西、直隶两省在干旱程度上的空间差异，根据重建出的旱灾情况专题地图判断出若干个干旱中心的位置和持续时间，而灾情指数的空间差异成为推断当时降雨带移动的主要依据。

---

① 即 remote sensing（遥感技术）、geographic information systems（地理信息系统）和 global positioning systems（全球定位系统）。
② 满志敏：《光绪三年北方大旱的气候背景》，《复旦学报（社会科学版）》2000 年第 6 期。
③ 潘威、孙涛、满志敏：《GIS 进入历史地理学研究 10 年回顾》，《中国历史地理论丛》2012 年第 1 期。

在历史气候研究中，将历史文献中的冷暖干湿记录进行量化处理是一种必须使用的方法，而极端年份的探讨则已经进入了天气过程的研究范畴，降雨带与旱灾范围的空间差异是必须首先明确的现象，否则难以解释干旱发生的天气系统背景。那么，如何将这种空间差异呈现出来呢？必须依靠选取适当的代用指标，通过代用指标的差异模拟旱涝灾害的差异。光绪三年（1877）华北大旱的区域差异性在多份官员奏报所开列的收成分数、成灾分数等记录中已经有所反映，但这些记录在空间上分布很不均匀，缺乏均一性，因此只能作为定性判断的依据而不能支持定量的分析。另一份存在于奏报中的数据——受灾村庄数量，引起了满志敏的注意，这一指标很好地表现了各县的受灾程度，更重要的是，其均一性是所见资料中最好的，因此满志敏基于受灾村庄数量（结合克里金空间插值法）构建了光绪三年山西、直隶两省连续性的受灾空间格局。

但之后的发展却有些出乎意料。从以上论述中可以发现，满志敏最初将地理信息科学引入本学科时起点并不低，地理信息科学已经作为基于历史文献记录来构建专题空间模型，进而模拟出一种历史时期的地理现象的手段，绝不仅仅是单纯的 CAD 工具，但给人印象最为深刻的似乎只是用专题地图所表现的山西、直隶两省旱情，只是一种之前未在历史地理学界使用的新技术本身引起了反响，而技术背后的一系列思考和技术之上的一系列判断并未引起应有的注意。之后历史地理学界对地理信息科学的使用仅仅是把制作示意图的工具由纸笔变成了计算机，实际上直到 21 世纪最初的五年，历史地理学界对地理信息科学的认识还普遍专注于绘图，而对于地理信息科学可能对历史地理研究理念和方法产生影响的思考并不能说非常深刻。

将地理信息科学作为一种研究手段目前（及今后不短的时间内）仍处于探索阶段，一方面受制于学科人员知识结构，另一方面受制于历史文献记录本身难以量化。同时，历史地理学界的地理信息科学不能将地理学界和地理信息学界的方法简单照搬，而是要结合具体研究问题修正已有方法，这几方面情况导致探索进程不会太快。

2006年，满志敏在《北宋京东故道流路问题的研究》中提出了多源资料方法在历史地貌中的应用，为高精度的历史河流地貌研究提供了范式，也为历史地理研究对象的矢量化数据生产树立了典范。[①]2008年，满志敏发表了《小区域研究的信息化：数据架构及模型》[②]，将"格网"（grid，也有学者译作"网格"）理念引入了历史地理学，这为地理信息科学解决历史地理学的核心问题——历史时期人地关系研究和区域研究提供了一套新的研究思想和研究手段（图1-1）。要形成对此篇论文意义的认识，还必须从历史地理学界的"区域"概念及研究手段谈起。"区域"是地理学的核心思想，也是近代地理学的重要成就。德国地理学家赫特纳（Hettner）是近代地理学区域学派的奠基人，其主要思想在于将地理现象与事物的空间分布和变化作为地理学研究的主要问题；1940年代，美国学者哈特向（Hartshorne）是此方面的集大成者，但其不承认地理学的科学属性，而认为地理学的主要作用在于描述区域之间的差异性，因此被称为地志学派。[③]从赫特纳到哈特向，综合性和差异性始终是"区域"的两个最基本特征，这一思想直到今日仍是历史地理学界的主要理论思想源头。鲁西奇分别在1996年和2000年发表了《历史地理研究中的"区域"问题》[④]和《再论历史地理研究中的"区域"问题》[⑤]，强调了通过建立历史地理剖面来重建历史地理过程的重要性，这体现了历史地理学者对区域演化过程在揭示历史进程中重要性的认知，当然这一认知的实现可以依靠多种途径，并以多种方法呈现给学界，而GIS支持下的区域面貌复原只是众多途径之一，但它在串联多个历史时间断面和容纳多种自然-人文要素中具有更大的优势。

① 满志敏：《北宋京东故道流路问题的研究》，见中国地理学会历史地理专业委员会、《历史地理》编委会编：《历史地理》（第21辑），上海：上海人民出版社，2006年，第1—9页。
② 满志敏：《小区域研究的信息化：数据架构及模型》，《中国历史地理论丛》2008年第2期。
③〔美〕R. 哈特向：《地理学性质的透视》，黎樵译，北京：商务印书馆，1963年。
④ 鲁西奇：《历史地理研究中的"区域"问题》，《武汉大学学报（哲学社会科学版）》1996年第6期。
⑤ 鲁西奇：《再论历史地理研究中的"区域"问题》，《武汉大学学报（人文社会科学版）》2000年第2期。

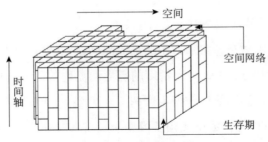

图 1-1　时空数据概念模型

资料来源：满志敏：《小区域研究的信息化：数据架构及模型》，《中国历史地理论丛》
2008 年第 2 期

但要将这一优势转化为具体的研究成果则首先要选择合适的空间模型，格网体系是目前地理学界用来进行空间数据标准化处理的主要方式之一。满志敏认为，在小区域尺度上，数据的连续性与标准化非常重要，是空间结构存在的基础，而格网具有容纳多源数据并将其标准化处理的优势，符合对于数据连续性与标准化的要求，这为揭示地表覆盖的空间形态带来了很大便利。[①]林珊珊等在《中国传统农区历史耕地数据网格化方法》[②]中建立了嘉庆二十五年（1820）中国传统农耕区（大致相当于季风气候区）耕地数据的 60 千米×60 千米网格体系，网格体系中选取了海拔、坡度、人口分布、耕地面积等因子，将历史政区土地数据转为标准化数据。2009 年，潘威发表《1861—1953 年长江口南支冲淤状况重建及相关问题研究》[③]；2010 年，潘威和满志敏发表了《大河三角洲历史河网密度格网化重建方法——以上海市青浦区 1918—1978 年为研究范围》[④]，这两篇文章可以说是对格网体系在历史自然地理研究中的两个试验，显示了 GIS 方法在处理近代海图和地形图中的优势，也初步显示了格网体系在构建区域变化过程中的作用（图 1-2）。当

① 张永生、贲进、童晓冲：《地球空间信息球面离散网格——理论、算法及应用》，北京：科学出版社，2007 年。
② 林珊珊、郑景云、何凡能：《中国传统农区历史耕地数据网格化方法》，《地理学报》2008 年第 1 期。
③ 潘威：《1861—1953 年长江口南支冲淤状况重建及相关问题研究》，《中国历史地理论丛》2009 年第 1 期。
④ 潘威、满志敏：《大河三角洲历史河网密度格网化重建方法——以上海市青浦区 1918—1978 年为研究范围》，《中国历史地理论丛》2010 年第 2 期。

然，这两项研究尚没有达到多种地理要素综合的层次，但在其基础上可以引入多种人文-经济地理要素，在格网体系搭建的平台上实现区域的综合，借以达到学界对区域综合的追求。

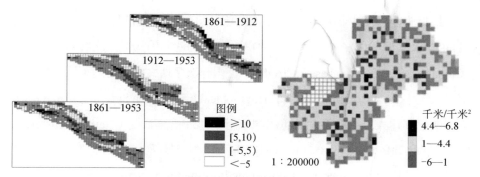

图 1-2　网格方法在历史地理研究中的两个试验

资料来源：潘威：《1861—1953 年长江口南支冲淤状况重建及相关问题研究》，《中国历史地理论丛》2009 年第 1 期；潘威、满志敏：《大河三角洲历史河网密度格网化重建方法——以上海市青浦区 1918—1978 年为研究范围》，《中国历史地理论丛》2010 年第 2 期

近年来，在 GIS 技术[①]支持下进行高精度的河流和聚落研究取得了一些进展，近百年前上海地区的河网面貌、市区道路体系和自然村都有所复原，这为我们研究长江三角洲（简称长三角）的地表覆盖过程提供了很好的基础性数据。这些数据在产生过程中使用了相同的空间基础数据，使得在其基础上进行网格化处理非常便利，而容纳了聚落、水面、道路、地形、耕地等要素的格网会呈现上海地区各地表要素之间的变化关系，同时也为历史地理学成果为其他学科，特别是相关地学分支利用提供了极大便利。

二、渐有影响

总体来看，自 20 世纪 90 年代末历史地理学开始引入 GIS、网络数据库等技术手段之后，其发展速度在 2010 年之后开始加快，2015 年前后有明显的跃升，在继续强调基础工作前提下，形成了成果类型多样、专业化程度提

---

① GIS 技术指地理信息科学中所涵盖的技术，其包含 GIS 方法。

高，甚至开始探索多种量化分析手段等局面。目前，HGI 已经形成了历史地理系统搭建、历史数据生产和历史信息挖掘与处理三个主要发展方向。

（一）历史地理系统搭建

根据张萍、王大学和潘威等对国内外 HGI 建设进行的梳理，目前比较著名的国际大型 HGIS 平台包括美国哈佛大学的中国历代人物传记资料库（China Biographical Database，CBDB）、英国朴次茅斯大学主持的英国历史地理信息系统（Great Britain Historical Geographical Information System，GBHGIS）、美国明尼苏达人口中心开发的美国国家历史地理信息系统（National Historical Geographic Information System，NHGIS）、比利时根特大学的比利时历史地理信息系统（Belgium Historical Geographic Information System，BHGIS）等。专题 HGIS 有美国哈佛大学的 World-map 系统、纽约公共图书馆开发的纽约城市 HGIS 项目，以及中国台湾地区"中央研究院"主导的数位典藏和中华文明时空框架（Chinese Civilization in Time and Space，CCTS）项目，等等。

1. CHGIS 及其相关产品

CHGIS 是具有里程碑意义的 HGI 产品，是中外学界合作的成功范例。2019 年，葛剑雄在接受某媒体采访时表示 CHGIS 达到了世界先进水平，CHGIS 的成功是值得中国历史地理学界自豪的成就，是 HGI 建设二十余年不断坚持所取得的成就。目前历史地理学界最为成熟的 GIS 成果当首推 CHGIS，其以历史政区为主要管理对象，由复旦大学历史地理研究中心和美国哈佛大学共同开发。该项目试图建立一套中国历史时期连续变化的基础地理信息库，为研究者提供 GIS 数据平台、时间统计以及查询工具和模型。CHGIS 数据的精髓在于时间序列数据（Time Series），以从秦朝的建立（前221）到清朝的灭亡（1911）为时间范围，力图反映不同历史时期政区的逐年变化情况。CHGIS 最大的意义并不是已经发布的具有地理意义的政区数据，而是它为历史地理学的信息化奠定了重要的基础。历史文献中记录的地理现象和事物绝大多数都与政区联系在一起，因此政区的位置、形状、治所等信息成为重建多种地理要素和现象的载体，这一工作不仅为历史地理学界提供了一套地名查询系统和政区空间数据，更为多个研究方向的信息化建设提供了基础平台。而其最大的贡献则是解决了时间和空间维度的整合问题，历史上的政区存在多种变化形式，包括新建、撤销、等级提升、治所迁移、境界调整等，每种变化都会在时间和空间上同时反映，表现为一定时间范围内存在连续性的政区形状变化过程和变化结果。CHGIS 使用了"生存期"概念，在对政区变化进行定义的前提下，只提取对象某种状态的开始时间和结束时间，这足以描述政区在时空两个维度所发生的所有变化。[①]

中国人口地理信息系统（Chinese Population Geographic Information System，CPGIS）是目前在建的一套长时间段的人口地理信息系统，由复旦大学历史地理研究中心的侯杨方和路伟东设计、建立。据负责人介绍，该系统是世界上第一套中国历史时期的人口地理信息系统，也是基于 CHGIS 平台最为成熟的专题型 HGIS。其已经发布了 1820 年、1911 年、1936 年和 2000 年中国人口空间分布电子地图，其中 1820 年和 1911 年人口分布图正是基于 CHGIS 的 1820 年和 1911 年政区。

2. 对"一带一路"倡议的响应

"一带一路"是在历史上"丝绸之路"跨国贸易体系的基础上提出的国家间经济发展倡议。历史地理学界对"一带一路"倡议做出了积极回应，一些学者积极利用 GIS 进行"丝绸之路"时空过程的研究，进而为当前及今后的国家政策提供背景的参考。

2014 年，侯杨方"丝绸之路地理信息系统"发布，该系统是国内首个"丝绸之路"时空过程展示系统。其基础数据来源于主持者团队的实地调查。为了确认"丝绸之路"的具体路线，侯杨方曾数次实地考察帕米尔高原、中亚河中地区等，缕勘多条交通路线，对于沿线的驿站、城镇、关津等也进行了

---

① 满志敏：《走进数字化：中国历史地理信息系统的一些概念和方法》，见中国地理学会历史地理专业委员会、《历史地理》编委会编：《历史地理》（第 18 辑），上海：上海人民出版社，2002 年，第 12—22 页。

详细的考察，是迄今为止中国学者对于帕米尔等"丝绸之路"所经重要区域最为系统的实地调查。按侯杨方自己的说法，这一工作实现了在"米"级精度上复原帕米尔地区的"丝绸之路"。

首都师范大学张萍与陕西师范大学出版总社、西安云图信息技术有限公司共同构建的"丝绸之路历史地理信息开放平台"则更加强调了历史信息的全面性与平台功能的多样性，以及系统的可扩展性。2017年，该平台在首都师范大学正式发布，成为历史地理学界又一项重要的信息化成果。

3. 其他独立性的 HGI 平台

南京大学陈刚主持建设的"六朝建康历史地理信息系统"始于2006年，至2012年有阶段性成果发表，在该系统中可展现"侯景之乱"。[1]之后，陈刚持续率领团队建设该信息系统，其时间范围已经下延到民国时期，数据类型也从单一的城市设施扩展到历史事件的时空过程。该系统成为了解和研究南京历史的重要工具，在教学、科研和政策咨询方面发挥了重大作用。

2014年，中国人民大学夏明方主持的"清代灾荒纪年信息集成数据库"（国家社会科学基金重大项目）启动，该平台在2014年已经完成了原始记录库的结构设计，并且得益于中国人民大学灾荒史研究传统，特别是李文海在清代灾荒史方面的卓越贡献和深厚积累，该数据库不仅全面收集和整理了正史、方志、文集、档案等史料中的灾荒记录，而且在灾荒文字记录的数据转换方面进行了积极探索。该平台具有数据管理、查询、地图展示等多种功能，是目前国内最为全面的清代灾荒信息管理平台。

2016年，上海交通大学曹树基主持的"中国历史地图地理信息平台"正式发布，经过历时3年的努力，该平台第一期就收录了4000余幅近代大比例尺地形图。更为重要的是，该系统发布的所有地图已经进行了空间校正，可以叠加多种不同的空间数据，这在很大程度上便利了学界对这批资料的研究和利用。

---

① 陈刚：《六朝建康历史地理及信息化研究》，南京：南京大学出版社，2012年。

河南大学经济学院与云南大学历史地理研究共建的"数字历史黄河"
（Digital Historical Yellow River，DHYR）平台创立于 2016 年，通过构建"数字历史河流"的虚拟水文-水利环境，该平台提出历史时期地表水文过程及人文因素影响机制模拟方法。DHYR 是"数字历史河流"的试验对象，其主要构成是：一个专业历史资料管理平台+一个专题数据集+历史信息分析和展示功能。DHYR 目前主要集中于处理清代至民国时期的黄河相关信息。据悉，该平台已经建设了有关清代黄河的若干子库，包括黄河文献平台、黄河环境数据库、河务官吏数据库（根据《缙绅录》制作）、河务工程数据库和黄河水利地名数据库等。

2018 年浙江大学徐永明的"数字人文地图"上线发布，该平台是浙江大学与美国哈佛大学合作的信息化产品。其本身不具有数据，但提供了一个非常友好的多样专题信息发布环境。徐永明及其领导的"大数据与学术地图创新团队"经过多年努力，组建了一支由中文学者、计算机工程人员、人文地理学者构成的跨学科团队。目前，该平台的数据主要为历史文化地理类数据，包括古代作家行迹、古典文学作品分布等信息。随着该平台功能与数据管理方式的不断完善，相信未来其数据类型会日益多样，成为国内重要的历史文化地理信息平台。

此外，尚未发布但已经在实施的 HGI 产品还包括复旦大学王大学的"慈善历史地理信息系统"、云南大学成一农的"中国古地图数据平台"等。总之，经过二十余年的发展，以及众多学者的不懈努力，HGI 产品呈现多样化、专业化的发展趋势。未来，将会有更多的新颖 HGI 产品面世，满足日益多样化的研究需求。

（二）历史数据生产

如今，数据科学被政府、学界日益重视，生产、分析、应用数据的能力成为学科生命力的重要组成部分。国际科学界重要组织——自然出版集团（Nature Publishing Group）于 2014 年创立了《科学数据》（*Scientific Data*）

期刊，有力地推动了国际数据科学的发展。国内也于 2016 年发布了《中国科学数据》（中文、英文网络版），并于 2018 年以专辑的形式发表了多项历史地理空间数据，内容涉及历史城市地理、历史交通地理和历史自然地理等。该期刊的成立使得 HGI 中的数据有了公开发布的平台，为历史地理数据融入整个数据科学创造了条件。[①]

（1）矢量数据。以"点—线—面"及其组合来描述地理世界而产生的数据，被称为"矢量数据"。CHGIS 的历史地名数据是非常典型的矢量数据，这类数据在"丝绸之路历史地理信息开放平台""黄河流域生态电子地图"等绝大多数 HGI 产品中都被使用[②]，矢量数据是使用最为广泛的数据形式。矢量数据具有制作简单、维护简便的优点，但其在空间计算方面的能力相对较弱。

（2）格网化历史地理数据。为了弥补矢量数据在空间计算方面的不足，历史地理学界近十年来开始探索格网化数据的生产与应用。其中，以中国科学院地理科学与资源研究所何凡能研究员及其团队的"中国历史时期土地利用数据集"最为典型。2008 年，何凡能等提出了基于历史文献记录的耕地网格化数据重建方法。[③]此外，还有学者对历史时期水环境演变的相关研究有所尝试。[④]格网化数据制作相对复杂，但其容纳多源数据并能进行标准化处理的优势符合数据连续性与标准化的要求，这为揭示地表覆盖的空间形态带来了很大便利。

---

① 薛樵风、成一农、金晓斌：《明清时期丝绸之路沿线城市建成区范围 GIS 数据集》，《中国科学数据》2018 年第 3 期；徐雪强、张萍：《唐代丝绸之路东中段交通线路数据集（618—907 年）》，《中国科学数据》2018 年第 3 期；罗聪、张萍：《清至民国石羊河流域聚落数据集》，《中国科学数据》2018 年第 3 期；胡宇蒙、晏波、张萍：《两汉丝绸之路交通数据集》，《中国科学数据》2018 年第 3 期；苏绕绕、王芳、潘威：《晚清民国新疆地区湖泊、湿地数据集》，《中国科学数据》2018 年第 3 期；程军、张萍：《蒙元时期丝绸之路旅行家行程 GIS 数据集》，《中国科学数据》2018 年第 3 期。
② 马瑞诗（Mostern R）：《追踪禹迹：帝制时代的黄河生态环境史》，华东师范大学学术讲座，上海，2018 年 6 月。
③ 何凡能、李士成、张学珍：《清代西南地区森林空间格局网格化重建》，《地理研究》2014 年第 2 期；林珊珊、郑景云、何凡能：《中国传统农区历史耕地数据网格化方法》，《地理学报》2008 年第 1 期。
④ 闫芳芳、满志敏、潘威：《从小圩到园田：近百年来上海地区河网密度变化》，《地球环境学报》2014 年第 6 期。

（3）"点—轴"历史地理数据，也即近代港口贸易时空数据。近二十年来，复旦大学吴松弟及其团队一直坚持"港口—腹地"研究。这一类型的数据由具有"节点"性质的港口城市与具有"轴"性质的港口间贸易关系组合而成，在空间结构上形成了典型的"度—簇"结构，国内外学者基于图论和拓扑学等已经总结了复杂空间网络的分析方法，并形成无标度（scale-free）、"小世界"、H-S 等众多模型。

（三）历史信息挖掘与处理

DH 是人文与科技的沟通。近年来，已有学者倡导在 HGI 中引入 DH。[①] DH 在处理历史文本本身结构上比 GIS 等技术更具优势。针对史料文本本身的信息化处理非常重要，但这一点在之前的 HGI 建设中往往被忽略，或者尚不够重视。[②]从近十年的发展来看，HGIS 领域对历史信息的挖掘与处理主要集中于应用 GIS 软件对历史文献所记录的时空信息进行整合与分析。

南京师范大学闾国年团队自 2011 年以来就致力于 HGIS 建设。该团队是 HGI 领域内一支重要的研究力量，其比较有代表性的成果包括华夏家谱 GIS 平台、《读史方舆纪要》空间集成方法、通用性的历史 GIS 数据模型和数据标准以及深度学习（deep learning）等技术在 HGIS 中的应用，等等。[③]

古旧地图是一类较为特殊的历史文本，由于其保留了丰富翔实的历史地理信息而一直在历史地理学研究中被大量使用。很多学者都讨论过古旧地图的信息化处理方法，其中对于民国时期大比例尺军用地形图的处理有较为全

---

① 陈刚：《"数字人文"与历史地理信息化研究》，《南京社会科学》2014 年第 3 期；潘威：《"数字人文"背景下历史地理信息化的应对——走进历史地理信息化 2.0 时代》，《云南大学学报（社会科学版）》2018 年第 6 期。
② 刘炜、叶鹰：《数字人文的技术体系与理论结构探讨》，《中国图书馆学报》2017 年第 5 期；王广禄、吴楠：《数字人文促进方法论革新》，《中国社会科学报》2017 年 7 月 5 日，第 2 版。
③ 胡迪、闾国年、江南，等：《地理与历史双重视角下的历史 GIS 数据模型》，《地球信息科学学报》2018 年第 6 期；刘龙雨、胡迪：《〈读史方舆纪要〉数据库建设中地名解析的原则与方法》，《江苏科技大学学报（社会科学版）》2014 年第 4 期；胡迪、温永宁、闾国年，等：《基于 GIS 的家谱资源整合集成研究》，《人文地理》2012 年第 1 期；胡迪、贺力、闾国年，等：《一种中国历史典籍信息的空间集成方法》，国家发明专利（专利号：CN 201510051362.8，2015 年 1 月 30 日）。

面的讨论和实践。①韩昭庆等于 2016 年提出了针对康熙《皇舆全览图》的数字化方案，这在古旧地图信息化处理方式上是非常重要的创新。以往这方面的工作都是基于民国时期的旧地图进行，这一时期的地图，尤其是大比例尺军用地形图，已经有了较为明晰的数学基础，而对于清中期之前的地图一直缺乏较好的信息化处理方法，韩昭庆等的这项工作为相关研究的开展树立了良好的范式。

三、蔚然成风

（一）气候变化

历史气候研究中使用 GIS 等信息化方法历史较为悠久，如"清代雨雪分寸数据库""中国物候信息库""中国近代气象—水文数据库"等有力地支撑了中国历史气候研究。在这些数据库的基础上，有些学者已经尝试了"气候模拟"方法在历史气候研究中的应用路径。②

2000 年，满志敏的《光绪三年北方大旱的气候背景》③刊出，这篇论文被视为地理信息科学进入历史地理分支研究的里程碑。其所使用的是"文献爬梳→数据提取→空间模型建立→分析"一整套工作方法。④2010 年，复旦大学"985 工程"哲学社会科学创新基金项目"近 300 年中国东部梅雨带推移"建立的日记气候信息平台收集了宋代以来多部古代日记中的气象记录，

---

① 韩昭庆、冉有华、刘俊秀，等：《1930s—2000 年广西地区石漠化分布的变迁》,《地理学报》2016 年第 3 期；王均、陈向东：《历史地理学信息化若干问题的探讨》,《地理科学进展》2001 年第 2 期；王均、孙冬虎、周荣：《近现代时期若干北京古旧地图研究与数字化处理》,《地理科学进展》2000 年第 1 期；潘威、满志敏：《大河三角洲历史河网密度格网化重建方法——以上海市青浦区 1918—1978 年为研究范围》,《中国历史地理论丛》2010 年第 2 期；孙涛：《明清黄河故道流路变迁研究》，复旦大学博士学位论文，2018 年。

② Ge Q S, Hao Z X, Zheng J Y, et al. Temperature changes over the past 2000 yr in China and comparison with the Northern Hemisphere. *Climate of the Past*, 2013, 9 (3): 1153-1160；郝志新、耿秀、刘可邦，等：《关中平原过去 1000 年干湿变化特征》,《科学通报》2017 年第 21 期；Ge Q S, Liu H L, Ma X, et al. Characteristics of temperature change in China over the last 2000 years and spatial patterns of dryness/wetness during cold and warm periods. *Advances in Atmospheric Sciences*, 2017, 34 (8): 941-951.

③ 满志敏：《光绪三年北方大旱的气候背景》,《复旦学报（社会科学版）》2000 年第 6 期。

④ 潘威、孙涛、满志敏：《GIS 进入历史地理学研究 10 年回顾》,《中国历史地理论丛》2012 年第 1 期。

并基于 GIS 进行了过去 300 年中国季风雨带移动的可视化呈现。此外，萧凌波等青年学者在进行气候与社会关系、物候记录与气候格局重建等研究时，已经大量采用 GIS 方法。①

近年来，新史料的不断发现极大地丰富了现有的气候史料体系。气候史料规模非常庞大，如何更快速、有效、准确地提取气候信息，日益成为历史气候学界所关注的问题。台湾"中央研究院"的 REACHES 计划自 2014 年启动，该计划利用多源资料重建过去 2000 年东亚地区的气候变化过程，其研究目的之一就是试验"深度学习"方法在辨识气候史料中的应用路径②，截至 2023 年 3 月该项实验仍未产生明确结果。

（二）河流地貌

在 CHGIS 进行大约 5 年之后，GIS 方法开始与历史地理实践研究相结合。2005 年，满志敏在《历史自然地理学发展和前沿问题的思考》中指出，历史河流研究应从单条河流转向水系研究。而在这一过程中，GIS 技术将发挥重要的作用。③

2018 年，孙涛在《明清黄河故道流路变迁研究》中利用 GIS 和实地考察相结合的研究方法，根据道光时期的《黄河埽坝全图》重建了清代各河厅的界限。这些厅、汛范围的确立，使学界得以更清晰地认识清代基层治河机构的分布状况，进而得以从基层机构的视角讨论清代治河各项政策的落实与执行，也得以借助这些精确的小地名确定清代黄河流路的细节。④

近年来，潘威及其团队试图通过实践"数字历史河流"理念，探索满志

---

① 萧凌波：《1736—1911 年中国水灾多发区分布及空间迁移特征》，《地理科学进展》2018 年第 4 期；萧凌波、叶瑜、魏本勇：《气候变化与清代华北平原动乱事件关系分析》，《气候变化研究进展》2011 年第 4 期；张健、满志敏、肖薇薇，等：《1644—2009 年黄河中游旱涝序列重建与特征诊断》，《地理研究》2013 年第 9 期；刘亚辰、戴君虎、王焕炯，等：《基于物候记录的中国中部关中地区公元 600—902 年冬半年温度重建》，《中国科学：地球科学》2016 年第 8 期；王晗、侯甬坚：《清至民国洛川塬土地利用演变及其对土壤侵蚀的影响》，《地理研究》2010 年第 1 期。
② 林冠慧：《REACHES 研究计划进展》，东亚历史气候学术讨论会，台北，2017 年 12 月。
③ 满志敏：《历史自然地理学发展和前沿问题的思考》，《江汉论坛》2005 年第 1 期。
④ 孙涛：《明清黄河故道流路变迁研究》，复旦大学博士学位论文，2018 年。

敏提出的"小区域研究信息化"的实现路径。截至 2022 年，该团队已经完成了 1900 年代以来中国多个地区农业排灌渠系的时空数据重建，包括长三角、珠江三角洲（简称珠三角）、新疆渭干河流域、甘肃石羊河流域等地区。这批数据有力地支撑了近百年来这些地区人工水环境的研究，为探讨近百年来中国多个地区"人-水"关系的变化提供了重要的基础数据。[①]

（三）动物分布

历史动物研究发端于文焕然、何业恒两位前辈。在研究之初，他们即注意利用传统绘图技术展示动物的分布变迁。[②]2007 年，张伟然等将何业恒遗留的 8000 余张动物史料卡片转换为数据库，开历史动物地理研究信息化方法应用之先声。[③]曹志红近年来一直在进行历史时期人虎关系问题的研究，其工作在纯文字性考述的基础上，将虎患频次、烈度与地理信息相结合，探讨人-虎冲突的具体特征。[④]另外，由其设计的中国生态文明史数据库-动物多样性子库已经完成基本建设（图 1-3）。

该数据库是世界上第一套针对中国历史时期动物分布变迁的数据管理平台，在 Oracle 环境下设计、搭建和运行，相对于其他在 Access 环境下搭建的历史地理数据库，其具有更好的数据拓展性。该数据库是一个集原始资料与研究于一体的综合性历史动物数据库，其主旨在于支持"历史时期人与动物

① 侯鑫、潘威：《20 世纪 30 年代珠江三角洲平原河网结构重建及最大槽蓄容量》，《热带地理》2015 年第 6 期。
② 文焕然等著，文榕生选编整理：《中国历史时期植物与动物变迁研究》，重庆：重庆出版社，1995 年；何业恒：《湖南珍稀动物的历史变迁》，长沙：湖南教育出版社，1990 年；何业恒：《中国珍稀兽类的历史变迁》，长沙：湖南科学技术出版社，1993 年；何业恒：《中国珍稀兽类（Ⅱ）的历史变迁》，长沙：湖南师范大学出版社，1997 年；何业恒：《中国珍稀鸟类的历史变迁》，长沙：湖南科学技术出版社，1994 年；何业恒：《中国虎与中国熊的历史变迁》，长沙：湖南师范大学出版社，1996 年；何业恒编著：《中国珍稀爬行类两栖类和鱼类的历史变迁》，长沙：湖南师范大学出版社，1997 年。
③ 转引自潘威、孙涛、满志敏：《GIS 进入历史地理学研究 10 年回顾》，《中国历史地理论丛》2012 年第 1 期。
④ 曹志红：《人类活动影响下福建华南虎种群的历史分布》，《西北大学学报（自然科学版）》2013 年第 3 期；曹志红：《福建地区人虎关系演变及社会应对》，《南开学报（哲学社会科学版）》2013 年第 4 期；曹志红：《老虎与人：中国虎地理分布和历史变迁的人文影响因素研究》，陕西师范大学博士学位论文，2010 年。

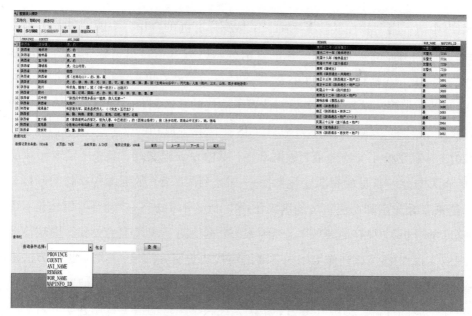

图 1-3　中国生态文明史数据库-动物多样性子库（截图）

关系"的研究。中国生态文明史数据库-动物多样性子库具备网络发布、信息检索、量化统计、社会网络分析、查询结果可视化、原始文献有限性获取、专题查询与数据分析等多项功能。

（四）历史政治地理

历史政治地理研究中的历史政区部分，由于涉及形态、边界等问题，因而对图形化、可视化的需求一直较强。近年来，GIS 技术已经基本取代了传统手绘和计算机辅助制图方法，2017 年出版的《陕西省历史地图集》①和 2020 年出版的《清史地图集》等历史地图绘制工作②，在绘制历史地图的同时，也获得了大量历史政区数据，提高了工作效率，减小了工作强度。

中国人民大学的历史地理学研究与清史研究有颇多渊源。近年来，中国人民大学历史地理学团队注重信息化手段的使用，特别是借助与香港科技大

① 陕西省文物局编：《陕西省历史地图集》，西安：西安地图出版社，2017 年。
② 华林甫、邹逸麟、丁超，等：《清史地图集》，北京：中国地图出版社，2020 年。

学李中清、康文林在共建《缙绅录》数据库方面的合作，中国人民大学 HGI
水平有了明显的提升。如胡恒的《清代政区分等与官僚资源调配的量化分
析》①一文，在清代政区的 GIS 数据支持下，展示了州县"冲繁难疲"等级的
空间分布情况，从地理视角重新认识了清代的政区划分等问题，是历史政治
地理、清代官僚制度史研究中使用 GIS 手段较为成功的个案。《清史研究》于
2018 年底举办了《缙绅录》数据专栏，共收录 5 篇文章，其中《清末新政前
后旗人与宗室官员的官职变化初探——以〈缙绅录〉数据库为材料的分析》
《清末新政与京师司法官员的满汉比例（1901—1912）——基于〈缙绅录〉数
据库的分析》，很好地展现了《缙绅录》数据库对于清代政治史和历史政治地
理的支撑作用。②该刊作为国内重要的清代历史研究阵地，其用数据库方法进
行历史学研究，对相关从业人员是极大的鼓励，也代表了清史研究领域对信
息化手段的提倡。2019 年 6 月，中国人民大学主持的清史数据共享平台上线
试运行，标志着清代历史政治地理正式步入"数字时代"。③相信在不久的将
来，清代历史政治地理领域所取得的信息化工作经验，将会促进整个历史政
治地理和政区地理研究与信息化方法的融合。

（五）历史经济地理

　　复旦大学吴松弟带领的团队近二十年来一直致力于中国近代化的空间
过程研究。在其与其团队成员的成果中，利用 GIS 手段表达经济贸易体系的
结构已经成为常规性方法，吴松弟本人也多次强调"传统研究与新技术运用
结合"的工作方法。④此外，华东师范大学王列辉等在进行海运网络的研究中
利用 GIS 技术呈现了贸易网络的时空变化过程。⑤张萍及其团队自 2014 年开

---

① 胡恒：《清代政区分等与官僚资源调配的量化分析》，《近代史研究》2019 年第 3 期。
② 陈必佳、康文林、李中清：《清末新政前后旗人与宗室官员的官职变化初探——以〈缙绅录〉数据库为材料的分析》，《清史研究》2018 年第 4 期；胡祥雨：《清末新政与京师司法官员的满汉比例（1901—1912）——基于〈缙绅录〉数据库的分析》，《清史研究》2018 年第 4 期。
③ 此部分材料由中国人民大学胡恒提供，谨致谢忱！
④ 吴松弟：《继承与创新：近 30 年来中国历史地理学的发展及未来走向》，《江西社会科学》2012 年第 4 期。
⑤ 王列辉、林羽珊、Cesar DUCRUET：《1895—2016 年全球海运网络中的海峡两岸港口运输联系变化》，《地理学报》2018 年第 12 期。

始，就一直在探索 GIS 技术支持下的西北地区历史经济地理研究，并对"丝绸之路"道路网络进行了研究。①余开亮在《清代粮价的空间溢出效应及其演变研究（1738—1820）》中借助 GIS 对各府粮食价格进行了空间统计，揭示了乾隆朝中后期各地粮价空间自相关性的急剧下降现象，反映了清代粮价空间溢出效应在乾隆中期之后减弱的情况。②余开亮的工作首次较为成功地使用了空间自相关分析法，该方法在历史地理的多个分支中都具有应用的潜力。历史经济地理是目前历史地理学分支中使用信息化手段较多的研究方向，特别是近十年来，其研究方法中开始强调空间分析方法，对"点—轴"结构的时空过程分析已经形成自身特色。

（六）历史城市地理

成一农自 2003 年就着手"中国古代城市地理信息系统（明清卷）"的构建，该系统以明清时期行政区划为基础，重建了全国范围内各大中城市景观要素的时空分布状况，目前该系统的数据主要集中在管理城墙、庙学等方面。③

法国学者安克强（Christian Henriot）一直致力于"上海学"研究，其工作中 GIS 已经成为常规手段，与之相呼应的国内学者，如张晓红、牟振宇、吴俊范、罗婧等也已经将 GIS 等信息化手段作为常规研究方法，用多种空间图形和多个时空数据展现城市的地理空间、经济空间和社会空间的变化，其中尤以近代以来上海城市化过程的研究最为系统翔实。④上海丰富的史料和在全国的重要地位，使众多学者从不满足于对这座城市历史的研究精度。相比之

---

① 张萍：《丝绸之路历史地理信息系统建设的构想及其价值与意义》，《陕西师范大学学报（哲学社会科学版）》2016 年第 1 期。

② 余开亮：《清代粮价的空间溢出效应及其演变研究（1738—1820）》，《中国经济史研究》2017 年第 5 期。

③ 成一农：《当代中国历史地理学研究（1949—2019）》，北京：中国社会科学出版社，2019 年。

④ 张晓虹、牟振宇、陈琍，等：《南宋临安节日活动的时空结构研究》，《中国历史地理论丛》2008 年第 4 期；张晓虹、牟振宇：《城市化与乡村聚落的空间过程——开埠后上海东北部地区聚落变迁》，《复旦学报（社会科学版）》2008 年第 6 期；吴俊范：《水乡聚落：太湖以东家园生态史研究》，上海：上海古籍出版社，2016 年；牟振宇：《从苇荻渔歌到东方巴黎：近代上海法租界城市化空间过程研究》，上海：上海书店出版社，2012 年；罗婧：《开埠初期的上海租地及洋行——基于 1854 年〈上海年鉴〉的研究》，《史林》2016 年第 3 期。

下，其他城市的 HGI 工作要弱一些。西安作为十三朝古都，早在 1996 年就出版了史念海主编的《西安历史地图集》①，且在 2011 年左右，陕西师范大学肖爱玲开始构建"西安城市历史地理信息系统"。2014 年开始，中山大学谢湜主持的"汕头历史地理信息系统"，利用近代实测地籍图，先通过 GIS 技术创建准确的地块时空数据，再将文献记录中的商铺名称、位置等记录转换为时空二维数据。通过将矢量化的地籍图和数据库相关联，该系统得以集成不同来源的数据，以汕头为例，展现了近代开埠港口的城市商业环境与社会变化。②此外，河南大学吴朋飞在对历史上开封与黄河关系的研究中也大量使用了 GIS 技术。③

（七）历史人口地理

复旦大学路伟东多年来一直致力于 HGI 研究，其在历史人口地理、西北人口史方面积极探索 GIS 的应用，在业界内获得了较为广泛的认可，是历史人口地理学界使用信息化手段的代表性学者。早在 2003 年，路伟东就尝试使用 GIS 表现清代西北回族的分布现象④；2012 年，路伟东着手建立回民历史人口数据库；2014 年，路伟东提出了利用 GIS 方法进行小概率历史事件的研究，并以清代回族进士为例演示了标准差椭圆（standard deviational ellipse）模型在这一问题中的应用。⑤2016 年，河南大学武强利用 Gibbs-Mirtin 多样化指数、RCI 系数等工具，在 GIS 技术支持下对明清时期河南的进士空间格局进行了分析。⑥

（八）HGI 的学术组织与专题会议

HGIS 沙龙是中国地理学会历史地理专业委员会主办的、囊括国内历史

---

① 史念海主编：《西安历史地图集》，西安：西安地图出版社，1996 年。
② 谢湜、欧阳琳浩：《民国时期汕头城市商业地理的初步分析——以侨批业为中心》，《近代史研究》2019 年第 3 期。
③ 吴朋飞：《开封城市生命周期探析》，《江汉论坛》2013 年第 1 期。
④ 路伟东：《清代陕西回族的人口变动》，《回族研究》2003 年第 4 期。
⑤ 路伟东：《GIS 支持下的小人口基数小概率历史事件研究——以清代回族进士规模与空间分布为例》，《回族研究》2014 年第 2 期。
⑥ 武强：《基于空间计量方法的明清时期河南进士地理格局演变分析》，《中国历史地理论丛》2016 年第 3 期。

地理学界和兄弟学科的专题系列会议。至 2023 年已经成功举办 8 届,与会学者规模不断扩大,地理学、地理信息科学、历史学等多个学科的学者参与到 HGI 事业中。会议报告涉及历史地理数据重建、历史遗产保护、历史地图集编绘以及历史地理主要分支等多项专题。但 HGIS 沙龙作为系列会议还有亟待改进与发展之处。首先,自 2015 年复旦大学历史地理研究中心主办首届 HGIS 沙龙至 2020 年云南大学主办第 6 届 HGIS 沙龙,每次会议都缺乏明确的主题,缺乏学术共同兴趣点和话题,限制了会议的交流功能。其次,在 2017 年华南师范大学主办的第 3 届 HGIS 沙龙上,发起了筹备历史地理信息系统工作委员会的倡议,但直到 2019 年,这项工作仍缺乏实质性的进展。最后,HGIS 沙龙目前主要是国内学者交流的平台,对于海外学者的吸引力尚不够。HGIS 沙龙已经日益成为 HGI 方向的标志性系列会议,但相比国内外同类型的行业系列会议,也需要成立全国性的 HGI 学术组织,以便有效整合资源、促进交流、确立共同目标。

"地理信息系统支持下的亚洲历史网络研究"(the Asian Network of GIS-based Historical Studies,ANGIS)是应用 GIS 技术研究亚洲区域历史的系列国际会议,于 2012 年 6 月由东京大学发起,随后每年在一座亚洲城市举办。其中,2017 年 ANGIS 广州会议由中山大学历史学系主办,这是该系列学术会议首次由中国高校的历史系主办,标志着中国历史地理信息化发展开始受到海外学界的重视。这对于 HGI 的广大科研人员与青年学生具有很大鼓舞。该次会议主题为"基于 GIS 的亚洲研究新路径"(New Stage of GIS-based Asian Studies),有来自海内外 60 多位学者参加,会议分为 6 个议题,内容涵盖专题历史地理研究、考古与文化遗产研究、环境与景观变迁、空间分析与时空模拟、GIS 研发与应用等各个领域。

国内地理信息科学的学者也积极在 GIS 学科领域内推进 HGI 的建设。2017 年、2018 年,由赵耀龙组织,在中国地理信息科学理论与方法学术年会上设立了有关 HGIS 的专场。2017 年长沙年会(中南大学主办)有"历史 GIS

与三维 GIS"专场；2018 年太原年会（太原理工大学主办）有独立的"历史 GIS 应用"专场，该次专场由赵耀龙、张洪岩与韩昭庆召集并主持，标志着 HGIS 在地理信息科学界得到肯定，为今后中国历史地理学界与地理信息科学界的广泛深入合作创造了契机，使中国 HGI 学者结成学术共同体，共同促进这一领域的发展。[①]

四、未来图景

（一）历史地形数据的生产与应用

三维技术在地理学界已经被较为普遍地应用于各项研究，包括地形建模、城市建模、水文模拟等，都需要三维技术的支持。ArcGIS 软件提供了较为便捷的三维建模操作，因此操作过程本身较为便捷。2006 年，满志敏在《北宋京东故道流路问题的研究》中为历史地理学树立了融合地形数据和历史记录的范式。该文利用卫星地形数据解读与历史地名考证相结合的研究方法，重建了北宋黄河"京东故道"的形态。[②]此项工作在历史自然地理与 HGI 领域都得到了广泛的认同与好评[③]，此后地形数据在历史地理研究中的使用渐趋广泛，并从单一使用卫星地形影像开始转向个性化的历史三维地形模型构建。

王芳和潘威在《三维技术在历史地貌研究中的应用试验——1935 年以来新疆博斯腾湖变化》一文中，使用三维模型探讨了新疆博斯腾湖体积的变化，进而讨论博斯腾湖自 1930 年代以来的水体咸化问题。该文利用博斯腾湖湖盆高程数据，结合 1930 年代地形图，构建了博斯腾湖的三维模型，讨论了 1935 年以来博斯腾湖矿化度的变化[图 1-4（a）]。应当承认，该模型仍比较粗糙，仅是初步尝试了三维模型方法在历史湖泊变迁中的应用方式，当前非常需要学界深入探索历史三维地形模型的构建方法和使用方法。[④]

---

① 此部分材料由华南师范大学赵耀龙提供，谨致谢忱！
② 满志敏：《北宋京东故道流路问题的研究》，见中国地理学会历史地理专业委员会、《历史地理》编委会编：《历史地理》（第 21 辑），上海：上海人民出版社，2006 年，第 1—9 页。
③ 张伟然等：《历史与现代的对接：中国历史地理学最新研究进展》，北京：商务印书馆，2016 年。
④ 王芳、潘威：《三维技术在历史地貌研究中的应用试验——1935 年以来新疆博斯腾湖变化》，《地球环境学报》2017 年第 3 期。

中国西部山区广布，三维地形模型具有广泛的应用前景，如 DHYR 平台上的"黄土高原水土保持历史地理信息系统"，就利用 ArcGIS 软件中"表面分析"功能构建了民国时期陕西荆峪沟水土保持实验场的三维模型[图 1-4（b）]。此项技术目前仍需进一步标准化和规范化，成熟之后，该技术可以展现山地、水域等地理要素的立体形态变化，辅助研究者从更为全面的角度观察研究对象的变化过程，进而支持研究者分析。

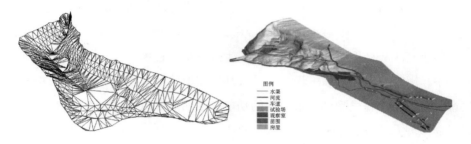

（a）1930年代博斯腾湖范围模型　　　（b）民国时期陕西荆峪沟水土保持实验场的三维模型

图 1-4　三维地形模型在小区域研究中的案例

资料来源：潘威、韩立堃、高冠楠：《环境史研究中 GIS 应用方法试验：近代黄土高原水土保持历史地理信息系统设计与搭建》，见张生主编：《史地》2018 年春季号，南京：南京大学出版社，2018 年；王芳、潘威：《三维技术在历史地貌研究中的应用试验——1935 年以来新疆博斯腾湖变化》，《地球环境学报》2017 年第 3 期

（二）三维建模

2019 年 4 月 16 日，巴黎圣母院遭遇火灾，建筑部分构件受到严重损坏。这一举世震惊的新闻促使海内外重新认识古建筑建模的重要性。其实，早在 2015 年，美国瓦萨学院艺术史学家安德鲁·塔隆（Andrew Tallon）便首次利用激光三维扫描技术为巴黎圣母院进行了三维建模，巴黎圣母院由此得以在计算机环境中保留了此次火灾前的详细样貌。此后，激光三维扫描技术和虚拟环境技术又一次引起了政府和学界的注意。

三维建模深入历史地理学研究得益于近十年来手持式 3D（3-dimension，三维）扫描仪和 Smart3D 等软件的出现，它的出现满足了学界对于器物、工程设施等物体的计算机建模需求。在历史地理学界，三维建模起步虽然较晚

（大致在 2015 年前后方才被正式使用），但在处理史料、支持研究者决策方面已经展现了巨大的潜能。

　　陈刚在六朝建康历史地理信息系统中利用激光三维扫描技术对南京附近古代陵墓的石雕进行了三维建模。在该系统中，使用者和研究者可以在虚拟实景内对这些陵墓的结构、布局、建筑特色等进行多角度、全方位的观察，研究者不必亲身前往实地，就可以从艺术史、建筑史、景观史等不同学科角度对南京六朝时期陵寝遗址进行研究，也可以借此展示精美的六朝石刻艺术［图 1-5（a）］。①此外，在 DHYR 中，开发者尝试了用建筑建模软件处理民国时期的水利工程蓝图，在计算机环境下生成三维工程模型［图 1-5（b）］。在系统中，用户可以将三维工程模型导入其所在地的地形模型，从而使 DHYR 具有融合三维工程模型和地形数据的功能。该功能可以为研究者营造一个类似于虚拟现实（virtual reality，VR）的历史水利场景，进而帮助研究者探讨水利与环境、水利与社会等方面的关系。2017 年，蓝图和潘威基于实地调查与文献记录，重建了甘肃永泰城明清时期的城市水利结构，并在此基础上讨论了永泰一带水利建设与沙漠化的关系。此项重构工作是对三维建模技术在历史地理专题研究中的一次探索。②今后，如果能将该模型操作进一步标准化，形成功能模块，便利不同计算机水平用户的使用，那么在区域水利史、环境史等方面，这一技术将拥有广阔的应用前景。

（a）六朝建康历史地理信息系统　　　　（b）DHYR中的民国鄩惠渠虚拟三维工程模型
中的古墓神道石刻三维扫描模型

图 1-5　三维建模在 HGI 中的应用

---

① 此部分材料由南京大学陈刚提供，谨致谢忱！
② 蓝图、潘威：《甘肃永泰古城兴废与腾格里沙漠南缘的人与环境》，《白沙历史地理学报》2016 年第 17 期。

（三）历史地理现象的可视化

此处所谈的可视化是指 HGI 工作中基于复杂符号系统的专题信息表达方式，特指历史数据的可视化。应当说，历史数据可视化与 HGI 并不存在继承与发展的关系，但自 2000 年以来，可视化方案在 HGI 中的重要性越发凸显。今天，如何强化历史地理学研究成果的视觉表达能力应引起学界的普遍重视。王哲在 2017 年经梳理过历史空间数据可视化自 19 世纪前期以来的发端与流变。[①]何捷和袁梦曾较为系统地介绍过 21 世纪以来国内外 DH 领域的主要可视化成果与方案，认为随着分析方法的多元化，文本信息的时空属性随着可视化能力的增强和 GIS 技术的普及，逐渐成为历史文本语义表达中的热点。[②]

美国著名历史学者托尼·霍维茨（Horwitz）基于美国南北战争档案，糅合 GIS、VR 等技术创建了罗伯特·李将军的"鹰眼"视角平台，并被美国史学界广泛采用。在这一平台的支持下，历史学者利用可视域、VR 全景重新认识葛底斯堡战役，从南军统帅罗伯特·李将军的视角重新认识当时的战场形势，依托于历史数据的高级可视化，使研究者得以在一定程度上"体验"其研究对象。[③]博登哈默（Bodenhamer）于 2007 年提出了深度制图（deep mapping），利用数字和空间技术进行空间叙事（spatial narratives），在技术上营造一个开放的、可视化的并具有体验性的虚拟空间。[④]相较于欧美国家，国内历史地理学界在可视化方案的设计、制作与应用方面较为落后。虽然 HGI 在历史地理学界已然发展了近二十年，但目前学界大多数可视化方法依然是简单的"点—线—面"组合。[⑤]这样的可视化方法虽然制作简单，但是表达

---

① 王哲：《历史空间数据可视化与经济史研究——以近代中国粮食市场为例》，《中国经济史研究》2017 年第 5 期。
② 何捷、袁梦：《数字化时代背景下空间人文方法在景观史研究中的应用》，《风景园林》2017 年第 11 期。
③ Horwitz T. Looking at the battle of Gettysburg through Robert E. Lee's eyes. *Smithsonian Magazine*, 2012.
④ Bodenhamer D J. Creating a landscape of memory: The potential of humanities GIS. *International Journal of Humanities and Arts Computing*, 2007, 1 (2): 97-110.
⑤ 霍仁龙：《基于 GIS 的清代以来西南山地民族分布演变研究——以云南省禄劝县掌鸠河流域为例的考察》，《四川大学学报（哲学社会科学版）》2019 年第 3 期。

能力和传播能力无疑要弱得多，无法适应信息化时代背景下的知识传播方式和日益精细化的研究实践。因此，HGI 学界有必要深刻反思如何缩小与西方学界在此方面的差距。

追求更好的视觉表达效果是 HGI 的目标，但直到 2013 年，谢丽在《民国时期和田河流域洛浦垦区垦荒、撂荒地的空间分布格局——基于历史资料的信息可视化重建》①一文才明确提出了历史资料的信息可视化概念。作者在研究中尝试在 GIS 技术的支持下，对新疆和田河流域的农业垦殖档案进行可视化处理，用一系列专题地图展现了民国垦殖档案所反映的土地利用状况，在文字记录的可视化处理方面进行了有益探索。

关系型数据是时间数据、空间数据之外最重要的数据类型，也是近年来历史地理学界较为重视的一种数据类型。这类数据所表现的是节点与节点之间的链接状况，比如人群之间的社会关系、沟通状况，城市之间的交通运输状况，政府组织中各部门的行政关系，等等。这种关系往往呈现网状结构，因此，也可以称其为"社交网络"数据，这一网络具有"生命体"特征，即会由于一定的原因而出现结构上的变化。国内历史地理学界对于这类数据的认知很大程度上来源于哈佛大学与北京大学共建的 CBDB 项目，该项目不仅利用 GIS 呈现了人物的分布、运动轨迹与区域关联，也以网络关系图的方法呈现了人物之间的社交关系。

将"社交网络"引入历史地理学研究实践的成熟成果尚不多见，但探讨该类数据的可视化方案，以"社交网络"理念进行历史地理学实践研究，近年来则日益受到关注。2010 年，王哲和吴松弟在《中国近代港口贸易网络的空间结构——基于旧海关对外-埠际贸易数据的分析（1877—1947）》②一文中，就使用了网络可视化方法表现民国时期中国境内的贸易状况，2017 年王

① 谢丽：《民国时期和田河流域洛浦垦区垦荒、撂荒地的空间分布格局——基于历史资料的信息可视化重建》，《地理学报》2013 年第 2 期。
② 王哲、吴松弟：《中国近代港口贸易网络的空间结构——基于旧海关对外-埠际贸易数据的分析（1877—1947）》，《地理学报》2010 年第 10 期。

哲又用这一方法展现了 1936—1937 年国内粮食贸易网络，显示出网络可视化方案在历史经济地理研究中的巨大潜力。①

　　基于时间数据的动态可视化方案，将静态的历史断面串联为连贯的过程，再以动画的方式加以演示，这一想法其实存在于很多历史地理学者心中。如果说"一图胜千言"，那么一段小视频则可以"胜万言"。移动互联网已经深入到人们生产、生活的各个方面，制作视频、传播视频、管理视频的成本和难度都已经大大降低。技术上的进步使得学者在利用传统纸媒发表成果的同时，也可以用视频的方式展现研究成果。据笔者所知这方面的工作已经在历史地理学界展开，比如在 DHYR 平台上，就以动画的形式演示了 1766 年以来黄河上中游多个站点的汛期径流量变化。这方面的可视化工作需要平台有较好的数据兼容能力与移动互联网环境，随着 5G 时代到来，这方面的工作已经基本不存在技术瓶颈，其发展前景已经可以预期。

　　还有一种更为复杂的可视化方法，即现在已逐步渗透到我们日常生活的 VR 技术，借助于可穿戴式移动设备的普及，人们可以在某种虚拟空间中获得实景体验，但这一技术是否会融入历史地理学目前尚无法判断。

（四）研究区域国际化

　　中山大学谢湜近年来一直致力于侨批文献的数字化工作。据谢湜在 2017 年 ANGIS 广州会议上的介绍，侨批提供了观察环南海华人社会独特且重要的视角。侨批是近现代东南亚华侨汇入国内的海外侨汇，对整个韩江流域的经济发展起着极为重要的作用。现在汕头市已建立侨批博物馆，馆藏侨批数量达到 50 000 件。此外，目前所能收集的散落民间的侨批有 30 000 件之多。汕头市侨批博物馆虽然将侨批进行扫描得以影像化，部分内容已被整理为数据，但目前看来仍显粗糙，不能发挥数据库的重要作用。下一步，谢湜拟充分利用已有的公藏机构及部分民间私人收藏的侨批原始材料，对这些原始材

---

① 王哲：《历史空间数据可视化与经济史研究——以近代中国粮食市场为例》，《中国经济史研究》2017 年第 5 期。

料进行扫描，并对原始材料进行分析，提取其中有较高价值的字段加以录入，建成百年以来粤东华侨汇款的数据库，主要字段包括寄批地、收批地、收寄机构、汇款金额等。同时，谢湜及其团队已为潮汕侨批文献数据库建立专门网页，实现网上检索和用户资料上传功能，并嵌入侨批时空分析工具，以供公众和研究者使用。①

由云南大学、南京信息工程大学、复旦大学合作开发的东亚历史台风信息平台同样也具有跨国研究的特点。该平台起源于 2007 年满志敏团队对明清时期江浙沿海台风活动的研究，2013 年朝鲜、日本的台风数据被纳入，2017 年至今该平台将重点放在收集越南、缅甸等东南亚地区的台风史料上。目前，该平台已经基本完成了对东亚地区 17 世纪以来的台风频率、路径、强度等数据的收集，初步揭示了 1600 年以来东亚地区台风活动的基本变化趋势。

近年来，随着学科交流的日趋活跃，世界史学者中使用信息化手段的中青年学者也参与到历史地理信息化的发展中。这很大程度上得益于 DH 在国内兴起后，原本分散的技术力量开始了初步交流与整合。其中具有代表性的是南京大学的王涛，其研究领域为德意志史，借助于 GIS、数据库等技术，王涛针对中世纪德意志社会阶层的生活状态有了更清晰的认识。王涛的工作对 HGI 一个很大的冲击在于其所倡导的 Python 语言编程支持下的历史文本分析技术。借助于 Python 语言，研究者可以在绝大多数 DH 软件中实现个性化的操作，满足个人研究需要。②而相比之下，历史地理学界目前尚没有很好的编程能力，在以往有关 HGI 的理论讨论中，也没有对编程能力的缺失引起足够重视，这一短板应在今后工作中予以弥补。

---

① http://qiaopisjk.sysu.edu.cn。另，本部分资料由中山大学谢湜提供，谨致谢忱！
② 王涛：《数字人文框架下〈德意志人物志〉的群像描绘与类型分析》，《历史研究》2018 年第 5 期；王涛：《文本分析的新工具：以主题模型的可视化为例》，《云南大学学报（社会科学版）》2018 年第 6 期。

第二节 DH 与 HGI

一、DH在国内的兴起

1960 年代以来，在计算机技术的支持下，人文知识的获取、分析、集成和展示均发生了重大改变。人文资料被数字化，并通过网络发布。DH 指的是人文社会科学领域中，以计算机、互联网等信息化工具为主要手段，通过数字化、可视化、量化等处理方法，对人文社会科学问题进行研究的方式。其产生和发展的重要背景是计算机、互联网等技术的日益发展和普及，更是顺应当前数字化人文资源急速增多的现实。

2012 年，马修·K. 戈德（Mathew K. Gold）在《数字人文之争》（*Debates in the Digital Humanities*）一书中将 DH 定义为人们使用智能型工具提出问题，重新定义概念以及回答问题的一种途径。该定义特别强调了智能化工具的利用在这一领域中的意义。[①]而在稍早时候，施赖布曼（Schreibman）等在《数字人文伴侣》（*A Companion to Digital Humanities*）一书中将 DH 的定义为："一种代表性的实践，一种模拟方式，一种推理，一种实践本体核心的思路。这种代表性的实践可分为两个方面，一方面是高效的计算，另一种是人文与科技的沟通"[②]。

在欧美学界 DH 已经深刻改变了人文社会学科的研究范式，ADHO 已经成立了二十余年。截止到 2016 年，世界范围内的主要 DH 研究机构包括美国的斯坦福大学人文科学实验室、麻省理工学院 HYPER STUDIO、南加利福尼亚大学人文计算研究中心、马里兰大学人文技术研究院、伊利诺伊大学科学与学术情报研究中心；英国的伦敦大学国王学院人文计算研究中心；日本的

[①] Gold M K. *Debates in the Digital Humanities*. Minneapoils: University of Minnesota Press, 2012.

[②] Schreibman S, Siemens R, Unsworth J. *A Companion to Digital Humanities*. Oxford: Blackwell Publishing Ltd, 2008.

立命馆大学京都数字文艺研究中心；澳大利亚的昆士兰大学 E-RESEARCH 实验室。此外，NEH、JST、DFG、JISC、加拿大人文社会科学联合会等机构也都设有专门的 DH 支持计划。梅隆基金会、麦克阿瑟基金会等公共基金会也有 DH 发展规划。

当前，美国的 DH 仍旧处于领先地位，其研究团队众多，研究项目也十分丰富。NEH 在 2006 年专门设置了 DH 办公室，专门推动 DH 实践项目的发展。2007 年，NEH 资助布鲁克林大学考古研究中心，使用激光扫描和三维定量制作了两河流域楔形文字的数字模板。这些模板支持学者在计算机环境下拼接零碎的文字碎片，以此推断这些碎片是否来源于同一份文件。这之后，NEH 还资助了"1964—1965 年纽约世博会历史场景复原""基于高度动态图像技术的建筑遗迹的档案整理工作"。近年来，日本政府加大了对信息化产业的投入，如立命馆大学京都数字文艺研究中心平均每年获得 2 亿日元的经费支持。2009 年，该中心组织了"数字人文国际研讨会"。

中国则在 2015 年开始加快 DH 建设。2015 年 5 月 21 日，北京大学图书馆举办了首届"数字人文论坛——跨界与融合：全球视野下的数字人文"之后，中国学界对这一领域的兴趣迅速升温。2016—2017 年，有关 DH 的学术会议、期刊等不断出现，北京、南京、广州等城市都举办了相关主题的学术会议，《图书馆论坛》开辟了 DH 专栏。2017 年 5 月，北京大学举办了第二届"数字人文论坛"，其主题进一步明确为"数字人文与历史学研究"，包括历史地理学在内的多个史学分支都有代表参加了该次论坛，这也说明了数字化、信息化建设在史学界已蔚然成风。

DH 在学界的迅速升温是值得肯定的，毕竟我们已经处于信息化时代，作为学术研究不应该自外于大时代背景。而同时，越是在这种激情昂扬的时候，越需要对这一现象进行冷静客观的分析。HGI 无疑是 DH 的重要组成部分，在国内学界中，历史地理对于 GIS 的探索早于 DH 概念被引入，但是 GIS 对于历史地理学自身和其他相关学科的支撑作用似乎并不明显。而 DH 却吸引了大批学者，特别是中青年学者的兴趣，产生这一现象的原因值得思考。

就笔者的观察来看，DH 带给 HGI 的启示可能有如下几点。

（一）针对历史文献记录本身

历史地理学无论怎样发展，基于历史文献记录这一基础都是无法改变的。因此，针对史料文本本身的信息化处理非常重要，但这一点在之前的 HGI 建设中往往被忽略，或者尚不够重视。就已有的成果来看，CHGIS、CCTS 等多个平台都缺乏对于史料文本本身的信息化处理方法，系统中也没有设计针对文本处理的功能。

DH 领域的著名学者，荷兰莱顿大学魏希德（Hilde De Weerdt）开发的 Markus 软件是用来提取中文史料信息的专业软件。魏希德从事的专业领域是宋史，著有《义旨之争：南宋科举规范之折冲》[*Competition over Content: Negotiating Standards for the Civil Service Examinations in Imperial China*（*1127-1279*），该书汉译本 2015 年由浙江大学出版社出版]。但是近年来，因为 Markus 软件的推广普及，她还增添了一个 DH 专家的头衔。Markus 软件是一个半自动化的古籍标记平台，魏希德设计它的初衷是管理宋代笔记中的史料。笔记材料的一个最大特点是比较零散，魏希德原本寄希望基于个人计算机的已有文档处理软件，但效果并不理想（关于这一点，澎湃新闻曾对魏希德做过专访），之后，魏希德专门申请了一个项目，由何浩洋完成了软件开发。

Markus 软件的问世解决了古籍的自动标注问题，帮助研究者提高了史料阅读的效率，通过学者自身对于史料的理解建立了跨文本的史料记录链接。Markus 软件对历史学者而言是有价值的工具，但需要说明的是，人文社会科学研究是比较个性化的工作，对于同一条材料出现互相不同乃至对立的理解本身是非常正常的现象，因此，所谓的自动化信息提取技术可能并不适合在所有历史学场景中使用，因为这种做法无疑抹杀了学者个人因素对史料判读的影响，令历史学不再生动而变得机械。

当然，Markus 软件的推广普及需要仰赖史料数字化，缺乏史料数字化的基础或没有电子文本的支持，Markus 软件也就无法发挥作用。目前国内互联网上的学术资源总量已经非常可观，其中有大量电子化的古籍资料，大规模史料是电子文本形成的基础。但相比海外和港澳台地区，中国内地（大陆）这方面的工作起步较晚，深入程度也不够，还有很多方面需努力，如史料电子文本的数据总量有待提高等。

（二）针对研究者自身

除历史文献记录以外，更为重要的应该是研究者自身的原因。HGI 的起步主要在于 CHGIS 项目，而 CHGIS 很大程度上依赖于当年谭其骧等老一辈历史地理学者绘制《中国历史地图集》时留下的人才和资料基础。在该项目进行中，对于资料的分类、查询、链接等需求并不高，因此，确实没有必要开发一个史料文本的处理工具。此外，由 CHGIS 派生的 CPGIS 等项目也没有发展历史文本的信息化处理功能，这导致 HGI 的受众面在无形中缩小了。HGI 不应仅仅面对历史地理学者，也应在历史学和地理学中发挥更大的影响力，缺乏史料信息化处理的结果就是将更多使用历史文献的学者排除在 HGI 领域以外，这对于该方向的持续性发展是不利的。

那么，我们如何来改变目前的状况，以及在改变过程中又可能会遇到什么样的困难呢？应当说，目前进行史料信息化处理的外部条件是比较好的。今天，中国国内的史料出版不断进步，光学字符识别（optical character recognition，OCR）技术也已经较为成熟，这些都为史料信息化提供了有利的条件。哈佛大学包弼德领导的 CBDB 项目组在这方面进行了非常好的探索，利用 OCR 技术处理了大量出版的书籍，形成了关于中国历史人物的资料长编，该资料长编结合 Markus 软件可以进行分类、整合、链接等操作，可以提升使用者挖掘史料信息的能力。

但很多困难依旧存在，主要的困难包括以下几点：①中文古籍的固有书写习惯对 OCR 造成的困难。中国古籍书写习惯为直排书写，目前能够进行 OCR 处理的文本基本都是被处理过的横排版本，这种版本对于职业研究者而言是不能作为研究资料使用的。②断句问题。古籍中不存在格式上的句读，所以，文本往往出现不应该有的连缀现象。在进行文本信息挖掘时，这种现象往往造成信息的错乱。台湾大学项洁开发的史料文本处理系统就可能存在这样的问题。

（三）更加贴近于历史学问题

更加贴近于历史学问题是 DH 得以迅速发展的一个非常重要的原因，这一点也是在 HGI 工作中要重点思考的问题。长期以来，历史地理中的 GIS 工作往往不注意对于研究问题本身的思考，多数情况下，利用符号系统展现研究对象的平面分布特征成为主流，而对于分布特征本身所展现的历史过程思考则是不够的。

下面，笔者将以近年来 DH 领域代表性的 CBDB 为例来做一分析（图 1-6）。CBDB 的理念不仅仅是建立一个可供查询和展示的中国历代人文资料汇编或者历史人物辞典，实际上，CBDB 最大的意义在于展现人物之间的各类关系。在 CBDB 的支持下，复杂的社会网络能够清晰地呈现给系统使用者，这对于社会史和断代史的学者而言是非常具有吸引力的。反观中国学界的 HGI 产品，这一功能还未能得到充分体现。当然，CBDB 对 HGI 工作带来的冲击和启示不止这一点。

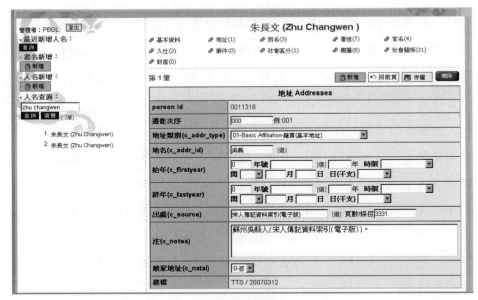

图 1-6　CBDB 人物信息数据库格式（截图）

资料来源：潘威：《"数字人文"背景下历史地理信息化的应对——走进历史地理信息化 2.0 时代》，《云南大学学报（社会科学版）》2018 年第 6 期

　　CBDB 对于历史数据处理的出发点在于构建社会网络关系的可视化表达，比如图 1-7 就是依据宋代文人间书信往来关系所绘制的网络关系。这一做法可以告诉研究者或使用者，这些人物之间究竟存在着怎样的联系。社会网络分析是近年来普及较快的一种网络分析方法[1]，对于剖析特定人群之间的相互链接具有很大的作用，这一做法对历史地理学研究具有很大的启发意义。历史地理学一直强调人类活动对于自然环境的影响，但人类活动的一大特征就是社会性，借助于社会网络分析，我们能够将文献中错综复杂、不易观察到的人物关系绘制出来，令研究者看到史料直接记录之外的内容。

---

① 〔美〕戴维·诺克、杨松：《社会网络分析》（第二版），李兰译，上海：格致出版社、上海人民出版社，2017 年。

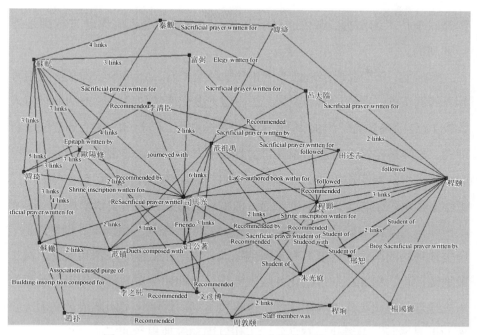

图 1-7　CBDB 中展现的宋代文人通信网络（截图）

资料来源：潘威：《"数字人文"背景下历史地理信息化的应对——走进历史地理信息化 2.0 时代》，《云南大学学报（社会科学版）》2018 年第 6 期

（四）软件使用更加灵活

HGI 目前的软件环境非常狭窄，MapInfo 软件和 ArcGIS 软件几乎是 HGI 所有工作依托的平台（CDR ①等图形处理软件在 CAD 方面也有很大的占有率）。软件环境的狭小一方面是从业人员眼界的问题，另一方面该现象也会反过来制约从业人员的思维，认为 ArcGIS 软件能够解决所有问题。软件使用这件事本身并不一定会解决使用软件最初所试图解决的问题，很多时候，软件使用带来的问题可能比其能解决的问题还要多，如果在工作开始之前没有对潜在的困难充分预计，只是简单粗暴地将软件的操

----

① 即平面设计软件 CorelDraw 的源文件保存格式。它是一种矢量图文件，cdr 文件可使用 CorelDraw 软件打开。这个图形工具给设计师提供了矢量动画、页面设计、网站制作、位图编辑和网页动画等多种功能，是一款主要面向绘图设计师和印刷输出人员的矢量图形设计和排版软件。

作等同于技术的掌握，那么这对于该方向的发展和个人工作的进行都是非常不利的。

　　实际上，从笔者近年来的工作和教学经验来看，ArcGIS 软件在历史地理学界的真正推广尚需时日。首先，在心理上接受或者包容 GIS 方法的学者人数较 10 年前确实有了增加，但还未形成普遍共识。对于 GIS 核心的空间分析理念，学界还是没有普遍认识其重要性，对其的了解也非常不够，而对于空间分析需求的缺乏使得 ArcGIS 软件的推广很难。其次，目前具有专门的 HGI 工作室的单位还较少，就笔者所知，似乎只有复旦大学历史地理研究中心和陕西师范大学西北研究院具有相对专业的 GIS 工作室。相比很多理科团队，历史地理的团队协作程度只有不断地深入，才会在工作中培养和生发出对于数据统一化、标准化和规范化的强烈需求，由此才会对软件应用引起重视。历史地理信息化工作室为团队性工作提供了场所保障，是团队成员交流、协作的重要场所，需要建设有良好的工作氛围和管理规章的团队文化。

二、大数据理念与 HGI 建设

　　"大数据"是近年来非常吸引人眼球的一个词，其最初是一个 IT 术语，指的是"需要新处理模式才能具有更强的决策力、洞察发现力和流程优化能力的海量、高增长率和多样化的信息资产"①。"大数据"概念最早由维克托·迈尔-舍恩伯格（Viktor Mayer-Schönberger）和肯尼斯·库克耶（Kenneth Cukier）在编写《大数据时代：生活、工作与思维的大变革》中提出，指不用随机分析法（抽样调查）的捷径，而是采用所有数据进行分析处理。大数据在 4V 方面，即 volume（数量）、velocity（速度）、variety（品种）、value（价值），都有具体特点。②今天，"大数据"已经不仅仅是一

---

① 杨旭、丁刚毅编著：《数据科学导论》（第 3 版），北京：北京理工大学出版社，2021 年，第 6 页。
② 〔英〕维克托·迈尔-舍恩伯格、肯尼斯·库克耶：《大数据时代：生活、工作与思维的大变革》，周涛译，杭州：浙江人民出版社，2013 年。

种理念，而已经成为真实世界中的数据处理方法[①]，并且正在日益深入地通过商业模式改变人们的生活和思维方式。在许多学科的研究中，大数据和大数据理念已经成为指导思想或者研究目标，关于这方面的具体情况可以参照多篇综述性论文。

那么，HGI 是否需要大数据呢？笔者以为，如果认为传统历史地理学的范式是唯一正确的路径，那么包括大数据在内的很多新思想都是不必要被讨论的；而如果我们承认目前历史地理学的潜在危机，那么大数据或者大数据理念也许可以被视为解决问题的方法之一。要论述这一观点，需要先厘清几个认识上的问题。

（1）信息化方法并非对传统研究方式的抛弃，反而对历史地理考证方法提出了更高的要求。HGI 的阻力很大程度上在于人为地将信息化方法与传统方法对立，类似现象在历史地理学界还包括人为地将"科学"与"人文"对立，将"自然"与"人文"对立等，这种画地为牢的做法导致学科破碎，将研究重心的差异扩大为研究本质的差异。

（2）所谓的基础研究工作，在不同时代有不同的内涵。以笔者所从事的历史自然地理为例，20 世纪 50—70 年代是学科创立阶段，该时期的基础工作就是收集和整理史料，《中国三千年气象记录总集》实际上是该时期基础工作的一个集中体现；而自此之后，虽然收集和整理史料的工作还在进行，但是其内容已经发生了很大的变化。首先，整理史料的目的相对集中在特定问题上，如葛全胜等对"雨雪分寸"记录的整理[②]、方修琦等对"历史气候社会效应"记录的整理等[③]，分别在重建过去 300 年中国东部雨带移动过程和揭示过去 2000 年气候变化对中国社会发展效应的长时段规律性。其次，史料整理方式由抄卡片到文本文档（如 word）再到数据库、

---

① 涂子沛：《数据之巅：大数据革命，历史、现实与未来》，北京：中信出版社，2014 年。
② 葛全胜、郭熙凤、郑景云，等：《1736 年以来长江中下游梅雨变化》，《科学通报》2017 年第 23 期。
③ 方修琦、苏筠、郑景云，等：《历史气候变化对中国社会经济的影响》，北京：科学出版社，2019 年。

电子资料库，这一方法的转变绝对值得肯定，而资料电子化的下一步就是信息化处理，数据和大量数据的产生是一个必然趋势；区别是，如果没有一定的行业规范，数据将成为离散的碎片，其价值将无法体现。

（3）目前历史地理学的潜在危机与我们研究的问题无关，而和我们的研究范式有关。历史地理学面临的潜在危机包括历史自然地理与历史人文地理的日渐疏离、研究日益丧失自有特色、学科理论体系和方法论体系的长期缺失、对于国家和社会所面临的现实问题的研究贡献在减少等。这些现象导致学科影响力降低，如果深究这些问题的成因，我们会陷入对当代历史地理学发展评价的问题，而目前，做这一评价的条件尚不成熟。

在上述基础上，本书论证"大数据理念"应用于 HGI 可以发挥以下作用。

（1）整合历史地理各分支的研究，将历史地理学的区域性、综合性和历时性特征进一步强化。20 世纪 80—90 年代，历史地理学中发育出了多个分支，这一点与当时地理学中出现很多新方向一致，其共同原因在于人文地理学重新繁荣，其不同在于地理学当时受到后现代主义地理学思潮的影响，而历史地理学中其实并未受到这一思潮的深刻影响。学科分支的多样本身是好事，对于扩展历史地理的研究领域发挥了积极作用，但分化研究方向不应发展到学科分裂的地步。当前，历史地理中的历史自然地理和历史人文地理已经产生了非常大的差别，客观地说，这一差别已经引起了双方对话的困难，历史自然地理研究发展到今日的定量化、技术化等特征是几代学者不断努力的结果。

（2）进一步挖掘历史地理信息的价值。杂乱、分散、不能适应多数人需求和能力的数据是缺乏明确价值的。如果没有"大数据理念"，我们可能不会真正意识到分散数据的不足。重建数据是艰苦的过程，虽然我们现在还没有完全普及数据重建的理念和方法，许多历史地理研究还没有数据产生（只有知识产生），但目前已经出现了数据过于分散、离散的问题。

CHGIS 是目前历史地理学界最为成熟的信息化产品，但是我们有更多基于 CHGIS 的信息化产品吗？至少目前为止还没有。我们在使用 CHGIS 数据时，往往会因为该数据和我们自己数据之间的不匹配或难以匹配而感到苦恼和困惑。HGI 至今没有在学界产生革命性的影响，可能原因就在于此。以笔者自身经历为例，笔者在进行黄河历史地理信息的处理工作时就遇到过这样的问题，如果要展现黄河历史上的环境、管理、灾害等信息之间的关系，地名信息是最为合适的链接信息，但遗憾的是，CHGIS 提供的历史地名信息难以满足笔者的需要。在 Access 环境下，关系数据库的建立需要使用多个子库共有的字段，而在这项工作中，笔者使用的地名与 CHGIS 完全不一样，笔者不仅需要一般的政区信息，还需要村落级别的小地名信息、河道管理地名（分司、管河道、河厅等）和工程地名（汛、堡、堤段等），然而这些地名信息在现行的 CHGIS 中根本不存在。按目前情况，即便笔者制作出了全套的河道管理地名，使用者也只能在笔者的软件环境下使用这批数据，而与 CHGIS 等其他数据很难对接到一起。

（3）与现代数据的联结本身就是一种对现实问题的参与。HGI 构建的数据如果不能融入现代数据体系，那么只能是一个封闭的 GIS 系统。参与现实问题本来就是历史地理学的传统，史念海特别提倡历史地理学"有用于世"的理念。而谭其骧对于上海成陆过程和侯仁之对于历史沙漠地理的研究，都是从现实问题出发，落脚于历史时期，这样的工作将历史地理学与当前实际问题相结合，提升了历史地理学的地位。[1]

可是，之后的历史地理学发展却鲜有对现实问题的深刻关照，如果仅仅停留在对现实问题的历史回溯，这并不能真正表现出对于现实问题的深刻思考，历史地理学不仅要能够呈现出现实问题在历史文献中的面貌，也应该试

---

[1] 史念海：《我研习中国历史地理学的过程》，《文史知识》1991 年第 1 期；谭其骧：《关于上海地区的成陆年代》，《文汇报》1960 年 11 月 15 日；侯仁之：《历史地理学在沙漠考察中的任务》，《地理》1965 年第 1 期。

图理清其历史脉络，进而给出自己对于现实问题的明确观点。

当然，这一步骤不可能一蹴而就。当今，我们面对的资源、环境、生态等现实问题非常复杂。或者可以这样表达，之前几代学者的研究，已经将这种复杂性呈现在我们眼前。对于这种复杂性形成清晰认识的条件之一就是需要对当前情况的历史地位做出准确的判断，比如，工业革命以来的全球性/区域性气候变化问题，除了要重建这一阶段的气候变化过程外，还需要在近两千年来的历史上，对这一阶段的气候特征给出一个明确的定位，"工业革命以来的世界气候是否在持续增暖？""这一阶段的气候是否为近两千年来历史上最为温暖的时期？"这两个问题实质上需要一条近两千年来的全球温度波动曲线。而这需要整合不同资料、克服各区域资料保有量在丰度和详细程度上的差异、单位标准化过程中的数据误差累积等。在其他分支领域，应该也存在相同或类似的问题。试想一下，实现历史数据和现代数据的对接后，我们将为学界的很多问题贡献怎样的独特视角。如果有更多的历史时期经济数据、环境数据能够实现与现代数据的对接，那么我们自然也可以从历史地理学的视角为当前的环境问题、经济问题做出不可替代的贡献。实际上，这方面的工作已经在历史自然地理研究中开展多年，葛全胜等的历史气候研究已经非常注意和现代气象学的数据对接。[①]

综上所述，大数据理念可以解决目前历史地理学面临的一些问题，随着"云"技术的成熟和普及，HGI实践大数据理念的最重要技术障碍已经被突破，利用"云"强大的数据储存和交互能力，研究者的主要工作可以更加集中于历史地理数据的获取。那么历史地理真的很缺乏数据吗？这一点笔者是非常不赞同的。数据的产生与否和研究者的理念有很大的关系。2006年，卡内基·梅隆大学的著名信息科学家周以真（Jeannette M. Wing）定义了计算思维（computational thinking），即指运用计算机科学的基础概念进行问题求解、系统设计以及人类行为理解等涵盖计算机科学广度的一系列思维活

---

① 葛全胜等：《中国历朝气候变化》，北京：科学出版社，2010年。

动①。而 2011 年，A. M. 图灵奖得主理查德·卡普（Richard Karp）将"计算思维"发展为"计算透镜"（computational lens），进一步指出计算是一种适用于所有学科的通用思维②。

总之，HGI 需要大数据，具体表现如下。

（1）DH、大数据等已经不再是距离历史地理学遥远的概念，历史地理学在 20 世纪 90 年代末开始引入 GIS 手段，但我们所进行的工作并没有对其他学科的研究范式造成什么影响。反观 DH 在国内的发展，在近五年内却迅速进入哲学、艺术、文物与博物馆等人文社会科学领域，历史地理学不可能自外于这个趋势。

（2）HGI 2.0 是对现有 HGI 工作的一次提升，这次提升不仅仅是抬高技术门槛，HGI 2.0 最重要的革新在于要将以往依靠某一机构发布一套数据的范式，转变为依靠众包模式的、数据种类更为多样的网络式数据传播范式。

（3）HGI 另一个重要指向就是丰富领域的内涵，GIS 将是一个能够融合多种数据信息的平台，其本身不是研究的目的，而是研究手段的一种。只有更加灵活、更加多样的软件应用环境，更加贴近于研究者个人需要的 HGI 发展，才会使这个方向具有长久的生命力。

三、"数字历史河流"与清代河流问题研究

历史地理学中的河流问题研究，并不应该简单地在第四纪地质学、河流地貌学、水文学等学科的框架内上溯至历史时期，而是应该充分挖掘各类历史文献记录中的河流信息，在重建河流水文环境与地貌环境基础上，揭示人类与河流环境之间的互动关系面貌及其作用机制，尤其需要阐明人文因素对河流环境的影响机制。这是中国历史文献的独特优势，学界自然不应放弃，反而应持续探索中国历史文献在河流问题研究中的独特价值。

---

① Wing J M. Computational thinking. *Communications of the ACM*, 2006, 49(3): 33-35.
② 转引自钱国富:《数字人文的简明"百科"——评〈走向数字人文：实践、训练与研究〉》,《图书馆论坛》2018 年第 7 期。

清代在中国生态环境变迁中具有重要的转折意义，其中，河流环境出现了诸多深刻且影响广泛、持续至今的变化。河流环境变化的过程、原因和效应既是清代历史的重要组成部分，也是理解现代中国自然环境和国家水战略所必须参考的历史背景。由于清代人口大量进入中西部山区，水土流失加剧，大型河川的泥沙含量激增，黄河、长江平原河段普遍出现河道淤高的情况；清代是传统时期政府和民间管理河流力度空前强大的时期，对黄河、永定河、长江荆江段与西北内流河的管理或开发力度大大超越以往，国家制度的力量此前从未以如此程度深入"人-水"关系之中。同时，晚清时期，面对日益沉重的"河患"，清政府尝试"西法治河"，开启了中国水利的近代转型。那么，在这一持续了两个半世纪的进程中，中国河流环境变化的程度和规模是什么样的？这一变化与社会经济发展之间存在何种关系？这一现象在不同流域之间存在着何种差异？我们应怎样将这些历史变化、要素关系和空间差异有效呈现、深入分析？

（一）DH 手段的必要性

1. 基础数据支持

地貌学将河流定义为"降水或由地下涌出地表的水，汇集在地面低洼处，在重力作用下经常地或周期地沿流水本身造成的洼地流动"[①]，这是河流的地理基础。而河水与其他物质在河道中的运动规律，是水文学的研究对象。在此基础上，水资源开发和管理、水灾预防与治理、水生态、水利工程修建、水污染等诸多领域的研究方能展开。而在历史学研究中，针对河流本身地理状况的研究较少，而多以河流为背景展开灾害、管理、运输、社会等方面的研究。21 世纪初期，历史河流地貌研究的信息化转向得以开启，满志敏以多源史料来源方法复原了北宋京东故道形态，以一系列"埽"的空间数据作为判断历史河流形态的重要依据，成为历史地理学内采用信息化方法进行河流

---

① 伍光和等编著：《自然地理学》（第 4 版），北京：高等教育出版社，2008 年，第 203 页。

研究的范式。①清代史料质量和数量优于前代，学界对"人-水"关系的细节与河流水系的精度要求自然更高，因此，清代水系变迁过程的重建以及时空格局分析需要以数据为基础，这是提高研究精度的最重要手段。

历史学对河流问题的研究以及涉及河流的研究需要三个层面的基础数据支持，具体如下。

（1）地理层面：包括河流位置、河道形态、水系等级、流域范围、水文记录点位置等。

（2）水文层面：包括河流流量、洪峰高度、汛期开始/结束时间。

（3）管理层面：包括河流水资源的管理机构体系、官职体系、水利设施、投入成本、管理规章等。

研究者需要一定的信息化技术来管理、处理这些基础数据，才能发挥其应有的作用。这一过程中需要构建关系型数据库，并采用格网体系实现多元数据的 GIS 管理，将处于离散状态的数据转换为具有相互链接关系的数据集成，以便在研究中发挥数据的价值。

2. 史料类型多样、规模庞大，必须人-机协同阅读史料

河流问题自古至今的重要性以及多层次性导致史料类型多样，且规模庞大。②AI 技术为大规模清代史料的处理提供了技术上的有力支撑。当然，随着研究者个人掌握电子化资料数量的增多，适应于个人的管理手段也日渐重要，尤其是资源描述框架（resource description framework，RDF）编目方案和描述词表的建立，这一点可参见潘威等 2021 年关于古旧地图信息化管理的文章，此处不赘述。③

---

① 满志敏：《北宋京东故道流路问题的研究》，《历史地理》2006 年第 1 期。

② Hammerton J. Named entity recognition with long short-term memory. In Daelemans W, Osborne M. *Proceedings of the Seventh Conference on Natural Language Learning at HLT-NAACL*. New York: Academic Press, 2003: 172-175；高翔、张金登、许潇，等：《基于 LSTM-CRF 的军事动向文本实体识别方法》，《指挥信息系统与技术》2020 年第 6 期；崔丹丹、刘秀磊、陈若愚，等：《基于 Lattice LSTM 的古汉语命名实体识别》，《计算机科学》2020 年第 S2 期。

③ 潘威、张光伟、夏翠娟，等：《古旧地图的信息化》，《图书馆论坛》2021 年第 11 期。

3. 可视化日益重要，"观察"成为一种重要的研究手段

"可视化"以往多被作为一种成果展现手段，几乎不被作为一种研究手段。这主要是因为在以往历史地理学中的"可视化"仅集中于一般性的图表和专题地图，其表现力确实有限。DH 提供了更加丰富、更具表现力的"可视化"方案。目前，GIS 已经在历史学界较为普及，为河流的空间要素提供了强大的呈现、管理和编辑支撑。除此之外，社会网络分析、虚拟场景等技术也为我们观察历史河流提供了有力的辅助。满志敏提出，历史河流问题的研究必须从单一河流拓展为区域水系。①而水系结构的分析就不能仅仅用 GIS 手段呈现出历史河流体系的面貌，更需要对水系形成的网络结构进行概括，将地理状况抽象为几何模型，以便研究者能直接地观察到水系变化的核心内容。②同时，根据历史记录也能够制作出某一河段（或湖泊）的三维模型。③

4. 拓展可用史料范围

DH 的引入还拓展了可用史料范围，对清代河流问题而言，晚清至民国时期（也包括部分中华人民共和国成立初期）的水利工程图或水利规划图也是非常重要且独特的研究材料。这类材料既翔实地记录了局部河段的工程形制，也反映了关键性河段的地貌特征。但这类史料以往并未真正进入历史河流地貌的研究史料范畴，而现在随着 GIS、工程建模和水文模拟技术日渐成熟，操作也趋向简单，我们可以将这类工程图转换为融合工程与历史地貌的虚拟水利场景，以此深入挖掘这类史料的价值。

总之，随着清代河流问题研究的日益深入，仅仅依靠传统的文献考证和一般性的实地调查已经越来越难以应对日渐扩大的史料规模和种类，更难以满足学界试图揭示"人-水"关系的需求，DH 思维与技术手段的引入则可以

① 满志敏：《历史自然地理学发展和前沿问题的思考》，《江汉论坛》2005 年第 1 期。

② 苏绕绕、潘威：《近百年来渭干-库车绿洲灌渠变动对地表水系格局的影响》，《干旱区资源与环境》2018 年第 10 期。

③ 王芳、潘威：《三维技术在历史地貌研究中的应用试验——1935 年以来新疆博斯腾湖变化》，《地球环境学报》2017 年第 3 期。

通过以上四条路径，将研究推进到新的层次。

（二）自动化操作

DH 本质上是"高效的计算"与"人文研究"的有机融合[①]。高效的计算就是要将一些"体力型"的工作交给机器，将人文研究者从机械性的工作中解放出来，而在分析、思考方面投入更大精力。在清代河流问题研究中，首先要确定河流水系本身的空间形态和格局，而清代、民国时期的大量古地图、旧地图[②]是进行这项工作所必备的材料，对古旧地图上的河流信息进行数字化则是必需手段。但数字化本身是一项非常烦琐、耗时、耗力的基础性工作，笔者团队曾经数字化处理过江汉平原、珠三角和长三角的民国初年地图，以提取其地表水系，用人工方法处理累积耗时长达 20 个月（包括配准、矢量化、矫正等环节）。而采用自动化操作，同样的工作量耗时缩短约 70%，使得研究者能够将时间和精力投入到对河流体系的分析中，客观上推动了清代河流问题研究向深入发展。

目前，学界对古旧地图信息的自动化提取包括两项比较成熟的技术：一是对各类舆图上的文字信息进行自动化识别和提取，采用 OCR 技术将图像上的文字转换为 txt 格式的文本数据；二是笔者团队正在完善的人工干预下的单色旧地图河流自动提取方案。

1. 文字信息的自动化识别和提取

对古旧中文文本的精确定位和识别长期困扰学界，近年来以深度学习（深度神经网络）为代表的 AI 快速发展，主流的 OCR 系统大多使用了深度神经网络，使得计算机图形相关的很多任务取得了突破，也让古旧地图的文字识别和提取具备了可行性。

[①] Schreibman S, Siemens R, Unsworth J. *A Companion to Digital Humanities*. Oxford: Blackwell Publishing Ltd, 2008.

[②] 本书所指的古地图为各类清代舆图，该类型普遍缺乏近现代测绘技术和数学基础；旧地图则是清代民国时期具有近代测绘技术和一定数学基础的地形图。

2. 人工干预下的单色旧地图河流自动提取方案

2020 年 9 月，笔者团队开始将人工干预下的单色旧地图河流自动提取方案列为 DHYR 系统中重要的河流空间数据采集方法。需要说明的是，2021 年复旦大学柴宝惠也提出了采用自动化方法提取旧地图中的上海水系方案。两套方案并无关联，为各自研发，柴宝惠方案更加偏向对彩色地图的处理，笔者团队的方案专以单色地图的处理为主。以清代民勤地表水系信息提取方案为例，图 1-8（a）为该方案的主要信息处理流程。在该方案中，首先在 Matlab（matrix laboratory，矩阵实验室）软件环境下对单色旧地图的电子图像进行多轮滤波、去噪（算法略），之后利用栅格计算器进行归一化水体指数（normalized difference water index，NDWI）计算，再经过 GIS 软件环境下的"缓冲区"裁剪和"平滑"处理，便可得到河流数据，如图 1-8（b）就是利用该方案获得的清代民勤地表水系。当然，这套数据必须经过严格的人工核查和修订方能发布或用于科研。

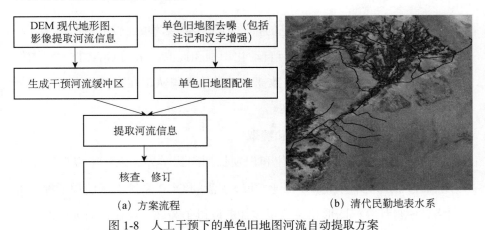

（a）方案流程　　　　　　　　　　（b）清代民勤地表水系

图 1-8　人工干预下的单色旧地图河流自动提取方案

注：DEM 即 digital elevation model（数字高程模型）的简称，它是用一组有序数值阵列形式表示地面高程起伏形态的一种实体地面模型

除了以上两种方案外，还有一种方法也可以部分发挥自动化提取的功能。苏绕绕和潘威在进行清代新疆地表水系-渠系的重建中，对于一些历史文

献中有记录，但缺乏地表遗迹和图像记录的河流位置采用了"最优路径算法"①。当然，该方法目前只能起到弥补部分数据不足的作用。

清代古旧地图作为河流水系研究的重要材料，针对地图上河流信息的自动化操作将极大地提升数据建设的速度，推动学科向纵深发展。当然，由于古旧地图缺乏绘制标准，图像之间具有很大差异，保存情况也有很大不同，因此自动化操作尚不能形成统一的、标准化的操作流程。人工操作也不可能被全部代替，研究者必须对数字化结果进行核查与修订，这一环节对数据质量具有决定性影响。

（三）技术改变清代河流研究范式

前文已经介绍了 DH 方法在清代河流研究中的必要性，那么当我们采用了系统的 DH 方法后，清代河流研究会呈现何种面貌呢？笔者以为，DH 的普及将丰富学界的研究技术，而研究技术的改变将促使清代河流研究范式的更新。这一范式改变的最主要表现包括提高河流变迁过程的重建精度、丰富河流变迁过程重建的内容、揭示"人-水"关系的多维面相等。

本书将从以下两个方面对此详细讨论。

1. 从平面到立体

2015 年，张伟然等将历史河流地貌研究的发展分为"文字""图形""信息化"三个时代。②"文字"和"图形"对应了传统的"流路"研究，而"信息化"则对应的是河流或水系的形态体系研究。

历史地理学中的传统河流地貌研究基本上是在平面环境下进行的，河流的摆动、改道等变化，非常缺乏三维立体视角，河道在平面上的变化实质上是水沙动力过程的结果，该结果形成的直接原因只有在三维形态的河床形态模型中才能反映。河流中水沙动力过程在清代文献中是有所记录的，如道光二十三年（1843）黄河在河南中牟决口，南夺颍河、涡河入淮，成为铜瓦厢

① 苏绕绕、潘威：《清末民国新疆农田水利建设成果可视化及分析（1909—1935）》，《中国经济史研究》2022年第 3 期。
② 张伟然等：《历史与现代的对接：中国历史地理学最新研究进展》，北京：商务印书馆，2016 年。

改道之前一次非常重要的黄河摆动事件。此次改道的成因有黄土高原暴雨、单次洪峰规模巨大等，但这些因素只能解释黄河下游为何发生了决口，不能解释为何在黄河中牟段的南岸发生了决口。负责堵口工程的慧成在一份奏折中记录，在决口发生的前两年，中牟段黄河北岸有沙洲出露，在决口发生的当日，黄河水流被此沙洲逼向南岸，最终酿成了溃堤。[1]这一沙洲的存在成为中牟南岸决口的重要原因，而这一沙洲的出水、扩大过程需要三维河床模型的支持才能得到深入研究（图 1-9）。

图 1-9　道光二十三年（1843）黄河于河南中牟决口前，河床三维模型

　　除此以外，三维水体模型还可以支持水生态的研究。在西北干旱区存在着大量内陆湖泊，湖泊水体涨缩决定了湖水是淡水还是咸水，直接影响了当地生态格局。通过三维模型的构建可以协助研究者判断当地湖泊的"盐化率"，如王芳和潘威利用新疆博斯腾湖湖盆高程数据，结合 1930 年代地形图，构建了博斯腾湖的三维模型，对其 20 世纪的"盐化率"进行了估算。[2]随着

① 水利部黄河水利委员会藏：《道光中牟大工奏稿》第一册，道光二十三年闰七月十一日，慧成、敬徽、何汝霖、鄂顺安奏折，内部资料，第 95 页。
② 王芳、潘威：《三维技术在历史地貌研究中的应用试验——1935 年以来新疆博斯腾湖变化》，《地理环境学报》2017 年第 3 期。

这一技术的成熟，可以在西北内流河系统中展开更具体系性的研究，以观察清代以来西北干旱区的湖泊生态变化。同时，这一技术也可以应用于人工水系的研究，如清代新疆坎儿井体系和河西走廊井渠的研究，这类人工河渠是吐鲁番与河西走廊地区大量农耕区和城市存在的基础。蓝图已经构建了清代河西走廊永泰城的井渠三维模型，但这一模型未能与永泰城地形进行融合，仅是一个工程模型。今后如果实现工程模型与地形模型融合，对此类"明暗渠"与地方社会经济发展的关系必将得到更为深刻的认识。①

总之，历史三维河（湖）床模型、虚拟历史水利场景模型支撑下的水体三维模型具有广阔的应用前景。目前这一技术方案还不成熟，缺乏成熟的工作流程、质量评价标准与术语体系等，仍需大量的试验性工作来推进这一方案的完善。

2. 从描述到分析

邹逸麟提出历史学对生态环境的研究需特别注意人文社会因素的作用②，这一认识在解释清代河流环境的变化中具有指导性作用。在从静态到动态、从平面到三维的基础上，清代河流变化的研究已实现从形态分析到动力机制解释的跃升，尤其在揭示人文因素的作用机制方面。实际上，在历史文献记录所具备的诸多特征中，除了时间和位置精确之外，就是对人文影响因素的丰富记录，这一点是自然证据（树轮、沉积物等）所严重缺乏的，因而使历史文献记录在环境变迁研究中具有不可替代性。在 DH 的支持下，三维——动态式的历史河流水沙运动过程相较于传统研究呈现了更为全面、细致的变化过程，由此推动学界从单纯地描述河流演变过程进入动力机制的分析。在这一环节中，文本结构分析、文本主题分析等技术手段可以发挥极大作用，尤其是 TOM、voyant 等软件所提供的文本结构分析环境，在解析巨量史料文

---

① 蓝图：《近三百年腾格里沙漠南缘的传统水利与环境——基于永泰、大靖地区的研究》，陕西师范大学硕士学位论文，2018 年。
② 邹逸麟：《多角度研究中国历史上自然和社会的关系》，《中国社会科学》2013 年第 5 期。

本内容时具有很大作用，能够协助研究者迅速抓住史料中的特定内容。[①]

如笔者团队在进行清代以来甘肃石羊河变迁时，就针对民勤、武威、金昌所遗留的清代水案碑刻与文献记录进行了主题模型算法支持下的文本聚类分析，以词群（bag of words）来描述文本的属性，通过 LDA（linear discriminant analysis，线性判别式分析）算法确定主题数目（topic K），确定文献主题数量的策略依据以词为中心的稳定性分析（term-centric stability analysis）。这一方法极大地提高了史料的阅读速度，快速地捕捉到了石羊河流路变化与当地湖区、坝区相互关系之间存在紧密联系，当湖区、坝区关系不和谐时，石羊河的改道工程难以举行，河道会处于一段较稳定的时期；反之，则河道会被人为地改变方向，由此可见，湖区、坝区的关系成为石羊河改道的决定性因素。[②]这一案例充分说明，DH 方法有助于快速、准确地提取河流变迁的人文驱动因素。

另一个案例为清代黄河下游流路的财政驱动因素研究。清代治河以白银为基础，较之前代，这是治河方式上的一个非常重大的变化，且河务对白银的依赖随时间越发显著。至道光时期，黄河财务捉襟见肘，黄河下游无法得到系统维护而多处决口，已经处于改道的前夕；咸丰五年（1855）铜瓦厢改道之所以形成，主要原因在于道光中后期开始，河务财政因捐纳和"筹银生息"双双断绝而陷于破产，致使河务陷于瘫痪。咸丰初期，河务缺乏政府资金与民间资金投入，导致黄河下游决口无法堵塞，遂发展为改道。[③]这一认识来源于笔者团队对清代河务档案主题词的分析（图 1-10），从康熙时期到道光时期，主题词"银两"在档案文本中的中心地位日渐确立、巩固。这一案例成为笔者团队探索清代黄河下游改道、决口、"悬河"发育等环境变化背后人文因素的一次重要尝试。

① 潘威、王哲、满志敏：《近 20 年来历史地理信息化的发展成就》，《中国历史地理论丛》2020 年第 1 期。
② 潘威、刘迪：《民国时期甘肃民勤传统水利秩序的瓦解与"恢复"》，《中国历史地理论丛》2021 年第 1 期。
③ 潘威：《重析咸丰五年黄河"铜瓦厢改道"的形成》，《史林》2021 年第 5 期。

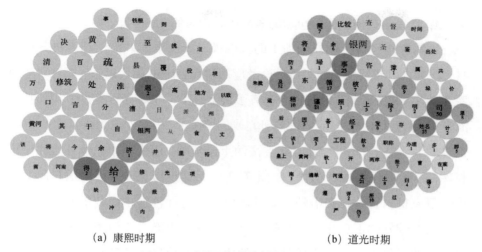

（a）康熙时期 　　　（b）道光时期

图 1-10 清代河务档案主题词的分析

总之，DH 正在改变清代河流的研究范式，这一改变并不是要颠覆清史研究既有的学术关怀，更不是要将清代河流研究变为第四纪地质或水文学的历史回溯。DH 所带来的研究范式转变首先还是立足于最大限度地挖掘历史文献中的相关信息，其最终目的则是揭示人文因素在河流环境变化中的影响机制。

（四）建设方向

DH 正在促使清代河流研究产生重大改变，这一变化的最终图景当然是建立独具历史学特色的河流变迁研究体系，在问题、资料和方法上都具有自身特点。DH 赋能下的清代河流研究，不仅要有效地整合历史学中既有的历史地理学、环境史、水利社会史等方向，还要弥补水文学、河流地貌学、第四纪地质学在人文影响因素方面的"盲区"与不足，与这些学科共同建设新时期的"水科学"。只有如此，DH 对清代河流研究所带来的变革才有意义。

但这一目标的实现不可能很顺利，在 DH 发展的路上，仍有许多困难需要克服，仍有诸多难题需要破解，这需要研究者投入极大的精力，目前的工作可能包括以下几方面。

1. 建设清代河流问题所需的语料库和地名库

语料库指经科学取样和加工的大规模电子文本库，借助计算机分析工具，研究者可开展相关的语言理论及应用研究。1990 年代以来，第三代语料库在设计、采集、编码和管理上都有了长足进步，可以满足多语种、历时性、海量规模（万亿级）、高流通性等研究或应用需求。语料库成为语言学、文学、信息学、传播学等学科实践 AI 方法的重要基础。历史学中已经开始注意语料库的一些衍生技术，但国内尚未真正着手建设历史学方面的语料库。清史的研究材料正符合多语种、海量规模和历时性特征，而其中的河流问题研究具有较好的信息化工作基础，可以考虑是否能有专门团队进行清代河流问题的语料库建设。这样对今后的历史文本信息化处理与分析都具有重大的意义，也可以探索清代历史语料库的建设路径。

地名库，是关于地名信息文件的集合。目前学界最好的清代地名库无疑是复旦大学与哈佛大学合作的 CHGIS，但具体到个人研究领域时，这一数据与实际需求仍存在距离。清代河流研究需要大量村庄、河防设施、管理机构（特指黄河下游、永定河、淮河）地名，一方面是确定河流位置，另一方面可以标定有关河流事件（工程改造、灾害事件等）的空间坐标，CHGIS 无法满足这一需求，有必要进行专项建设。目前，笔者团队正在进行 DHYR 平台的"地名库"开发，在 T-GIS 理论指导下采用"地名时空体积矩阵"模型管理清代黄河下游的河段名称、水体名称以及与黄河变迁有关的聚落名称。这一工作为清代河流的信息化提供了重要的地名基础，但完善这一地名库仍需进行大量的文献挖掘、技术探索、元数据与库结构优化等工作。

实际上，要实现 DH 与清代河流研究的深度融合，必须进行大量的基础设施建设，语料库与地名库只是众多基础设施中目前可以着手的两个方面。

2. 提出适应于清代文献的河流数据标准

数据标准问题是 HGI 领域长期讨论但又长期难以形成共识的问题。清代历史文献种类丰富、规模庞大，且目前学界研究分支已经较为细致，很难形成某一方向的数据标准，但研究中又需要综合各方数据，而不同数据如果缺乏必要的标准则无法实现融合。笔者曾提出，目前历史地理学界存在的严重的"数据孤岛"现象，已成为历史学信息化进一步发展的重要障碍之一。①美国学者马瑞诗（Ruth Mostern）提倡结合历史文献、GIS 和关系数据库进行历史时期黄河流域生态环境变迁研究，但其系统中的数据来源杂乱，缺乏数据标准，导致该系统所选用的数据无法建立有效联系，使得系统功能受到很大限制。因此，在进行包括清代在内的河流研究中，信息化手段的充分发挥，必须建立在河流数据标准的基础上。目前，要实现清代河流数据的标准化确实存在诸多问题，短期之内无法全部解决。学界可以考虑首先实现元数据的标准化，即对数据描述方案达成一致，以此为起点，开始构建适应于清代文献的河流数据标准。

3. 开发适应于清代历史文献的分析手段

DH 与清史研究的结合不仅是清史及相关问题的研究要善于使用既有技术手段，而且需要积极探索适应于清代历史文献的技术手段，以丰富 DH 研究方法，也可以借此讨论新的清史研究方法论。目前，学界在进行清代河流水系的结构分析中普遍使用的是地理学或水文学中的既有技术手段，这类技术手段对于数据精度、数据维度和数据完整性、连续性都有很高的要求，是历史文献难以达到的。那么是否能够开发出一些适应于历史数据的分析手段，使其既能满足与现代河流体系数据的融合、比较，也可以与其他专题的清代历史数据进行综合分析呢？笔者认为，随着 Python 编程语言的不断普及，这一方面的工作在未来五年中很可能取得实质性突破。

在国家建设"新文科"背景下，如何将 DH 与历史学进行有机结合成为历史学界必须认真思考、积极探索的领域。相较而言，清代历史文献丰富，且有一定的信息化基础，以清史研究探索 DH 的史学应用路径是一条相对可

---

① 潘威、夏翠娟、张光伟，等：《历史地理信息化与图情研究融合的必要性与可行性——以"数字历史黄河"为中心的考察》，《图书情报知识》2021 年第 3 期。

行的道路。其中，河流问题涉及生态环境、地方经济、国家政策等诸多方面，既是清史研究的重要组成部分，更是 DH 进入清史领域的基础。笔者认为，在清代河流研究中，DH 能够拓宽史料边界、提升文献阅读效率和准确性、丰富研究者的观察视角，进而将河流研究从平面专题地图引入立体水环境场景，多样化的数据分析手段更可以将此领域的研究推向深入。而目前，清代河流语料库、地名库、适用性的数据标准和独特分析技术的开发必须提上建设日程。

第二章　应用软件与工具

第一节　GIS 软件

一、MapInfo 软件

MapInfo 是美国 MapInfo 公司的桌面 GIS 软件，是一种数据可视化、信息地图化的桌面解决方案。它依据地图及其应用的概念、采用办公自动化的操作、集成多种数据库数据、融合计算机地图方法、使用地理数据库技术、加入 GIS 分析功能，形成了极具实用价值的、可以为各行各业所用的大众化小型软件系统。例如，重新分区、访问远程数据，将地图对象拖放到应用程序，创建强调数据模式的专题地图以及更多操作，帮助用户在数据库中不同的数据之间建立关联，在同一环境下显示和揭示数据之间隐含的关系，从而快速做出有效决策，增强竞争能力。

MapInfo 含义是"mapping＋information"（地图＋信息），即地图对象＋属性数据。MapInfo 具有计算机地图制图功能（可输入、编辑、输出计算机地图，接受和输出其他图形系统的数据，如 DXF 格式）、专题地图编制功能（基于自身管理的或其他数据库的属性数据制作专题地图）、数据可视化功能（基于自身管理的或来自其他数据库的属性数据的图表化、地图化）、空间查询和分析功能（属性到图形、图形到属性、地理空间查询）等。MapInfo 自

20 世纪 90 年代开始进入我国后，在统计、测绘、电信、地质、水利、城市规划、油田勘探、林业、军事、公安、工商等部门已得到广泛的应用，并收到了良好的应用效果。

（一）制图功能

MapInfo 软件具有强大的地图制作功能。MapInfo 软件可以实现不同投影的转换，让制作者感受到各种投影的关系及差异。MapInfo 软件支持目前市场上流行的 7 种图形格式，如 BMP、TIF、PCX、GIF、JPG、TGA、BIL 等，制作者可方便地将这些图像扫描成栅格图（raster map）输入计算机，然后根据需要转换成矢量图，并且可以方便地实现这种图形的叠加显示，以满足制图需求。MapInfo 软件采用层的概念组织、管理数据，将内容不同的地理区域划分成不同的层，通过图层控制（layer control）对话框来实现图层叠加、移动、显示、图形编辑、属性注记等功能，以满足地图制作中单层叠加及多层叠加浏览地理区域的需要。MapInfo 软件利用颜色、符号、形状模板、大小结合的方式来表示数值符号。MapInfo 软件具有完备的地图制作工具，可方便地绘制各种地图。MapInfo 软件专题地图制作功能强大，这对地图制作而言是最大的优点。MapInfo 软件用相互关联的地理数据（geographic data）迅速、方便地生成制作者所需要的各种专题地图。

（二）数据格式转换与动态地图输出功能

对于欲拥有强大的数据可视化及分析功能的个人或机构而言，MapInfo Professional 软件是最理想的选择。通过数据转换格式功能可以双向转换 MapInfo 软件和其他系统的数据，包括 AutoCAD 公司、ESRI 公司旗下的各种软件，可转换的档案格式有 DWG、DXF、DGN、Shape 和 ArcGen。MapInfo v10.0 包括新的动态比例尺组件和地图输出功能，如导出地图为分层 PDF 格式的功能；在缩放、平移并调整地图窗口的同时，动态比例尺可自动调整和更新。当地图创建完毕，MapInfo v10.0 支持导出地图为

PDF 格式，允许用户在 PDF 环境中访问各个图层的数据。这使得用户可以根据需要，调整特定图层的状态。

（三）MapBasic

MapBasic 是在 MapBasic 平台上进行二次开发的理想编程语言。利用 MapBasic 编程，能够扩展 MapInfo 软件的功能，简化重复操作，并能使 MapInfo 软件与其他应用软件集成。MapBasic 语言是一种 Basic 语言，具有自己的语法规则。对于以地图空间分析为主要功能的用户来说，MapBasic 开发是一种最快最简单的方式。MapBasic 集成化程度很高，很多复杂的地图分析功能在 MapBasic 中只需要短短几行代码就能完成，而用其他语言则可能需要几十行甚至几百行代码才能实现类似的功能。利用 MapBasic 编程生成的*.mbx 文件能在 MapInfo 软件平台上运行，早期的 MapInfo 软件二次开发都是基于 MapBasic 进行的。MapBasic 还能提供强大的数据库操作工具，MapBasic 包嵌入式的 SQL（structured query language，结构化查询语言）语句，不仅可实现简单的查询功能，而且可对查询结果进行分类、聚集、链接和排序等，以便运用标准命令来处理数据。

（四）MapXtreme

互联网络技术的快速发展极大地促进了 GIS 在互联网上的应用，形成了 WebGIS 这一新的地理信息研究领域。世界各地的 GIS 软件开发商也相继推出了在互联网上发布地理信息的服务器，MapInfo 软件的 MapXretme 就是这种类型的服务器。MapXtreme 是 MapInfo 公司为基于位置信息系统提供开发环境的主要产品之一，旨在帮助用户部署桌面客户端地图应用系统和 Web 环境的地图应用系统。MapXtreme 是 MapInfo 软件提供的软件二次开发包（software development kit，SDK），基于面向对象，提供 COM 加载，可在 VB、Delphi、C++、.NET、java 等开发语言和环境中进行开发。利用 Mapxtreme，开发人员能集中地控制与维护地图和数据库数据，以及实现应用程序功能，避免以往系统维护同步困难的问题，尤其适合信息量大、用户多的单位的实际情况。另外，由于使用 Web 浏览器作为客户端，开发人员可以将地图信息系统紧密地与其他系统结合，给客户提供统一、完整的综合信息系统。

二、ArcGIS 软件

ArcGIS 软件是 ESRI 公司推出的 GIS 软件，其最初的版本于 1978 年推出，随后版本几经迭代，不断更新拓展，目前已更新至 ArcGIS 10（该版本下还有不同的子版本），构成了使用各种用户和机型的系列产品。该软件是一个全面的、可伸缩的 GIS 平台，能为用户提供一个完善的 GIS 系统。ArcGIS 软件中主要有三个应用程序，分别是 ArcMap、ArcCatalog、desktop，使用者可以通过这三个应用程序实现制图编辑、元数据管理和个人定制与开发。

（一）制图编辑

在 ArcGIS 软件中，用于制图的 ArcMap 是核心应用程序，其功能在于显示、查询、编辑和分析地图数据，具有地图制图的所有功能，提供了一体化的完整地图绘制、显示、编辑和输出的集成环境。在 ArcMap 中，用户可以按照要素属性编辑和显示图形，也可以直接绘制和生成要素数据；可以在数据视图按照特定的符号浏览地理要素，也可以同时在版面视图生成打印输出地图。此外，ArcMap 还有全面的地图符号、线形、填充和字体库，支持多种输出格式，可以自动生成坐标格网或经纬网，能够进行多种方式的地图标注，支持对地图的艺术化编辑、可以完成任意地图要素的绘制和编辑，是一个强大的制图编辑工具。而制图编辑恰恰是 ArcGIS 软件对于研究者而言的一个最基础的功能。

ArcMap 的窗口主要由主菜单、标准工具栏、内容表、显示窗口和状态条五部分组成。其中，主菜单包括文件、编辑、视图、书签、插入、选择、地理处理、自定义、窗口和帮助 10 个子菜单窗口。窗口标准工具共有 20 个按钮，前 10 个为通用的软件功能按钮，后 10 个分别为加载地图数据、设置显示比例、调用编辑器工具条、内容列表窗口、启动 Catalog 目录窗口、启动 Search 搜索窗口、启动 ArcToolbox 窗口、启动 Python 窗口、启动模型构建器窗口和调用实时帮助。

内容列表用于显示 ArcMap 所加载的各种数据框（图层）、数据层、地理要素及其显示状态。用户可以在此控制各类数据是否显示，也可以设置地理要素的表示方法。地图窗口用于显示地图包括的所有地理要素。ArcMap 中有数据视图和布局视图两种地图显示状态。在数据视图中，使用者可以对数据进行查询、检索、编辑和分析；在布局视图中，使用者可以加载图名、图例、比例尺等辅助要素，并最终输出地图。两种视图显示方式可通过窗口左下方按钮进行切换。

（二）元数据管理

ArcGIS 软件可以建立元数据的数据类型种类繁多，包括 Shapelife、CAD、影像、TIN、GRID、PC ARC/INFO Coverage、ArcSDE、Personal ArcSDE、工作空间、文件夹、Maps、Layers、INFO 表、DBASE 表、工程和文本等。这些类型数据，ArcGIS 软件均支持管理，可以建立自身支持的数据类型和元数据，也可建立用户定义数据的元数据（如文本、CAD、脚本），并可以对元数据进行编辑和浏览。这些功能均可通过 ArcCatalog 进行组织和管理。此外，ArcCatalog 的功能并不局限于管理元数据，所有的 GIS 数据，如地图、数据集、模型、元数据、服务等，ArcCatalog 均可对其使用所有的管理操作，如复制、删除和重命名等。ArcCatalog 也支持多种特性页，它提供了可扩展标记语言（extensible markup language，XML，是元数据储存所采用的标准）的不同方法。

（三）个人定制与开发

ArcGIS 软件的桌面通过一系列可视化应用操作界面,满足了大多数终端用户的需求，并为更高级的用户和开发人员提供了全面的客户化定制功能。这些功能，使使用者得以更加便捷地通过共享和部署插件模式或 Python 来扩展桌面应用程序，以实现自动化工作流程处理。Web API（application program interface，应用程序界面）和简洁的 SDK 使使用者能够轻松构建应用系统，为使用者提供便捷的开发、使用体验。此外，桌面中的 ADD-ins 是 ArcGIS 10 的一个新的扩展模块，使用者可以利用其创建用户界面，并把它们以插件的形式组合到 ArcGIS 桌面中。

除了上述三个功能外，ArcGIS 软件的另一大功能是其强大的空间分析能力。该能力能够帮助使用者完成高级的空间分析，主要内容包括分析工具（裁剪、选择、相交、联合缓冲区分析、邻近分析、加和统计等）、空间分析工具（矢量数据空间分析、栅格数据空间分析、空间统计分析、水文分析等）、空间统计（中心、中位数中心、方向分布等在内的度量地理分布、空间自相关、聚类分布制图等）、网络分析（成本路径、最近设施点、多路径派发等）、三维分析（表面积与体积、提取等值线、计算坡度与坡向、可视性分析、构造通视线等）。

较之于本节中所提及的 MapInfo 软件和 QGIS 软件，ArcGIS 软件的功能更加强大，在 HGI 的工作中，作用并不仅仅局限于制图，其所具备的数据管理、个人定制与开发和空间分析等功能，在 HGI 中发挥更加重要的作用，能为研究者提供更加多样化的研究视角。

三、QGIS 软件

QGIS 软件起源于 2002 年，是开源空间信息基金会（open source geospatial foundation，OSGeo）采用 python 和 C++语言所开发的一个 GIS 软件。较之于 ArcGIS 软件，QGIS 软件具有免费、应用场景广、方便用户开发与使用等特点。

（一）免费

作为一个商业软件，正版 ArcGIS 软件每年均需一笔价格不菲的授权使用费。一方面，这有益于软件开发者专注于软件功能的开发与拓展；但在另一方面，绝大多数个人使用者却难以负担这笔授权使用费，这无疑阻碍了 GIS 软件的大众化进程，限制了其扩展与发展。但 QGIS 软件却是一个完全免费的 GIS 软件，在其官网（ https://www.qgis.org/ ），用户可自由下载 QGIS 软件，没有任何障碍，且下载后即可安装使用。此外，QGIS 软件的开发团队还提供中文版本的软件，用户可在软件页面上轻松将语言设置为中文，这又降低了该软件对中文用户的使用门槛。

（二）应用场景广

QGIS 软件应用场景广的优势主要体现在软件运行的硬件要求低，适应多种操作系统。QGIS 软件体积小，运行所需的内存也更小，是少有的几个可以在早期的硬件环境或 CPU 能力有所限制的环境中运行的 GIS 软件之一，对电脑的配置要求更低。并且，由于 QGIS 软件是在 Qt（一种跨平台的图形工具软件包）的基础上进行跨平台类库开发而成的软件，因此在诸如 Linux、Unix、Mac OSX 和 Windows 等当前主流操作系统中，QGIS 软件都可正常运行。这同样能降低 QGIS 软件对初学者的使用门槛。

（三）方便用户开发与使用

虽然 QGIS 软件是一款完全免费的软件，但其功能依旧较为全面，是一款功能齐全的桌面 GIS 软件。QGIS 软件集成了以 ArcGIS 软件为代表的商业 GIS 软件对应的功能和特性，支持多种格式的空间数据文件，允许用户对空间数据进行显示、操作、创建和分析等操作。同时，QGIS 软件还支持使用 Python 语言进行的功能扩展，这意味着软件功能随着插件数量的增加而增强，这些插件使得 QGIS 软件具备了非常强大的地理空间分析能力。当前，QGIS 软件的主要插件包括地理空间分析方面有矢量文件分析插件 ftools、栅格文件分析插件 GDALtools、栅格图像校正分析 Georeferencer；数据格式支持的有 Post GIS、mysql Spatial 空间数据库数据支持与管理、GDAL 多格式文件数据支持、WMS 数据支持、Mapserver 文件自动生成、TXT 转矢量文件等。

此外，QGIS 软件还支持对多种数据库数据及其数据格式进行操作，这些数据库包括 Postgre SQL 的 Post GIS、Oracle 的 Oracle Spatial 等，数据格式则有 Shapefiles、SDTS、GML、Geo Tiff、Arc Info Ascii Grid、JPEG、PNG、GRASS。QGIS 软件还能支持 OGC（open geospatial consortium，开放地理空间信息联盟）标准服务、字段控制语言（field manipulation language，FML）规范的数据。用户通过 QGIS 软件，可将本地数据转换成符合 FML 规范的数据，通过验证后，直接以图层方式加载，进而可实现对各类要素信息的操作，并可将数据转换成不同的格式。

QGIS 软件的界面美观，容易操作，便于人机交互。在具体的操作方面，QGIS 软件的自动化程度高，使用者在设置好地图的相关内容后，可以通过.qlr 格式将其保存，这能够快速保存使用者之前所进行的加载图层、设置图标样式、设置标注样式和特效渲染等操作，为各种专题地图的规范与快速制作提供巨大的便利。此外，QGIS 软件还支持将制作好的打印模板以.qpt 格式保存，在使用过程中，使用者可以快速地将地图整饰的所有要素一步导入到出底图上，极大地简化了地图的制作流程。

图标方面，QGIS 软件提供了网络开源图标快速导入功能，并且允许用户自定义符合制作功能，还支持.svg 格式数据的快速导入，为用户提供了极大的便利。虽然 QGIS 软件自身所提供的符号库种类、数量并不丰富，与 ArcGIS 软件自带的符号库相比相形见绌，但上述功能在一定程度上弥补这一缺陷，同时又丰富了软件符号库的样式。QGIS 软件还支持符号的特效显示，主要功能有淡化、全屏、躲避、加深、覆盖、轻微变亮、差异等，这就使得符号的显示样式更加丰富多样。

标注方面，在 QGIS 软件中添加标签十分便利，其标签的文字边缘添加有缓冲区，可以增加文字的显示效果；使用者可以通过对样式点添加后置阴影，使得标注的显示更加立体化，这在一定程度上解决了标注压盖问题；使用者还可以通过设置透明度、混合样式和偏移等显示效果，使标注的显示更加多样。

上述种种功能和优势，使初学者能获得较好的操作体验和学习感受，降低 GIS 软件的学习阻力、提高学习效率。这有助于初学者更快、更准确地理解 HGI 的内涵、操作流程和意义，从而助力 HGI 的发展。但我们也应认识到，经典的 GIS 软件——ArcGIS 软件的功能更加强大和完善，具备大量 QGIS 软件所不具备的功能，在某些领域 QGIS 软件并不能替代 ArcGIS 软件，并且 ArcGIS 软件的使用人群更广。当然，无论是 ArcGIS 软件、QGIS 软件，还是 MapInfo 软件，其使用目的都应以问题为导向，在不同软件间取长补短。

第二节　社会网络分析软件

一、Pajek 软件

（一）Pajek 软件介绍

Pajek（斯洛文尼亚语，意为蜘蛛）是一款可以呈现和分析大型网络结构的通用软件，由斯洛文尼亚卢布尔雅那大学安德烈·姆尔瓦（Andrej Mrvar）和弗拉迪米尔·巴塔盖尔吉（Vladimir Batagelj）于 1996 年开发。软件的最新版本为于 2022 年 7 月 1 日发布的 Pajek5.16。Pajek 软件及其相关支持材料可在其官网（http://mrvar.fdv.uni-lj.si/pajek/）免费获得，限用于非商业用途。

（二）功能

1. 网络数据文件的创建与可视化绘图功能

Pajek 软件主界面包括顶部的 17 个菜单项和左侧的 6 个按钮，每个菜单项下都有对应的指令，每个按钮右侧均有对应的下拉列表框。向 Pajek 软件中导入文件，既可以通过 File 菜单进行读取，也可以点击左侧的按钮，根据所导入的文件选择相应的文件类型读取按钮。Pajek 软件可以读取多种文本格式的网络数据，故创建 Pajek 软件可读取的数据文件也有多种方法，按照操作难度从简单固定到复杂灵活进行排序可以分为四类，它们分别是采用手工方式、利用专用辅助软件、使用字处理软件、应用关系型数据库软件。

（1）采用手工方式创建数据文件。在 Pajek 软件中可以借助 Net 菜单中的指令创建一个新的网络文件，利用 Partition 和 Vector 菜单中的指令可以分别生成分区文件和矢量文件，并对文件内的顶点和连线进行编辑。

（2）利用专用辅助软件创建数据文件。费弗尔（Pfeffer）编写了两个 Windows 应用程序，用于创建 Pajek 网络文件，分别是 createpajek.exe 和 txt2Pajek.exe。其中 createpajek.exe 可以从 MS Excell 工作表中读取数据，txt2Pajek. exe 可以从纯文本文件中读取数据。

（3）使用字处理软件创建数据文件。虽然可以在 Pajek 软件中创建网络数据文件，但是在网络文件编辑界面中逐一添加连线的方式很不方便。通常可以采用更高效的方法：先用 Net-Random Network-Total No. of Arcs 指令生成一个含指定数量顶点但不含连线的网络文件，然后在字处理软件中编辑顶点标签并增加连线。

（4）应用关系型数据库创建数据文件。大型网络数据最好是应用关系型数据库创建数据文件。在关系型数据库中，用两张表单可以代替一个 1-模网络：其中一张表单含有顶点信息，另一张表单则含有顶点之间的连线信息。在数据输入完后，可利用数据库的报表工具来完成网络文件的创建。

可视化绘图是 Pajek 软件的基本功能。Pajek 软件可以绘制网络的可视化布局图，有助于追踪和显示关系模式。同一个网络，在绘图时可以有许多不同的布局方式，每种方式强调不同的结构特征。分析者应当关注的是绘图的系统性原则，而不是特殊方法，通常要采用自动化绘图流程。在探索网络结构时，首先用这种自动流程绘网络布局图，这在 Pajek 软件内置的算法来看，已经是最优布局，接下来用户可以根据自己的视觉判断，对布局图进行手工调整，最终绘制成一张可供展示的图例。Pajek 软件提供了很多绘图布局方法，它有一个单独的绘图界面，通过主菜单上的 Draw 菜单可以打开这个界面。

Pajek 软件还可以利用分区对大型网络进行精简化操作，主要包括三种方式：一是采用局部视角，把某个局部结构提取出来用于分析；二是采用整体视角，把每个类别都精简化，打包成单个的新顶点；三是采用背景视角，选定一个类别作为观察对象，精减周边的其他类型，从而观察这个类别的内部结构，以及它在整体结构中的位置。

2. 分析功能

1）凝聚特性分析

Pajek 软件提供了凝聚子群探察技术。凝聚子群即社会网络中包含的密集人群。Pajek 软件中比较常见的凝聚子群分析技术主要为组元、K-核和集圈三种。组元提供了一种界定凝聚子群的直接方式，即每个顶点都明确属于一个组元。而 K-核解析技术具有嵌套型，即高级别 K-核总是包含在低级别 K-核之中，因而同一个顶点可以同时属于几个不同级别的 K-核，另外 K-核不一定要有连通性：同一个 K-核内的各个顶点可以分布在几个组元之中，研究者可以通过从低到高的顺序删除 K-核，直到网络崩解为致密的组元，来寻找凝聚子群。K-核解析技术一般用于简单无向网络或对称化网络，因为在有向关系对称化之后会导致密度增加，使用者能够找到更多或更大的凝聚子群。但集圈之间可能存在相互交叠，即两个集圈或完备子网络之间会共享一个或多个顶点。因此由交叠集圈所构成的组元就被视为凝聚子群。

加入某个组织或参加某个社会事件是人们建立社会关系的方法，即人与机构或社会事件之间存在从属关系。Pajek 软件提供了分析从属关系网络的方式。从属关系网络是一种典型的 2-模网络。因此，通常先把网络从 2-模网络转换成 1-模网络，即把人员对机构的从属关系，转换成人员对人员或者机构对机构的相互关系，然后利用交叠集圈分析或岛屿分析对派生 1-模网络进行分析。交叠集圈分析界定的是网络中相对密集的局部片段，岛屿分析界定的是人与人或机构与机构之间通过多重连线形成的凝集团。

2）代理性分析（核心-周边结构分析）

如果社会关系是人际信息交流的渠道，那么中心人物就是那些能够迅速获取网络中流传信息的人，或者是那些可以控制信息流动的人。Pajek 软件提供了中心度分析、接近中心度分析、中介中心度分析等功能对顶点在信息流通中的重要性进行探察。在直接连接关系中，中心度的一个指标就是顶点数量；接近中心度关注的是间接相连关系，一个顶点与其他所有顶点的距离越短，该顶点的接近中心度值就越高；中介中心度意味着有越多其他成员之间的信息链需要经过某人，这个人就越位于中心位置。高中介中心度值提示，这个人在交流网络中是一个重要的信息中介。

Pajek 软件还提供了对网络中纽带和顶点在信息连通中的地位进行分析的功能。该软件既可以从整体分析网络结构中的桥与割点，也可以从局部集中考察一个顶点在网络结构中所处的位置，并考察这个顶点有多大机会成为其他顶点的经纪人或媒介。从交流系统的整体角度来看，桥和割点的存在是不受欢迎的。但是从个人角度来看，能够成为网络中的割点其实是很诱人的，因为这意味着有机会成为信息媒介，而且可以作为各方代理从中获利。

3）等级特性分析

在有向网络中，那些收到许多正选择的人被认为是最有威望的人。如果正选择不是双向互惠的，这个人的威望就尤其稳固。Pajek 软件虽然提供了计算网络中个人威望的方法，但 Pajek 软件所计算的个人威望为结构威望，与这个人在现实中的社会威望并非完全一致，仅限于利用相关系数来考察两种威望之间的相关程度。Pajek 软件计算个人威望的指标主要有明星度、顶点的入域和近距威望等。从社会或者在更细致层面上而言，人类群体有着"物以类聚，人以群分"的聚集性和等级性。社会群体之间往往存在等级划分，以至于一些主导群体拥有较高的等级和社会地位。Pajek 软件提供了几种模型对社会群体的等级特性进行探察，其中最主要的为等级云集性模型。等级云集性模型显示了某种简单的层级关系，其中每一对云集团或每一对顶点都很明确地划分了等级，可用于寻找与网络最匹配的云集团划分方案和等级划分方式。

Pajek 软件还提供了几种分析方法对网络中的时间动态变化进行处理。一为世系谱分析，主要是使用特殊类型的网络（p-图）进行分析，p-图中的顶点代表一对夫妇或一个单身者，而弧代表的是个人，可以计算网络结构中重连的数量。结构重连是社会凝聚力随时间变化的度量指标，带有大量结构重连的社会系统相对来说是具有凝聚力的。二为引文网络分析，知识流淌在引文关系组成的路径中，许多路径都必经的引文关系就显得对知识传播有非常重要的作用；这种引文关系有很高的遍历权值。带有高遍历权值的引文关系连接起来，就形成了主途径，它代表某研究领域发展的主流。在设定某个最低遍历权值之后，由包含这个最低遍历权值在内的引文关系连接起来的论文和作者，就构成了一个主途径组元，目前认为主途径组元可用于界定科学专业或附属专业。

4）建模分析

Pajek 软件提供了几种进行建模分析的方法。其中块模型需要借助矩阵来可视化分析结果，某网络的邻接矩阵能够反映该网络的结构：每个顶点会对应一行和一列，而弧则位于矩阵的格子中。邻接矩阵可以为观察网络结构提供视觉线索。块模型即把一个现实存在的网络与一个设想出来的有特征性结构的网络（即一个模型）进行比较。在探索块模型建模的过程中，分析者希望找到最符合现实社会网络的分区方案和影矩阵。块模型适用于探察小型高密度网络的凝聚性、核心-周边结构和等级性，但要想得到有意义的结果，研究者需要事先对网络的整体结构有清楚的认识，或者能够明确知道自己希望网络有什么样的整体结构，否则就无法做出合理的块建模。

社会网络中存在着一些随机出现的结构，对于这类随机结构，Pajek 软件提供了几类随机图模型进行探察与分析。第一类模型是随机模型，假设从发出连线的行动者角度看，网络中的每条连线以及任何他人都是平等的，主要包括伯努利随机图模型和条件统一随机图模型，两种随机图模型的限制条件有所不同。第二类模型是小世界模型，这类模型有着与实测社会网络相似的两大特征，即高云集性和短平均距离。这类模型假设顶点在背景的最初的排布位置决定了连线结果。第三类模型假设行动者总是更愿意与公众人物（即已经拥有很多社会关系的人）建立联系，称为优先连接性。这是一种增长性网络模型，通过逐步增加新顶点和新线来构建网络。

二、社会网络分析方法在历史地理学中的应用案例

（一）黄河万锦滩志桩水报制度的建立

在历史地理的研究中，利用社会网络分析可以揭示政治机构、社会人群、历史事件之间的相互关系。这些关系当然是错综复杂的，也正因为如此，社会网络分析软件及技术在揭示社会网络结构及其变化过程中显示出独特的优势。下面，笔者以黄河万锦滩志桩水报制度研究为例进行说明。清朝是中国传统社会黄河治理的高峰，在工程规模、持续时间、治水投入等方面都居历代王朝之最。据信史记载，战国末期秦在蜀地举办的都江堰工程中已经以石人记录岷江水位[1]；北宋时期，黄河、汴河有官方的水位记录"水历"[2]；金朝《泰和律义》规定都水监需将黄河洪峰"驰驿"报告[3]；至明代，万恭提出仿效九边军报传递黄河汛情的设想，在潼关到宿迁黄河沿岸利用驿站传递洪峰信息，以便于防御洪水，但这一想法未被落实[4]。直至清康乾时期，才将万恭的设计发展完善，并将其逐渐制度化，成为中央政府管理黄河的一项重要措施。乾隆三十年至宣统三年（1765—1911），志桩水报制度成为黄河流域水情监测的最主要手段，也是清朝帝王、河务机构、沿黄督抚共同参与的一

① 王文才：《东汉李冰石像与都江堰"水则"》，《文物》1974 年第 7 期。
② 参见潘晟：《宋代的自然观察：审美、解释与观测兴趣的发达》，《中国历史地理论丛》2010 年第 3 期。
③ 《金史》卷 45，北京：中华书局，1975 年；（元）沙克什：《河防通议》卷上《河议第一·河防令》，清守山阁本。
④ （明）万恭原著，朱更翎整编：《治水筌蹄》，北京：水利电力出版社，1985 年。

项水利行政事务。在此过程中，各方又会形成较为复杂的关系，成为清代治河制度运作。由此可见，志桩水报制度作为学界观察清代黄河管理实态的视角，不仅能够推动清代河务制度的研究，也有助于理解清王朝行政制度的运作逻辑。

自 20 世纪 90 年代以来，关于志桩水报制度的研究从水利史界扩展至历史地理学、第四纪地质学、古水文学等多个领域。目前对志桩水报制度的研究集中于该记录的量化方法、插补方法以及基于此记录的历史水文序列重建。[①]而对于该制度本身的探讨则略显薄弱，尤其是乾隆三十年（1765）以降，志桩水报制度的实际运作方式虽有研究，但其演变过程、原因和后果等方面仍有待深入。[②]

万锦滩位于河南陕州直隶州州城北门外[③]，黄河陕州龙门段以上基本为峡谷，发生水患的概率较小，进入孟县后河面豁然展宽，黄河善淤、善决、善徙的部分主要在孟县以下。万锦滩作为黄河下游系统性河防工程的起点，其来水信息对下游管理具有重要的作用。

乾隆三十年，李宏[④]出任河道总督，建议在陕州设立"水志"，并积极推进黄河、伊洛河、沁河报汛网络的建立。李宏具有丰富的河工经验，历任山阳县外河县丞、徐州府宿虹同知、江南河库道、淮徐道员；乾隆二十九年，擢升为河东河道总督；乾隆三十年，调任江南河道总督。[⑤]

李宏关于报汛点的设计勘察发生在乾隆二十九年六月。据史料记载，时

---

① 王国安、史辅成、郑秀雅，等：《黄河三门峡水文站 1470—1918 年年径流量的推求》，《水科学进展》1999 年第 2 期；潘威、郑景云、满志敏：《1766—2000 年黄河上中游汛期径流量波动特征及其与 PDO 关系》，《地理学报》2018 年第 11 期。

② 赵文骏、杨新才：《黄河青铜峡（峡口）清代洪水考证及分析》，《水文》1992 年第 2 期；史辅成、慕平、高治定：《清代青铜峡志桩考证及历年水量估算》，《人民黄河》1990 年第 4 期；庄宏忠、潘威：《清代志桩及黄河"水报"制度运作初探——以陕州万锦滩为例》，《清史研究》2012 年第 1 期；庄宏忠、潘威：《清代淮河水报制度建立及运作研究》，《安徽史学》2013 年第 2 期。

③ （清）龚崧林修，（清）杨建章纂：乾隆《重修直隶陕州志》卷 1《地理·山川九》，清乾隆十二年刻本。

④ 李宏，字济夫，汉军正蓝旗人，原名李弘，为避乾隆名讳改为李宏。

⑤ 《清国史》卷 166，北京：中华书局，1993 年，第 145—148 页。

任河东河道总督的李宏亲自前往河南陕州，由孟津渡河，向北到达济源怀庆辉县。此次实地勘察使李宏对河南黄河情势、河工状况有了深刻的认识。经过一番深思熟虑之后，乾隆三十年（1765）李宏上《查办豫省泉源河道疏》，指明了设立志桩水报网络的意义，其文如下：

窃臣勘核黄沁、上、南等厅工料，顺赴上游等处查勘，奏明在案。臣经历河南陕州，复由孟津渡河而北，至济源、怀庆、辉县各府州县。审察河势源流，并历年水浪大小。

查得黄河发源星宿，自积石以下至陕州之龙门砥柱，两岸崇山高岸，河不为患。砥柱以东，峭壁横河，水从石出，名曰三门。总而计之，宽不过七八十丈，关锁洪流，势甚湍急。至孟县，两岸渐无山冈，河面宽阔，约计数里。北岸之涉县，南岸之荥泽县，始有堤工防卫。北有丹、沁两河，由涉县木滦店汇入黄河；南有伊、洛、瀍、涧四河，由巩县洛口汇入黄河。源远流长，河面亦宽，每遇雨多水发，亦俱挟沙而行，势甚浩瀚。故南河厅属之胡家屯、杨桥等处，溜势忽来忽去，最为紧要。迤下各厅河道，顺轨东流。惟因土性虚松，逢湾扫刷。究之，临河工段有限。

若黄河与沁、洛之水先后长发，则大河尽可容纳，易于修防。若黄河与沁、洛之水，同时并涨，则大河漫滩，两岸工程，节节均须防护。乾隆二十六年七月沁洛等河，长水一二丈，水头甫至宁夏，又三次报长水丈余，同时并下，势若建瓴，两岸处处受险者。职此之故，本年夏间，伊、洛等水，并未长发。六月初十日，宁夏长水至五尺二寸，已在沁河水发之后。维时三门以上，陕州城外临河之万锦滩，亦长水三尺五寸，而下游各厅，仅报长水数寸至尺余不等，道远流微。又有三门关锁，是以水势递减，工程坚固，又其明证。此豫省黄河之情形也。

臣伏思黄河来源，两岸山沟汊港，汇归入黄河之处众多。俱在

三门以上，若三门以下，沁、洛二支，伏秋水发，实增黄河水势之
二三。是上游长落大小，实关工程平险，不可不一体留心。以资防
卫。今查三门，系黄河出入之区，巩县城北洛口为伊、洛、瀍、涧
入河总汇。臣已咨明抚臣，饬陕州、巩县各立水志，每年桃汛日起
至霜降日止，水势长落尺寸，逐日查明登记，据实具报。其沁河水
势，虽由黄沁同知查报，但水志不得其地，长落尺寸，恐难定准，
并令该同知在于木栾店龙王庙前别立水志，按日查报。如伏秋汛内
各处水势遇有陡长至二三尺以外，该厅、州、县即迅速具报，并查
宁夏之例，一并飞报江南总河。如此上下关会，司河之员咸知长水
尺寸日期，相机修防，于工程有益。①

　　乾隆三十年（1765）清廷正式批准了李宏关于建立万锦滩志桩的提议。
乾隆三十一年，朝臣的奏疏中就出现了有关万锦滩志桩的水报内容。李宏规
定的水报时间从每年桃汛②开始，到霜降日结束。水报时间涵盖黄河每年的春
汛、伏汛和秋汛，并且要求"逐日查明登记"。奏报格式与宁夏青铜峡"水报"
一致，使得上、下游水情记录能够构成体系。

　　"某厅某汛某工第几段某日志桩存水若干丈尺寸，实测水若干尺寸，埽前
顶溜水深若干尺寸，长河中泓水深若干尺寸，埽高水面若干尺寸，滩高水面
若干尺寸，堤高滩面若干尺寸，河槽水面宽若干丈尺，堤内河身宽若干丈尺
（滩面即滩唇，紧靠河槽，留淤常厚，非谓堤根低洼之滩也）。比较昨日长落
若干，上年今日长落若干，上年盛涨日长落若干。厅总报加上汛河底比中汛
深浅若干，中汛河底比下汛深浅若干，堤面比较同。"③

（二）万锦滩志桩水报网络的呈现

　　万锦滩志桩水报，从整理的清廷奏折档案记载中能够看出参与水报活动

---

① （清）贺长龄主持，（清）魏源编：《皇朝经世文编》卷99《工政五》，清光绪十二年思补楼重校本。
② 桃汛，是指每年三月下旬到四月上旬，黄河上游冰凌消融形成春汛，流至下游时，由于恰逢沿岸山桃
　花盛开，故称为桃汛。
③ （清）包世臣：《中衢一勺》卷2中卷，清光绪十四年重校本。

的官员身份众多，且不同时期有不同官员参与其中，为了更好地呈现官员之间的相互作用关系，本书试图选用社会网络分析方法来解决这一问题。

1. 数据资料与方法

本书所用资料为水利部黄河水利委员会和中国水利史学会水利史研究会所藏清代河务档案，同时参考了《河东河道总督奏事折底》（国家图书馆藏）、《云荫堂奏稿》（国家图书馆藏）、《再续行水金鉴》、《清四朝河道治理奏稿》和《清代黄河河工档案》等资料。通过对以上材料的整理，笔者团队于2013年建立了清代黄河志桩水位数据库，该数据库涵盖了从乾隆三十一年到宣统三年（1766—1911）黄河、淮河、大运河与运河"水柜"的志桩奏报信息，其中包括水位涨落的尺寸、时间，志桩水位呈报的日期、官员接报的日期、官员上奏朝廷的日期、呈报水位信息的官员姓名和官职，以及最终将水报上奏朝廷的官员姓名和官职等信息。其中 Rep_Nam 和 Rep_Pos 是奏报人的姓名与官职，Rece_Nam 和 Rece_Pos 则是接报人的姓名与官职（图 2-1）。

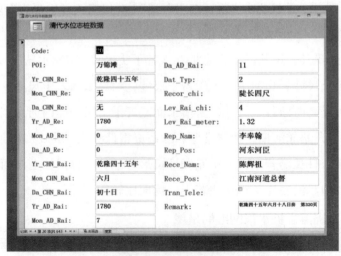

图 2-1　清代水位志桩数据库·黄河万锦滩部分（截图）

参与报汛事务的官员不仅有河务官员，也有大量地方行政官员与中央部门官员，具体官职随时间亦有变化，本书使用社会网络分析方法来呈现报汛事务中的官员关系网络。社会网络分析的视角是强调把结构关系作为关键的导向原则，首要目标是精确测量和展现此种关系的结构，并解释其原因及产生的结果。社会网络中两个非常重要的元素是行为人和关系，它们的相互结合就构成了社会网络。行为人可以是自然人个体、非正式的组织或是组织等。在本书中，行为人有三类：第一类是将收集到的志桩水报信息呈报给上级部门的呈报人；第二类是将收到的水报信息奏报给朝廷的奏报人；第三类是这种上行文书最后的接收者——朝廷。而在研究中，笔者更关注的是前两类。它们三者之间的关系是一种定向的报送关系。本书中主要应用绘制社群图和计算节点度的方法来分析水报呈奏网络。社群图，是用图像形式描述社群结构，已经成为社会网络可视化的基础技术，借助网络分析专业软件 Pajek 软件实现。节点度是社会网络分析的重要测量方法之一，表示一个行为人参与网络行为的程度，有节点入度和节点出度两类。"节点入度是一个行为人接受的从其他行为人方向所来的线的数量；节点出度是从一个行为人节点向其他行为人所发出的线的数量。"①

2. 分析结果

乾隆三十年至宣统三年（1765—1911），参与到万锦滩志桩水报呈奏环节的官员官职共十类，分别是：河东河道总督与署理河东河道总督、江南河道总督与署理江南河道总督、河南巡抚、河南布政使、河南按察使、两江总督与署理两江总督、安徽巡抚、户部尚书、漕运总督、陕州知州等。

由上可见，关于黄河万锦滩志桩的水报信息传播范围相对宽泛，有管理河务的专职官员，也有地方机构的官员参与其中，并且从乾隆到同治时期具有明显的差异。这种差异通过图 2-2 能够清楚地表达。咸丰以降，参与万锦滩志桩水报呈奏的官员官职明显减少，网络结构整体上趋于简单，成为河务部门的内部事务，其他系统的官员逐渐退出此项事务。

---

① 〔美〕戴维·诺克、杨松：《社会网络分析》（第二版），李兰译，上海：格致出版社、上海人民出版社，2017 年，第 95 页。

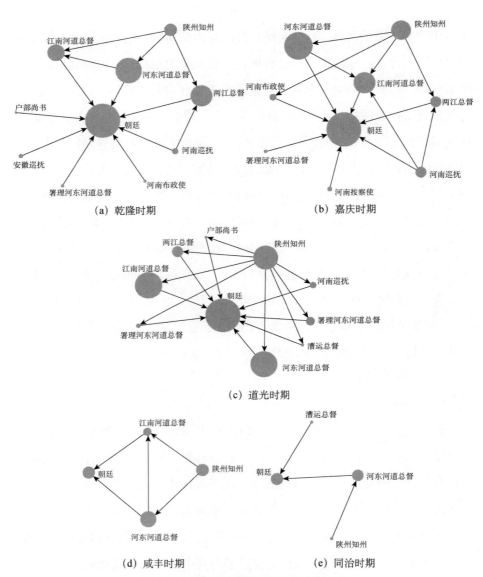

图 2-2　清代不同时期报汛事务官员网络

　　表 2-1 的节点度大小充分说明了上述现象。节点度越大，说明该官员在水报呈奏网络中处于重要位置，反之，参与程度较弱。结合图 2-2 和表 2-1，乾隆至同治时期，河东河道总督、江南河道总督、两江总督、陕州知州和河南巡抚是个节点出（入）度最高的官职。

表 2-1　万锦滩志桩水报网络分析——节点度　　　　　　单位：个

项目		河东河道总督	河南按察使	河南布政使	河南巡抚	江南河道总督	两江总督	陕州知州	安徽巡抚	户部尚书	漕运总督	山东巡抚兼署理河东河道总督	署理河东河道总督	署理江南河道总督	暂署理两江总督
乾隆时期	节点入度	15	0	2	0	10	3	0	—	—	—	—	0	0	0
	节点出度	50	2	5	12	32	11	19	—	—	—	—	21	4	1
嘉庆时期	节点入度	15	—	0	0	2	1	0	0	0	—	—	0	—	0
	节点出度	92	—	1	3	23	65	15	2	1	—	—	7	—	4
道光时期	节点入度	41	—	—	2	58	4	0	—	—	1	4	15	7	
	节点出度	112	—	—	7	79	26	132	—	—	1	6	28	7	
咸丰十年前	节点入度	25	—	—	—	7	—	0	—	—	—	—	—	—	—
	节点出度	27	—	—	—	7	—	31	—	—	—	—	—	—	—
咸丰十年后	节点入度	1	—	—	—	—	—	0	—	—	—	—	—	—	—
	节点出度	1	—	—	—	—	—	1	—	—	—	—	—	—	—
同治时期	节点入度	0	—	—	—	—	—	—	—	—	—	—	0	—	—
	节点出度	3	—	—	—	—	—	—	—	—	—	—	7	—	—

在乾隆时期，陕州知州、河南巡抚、河东河道总督都曾作为水报的最主要呈报者，将水报送达奏报者（包括江南河道总督、河南按察使、河南布政使、两江总督、河东河道总督等）手中，再由这些人奏报给朝廷。从呈报者的节点出度来看，陕州知州是主要的参与者，万锦滩志桩涨落水的信息观测、

记录、传递等工作环节大多数是由陕州地方官员完成的，朝廷并没有因为设置黄河万锦滩志桩而再新添置专门的河务机构和官员。这与沁河志桩有很大的不同，沁河志桩的水报信息是由黄沁同知呈报，黄沁同知是河东河道总督所属河北道下黄沁河厅的官员。从奏报者的节点入度大小分析，河东河道总督最多，略胜于江南河道总督、两江总督，河南布政使也曾有两次接到水报信息。相反，从奏报者的节点出度分析，仍然是河东河道总督最多，而后是江南河道总督和两江总督。

嘉庆时期，陕州知州、河南巡抚、河东河道总督仍是水报的最主要呈报者。不同的是，后两者的参与程度要略小于乾隆时期，陕州知州及其所属官员依旧是呈报环节重要的参与者。对于奏报者而言，河东河道总督的节点度最高，可以说是奏报环节最瞩目的参与者。同时，两江总督相比于乾隆时期，参与程度同样明显提升，位居第二。而江南河道总督要稍微逊色很多，参与程度大大降低。

道光时期，呈报成员减少，或者说在该时期，陕州知州成为最重要的呈报者，显示出万锦滩记录水位的任务已经全部由陕州地方官员承担。江南河道总督比嘉庆时期奏报比例增大，陕州知州及其所属地方官员在呈报环节发挥着最为重要的作用。而接收陕州知州传递信息的奏报者，相比于前两个时期而言，漕运总督、山东巡抚兼署理河东河道总督是新的参与者，尽管他们的参与次数不多。河东河道总督在这一时期，依旧是万锦滩水报由陕州到朝廷的主要中转枢纽。道光时期，河南按察使、河南布政使等官职已经退出报汛事务，虽然河南巡抚依然是万锦滩报汛的一个节点，但其重要性相比于乾隆时期以及同在道光时期的河道总督，都有明显的下降。

咸丰时期，水报呈奏网络变得更加简单，无论是呈报者方面还是奏报者方面都趋于缩小。呈报者仍主要为陕州知州，但是奏报者只有专于管理河务的河东河道总督和江南河道总督了，并且整个咸丰时期的水报次数也趋于减少。江南河道总督于咸丰八年（1858）被裁撤之后，万锦滩志桩水报网络就更加简单了，只剩下一个呈报者（陕州知州）和一个奏报者——河东河道总督。

3. 报汛网络反映的河务日趋"封闭"

河务作为清前中期的国家大政，受到皇帝的高度重视，涉及河务的部门自然相应会多一些。江南河道总督和河东河道总督虽然名义上专管河务，但在管理实践中，河道总督并不能实现真正意义上的专管，豫鲁苏等黄河沿线的督抚以及朝廷中的户部、工部官员其实都参与其中。以河道总督为代表的河官与地方督抚、朝廷六部官员为代表的印官必须协作方能完成复杂的治河工作，河务中的"河印"关系因而存在多重面相。大体来看，在国家重视治河的康雍乾时期，"河印"关系尚可以合作；嘉道时期，因黄河失事增加，印官开始退出河务体系；咸丰五年（1855）铜瓦厢改道后，黄河治理基本依赖豫鲁地方政府，江南河道总督和河东河道总督先后被裁撤。

即便在"河印"尚能合作的清前期，"河印"之间就屡有龃龉，主政河南的田文镜是雍正帝非常倚重且信任的官员，有如此地位的他都感慨"河印"关系难以调和。雍正二年（1724），其上《议州县河员分办工料疏》，阐明了"河印"关系的复杂是制度造成的：

> 河员专理河务，州县专理庶政，原毋容牵扯混杂。况特设副总河董司其事，又设河道河员及武弁目兵分修防护，而办料雇夫又动用正项钱粮按时给发。且今岁大工一过，嗣后不过年年岁修抢修而已，更不必责之州县为之经营调度也。乃不谓豫省河工，办料雇夫以及承修兴筑俱属州县，而河厅河员反不过从中丈验，往来稽查。至于三年保固无虞，河员得以从例叙议，州县则又置之局外；倘一有疏失，河员固不能免过，州县并一干严处。是利则河员独享，害则州县同被，在州县亦何乐有此河员也？且臣察州县之在河工，不特河厅各员得以借查丈堤工之名鱼肉州县，即一切管河州同、县丞等官亦无不向州县需索。至于办置物料，运赴河工，必须讲究然后

称收，所以年来州县无不因河工赔累，至亏库项。①

嘉道时期，印官在河务方面的参与度进一步降低，河官不得不担负起治河的绝大部分责任。最为典型的当属道光初年张井治河，道光四年（1824）张井任河东河道总督，此时兰阳铜瓦厢一段河道严重淤高，成为治黄心腹大患，"道光六年三月二十三日内阁奉上谕：张井豫省兰仪等处河底增淤请饬疏浚等语。豫省之南岸兰仪北岸曹考两厅河底自入春以后淤垫尤甚，中弘水势仅深五、六、七尺，自应设法疏治。着严烺即将兰仪等厅受病最甚之处于大汛以前赶紧疏浚，勿稍延缓"②。但在实际工作中，严烺并未发挥协同作用，而是将所有工作，包括筹款、调夫、物料、器具等事务皆推诿张井，这是道光初年铜瓦厢清淤工作进展有限的重要原因之一。

本书揭示的报汛运作情况也清晰地展示了这一现象，印官除了在工程兴建中参与度降低外，其也从河务多个环节中退出，报汛是其中典型代表，讨论河务必须参考水势。与此同时，河务系统在道光时期已经非常封闭，高度依赖河道总督及其属官。但从治河效果而言，这一变化并没有提高效率，反而使黄河管理更加混乱。道光五年，高家堰突发"石工坍塌"，导致漕运受阻，不得不"迫于时日撙估赶办"③。道光六至八年，清政府在高家堰至入海口段连续举办工程，试图通过降低下游段淤高程度解决东河淤积、高堰刷黄和引水济运的问题，但收效甚微，甚至有河段出现"新河淤浅，旧河反深"的严重工程失误，道光帝震怒"朕惟执法严惩，绝不宽贷"，但效果仍不理想。④正当清廷计划进一步疏通徐州至海口河段时，道光十二年八月，桃源县民陈端等为放水淤田，率人偷掘黄河堤坝，导致全河决口改由于家湾入洪泽

---

① （清）田文镜：《议州县河员分办工料疏》，见（清）贺长龄主持，（清）魏源编：《皇朝经世文编》卷103《工政九·河防八》，清光绪十二年思补楼重校本。
② 《道光六年三月二十三日上谕》，水利部黄河水利委员会藏，档案号：清 1-3（6）-3-008。
③ 《道光七年五月八日上谕》，水利部黄河水利委员会藏，档案号：清 1-3（6）-3-028。
④ 《道光七年四月十五日上谕》，水利部黄河水利委员会藏，档案号：清 1-3（6）-3-025。

湖。①清廷不得不将治理重点又从疏浚河道转为堵闭于家湾决口。②经过两年施工并耗银百万两方才初步恢复"南河故道"③，后续工程则持续至道光二十二年（1842）。④道光二十至二十五年，南河刚刚稳定，开封、中牟段又连年决口。尤其是道光二十三年七月下旬中牟决口，此次决口造成中牟九堡下汛决口 1000 米⑤，全河南夺涡河、颍河入淮，徐州以下断流，漕运又一次受阻。⑥清政府为封堵中牟决口，仅工程修筑就耗银 1206 万两，而善后工程持续至道光二十四年。

实际上，清代特殊的治河制度导致河官不可能单独承担管河大任。伊懋可（Mark Elvin）指出"在清朝统治下，像之前历朝历代那样大规模动员无偿的劳动已经行不通了"⑦。实际上，清代国家力量在进入黄河堤防的建造与维修中，财政迅速成为支持国家治黄策略的重要手段。潘威等 2020 年出版的《清代黄河河工银制度史研究》一书中⑧，摘编了顺治至宣统年间河务奏折文本，该书采用 voyant 软件分析了这批材料，以"银两"为对象词观察其与文本中其他词汇的关系。康熙、乾隆以至道光时期，"银两"日益成为君臣讨论的核心议题，至乾隆时期，河务实际上已经由工程问题转为财政问题。这一转变导致河务运作更加需要"河印"协力方能完成，而嘉道时期印官的退出

---

① 《道光十二年八月二十六日江南河道总督张井奏为奸民聚众强挖堤坝掣动全黄大溜入湖》，水利部黄河水利委员会藏，档案号：清 1-3（4）-66-25。

② 《道光十二年十月八日革职留任江南河道总督张井为挑浚桃南于家湾以下正河现已兴工》，水利部黄河水利委员会藏，档案号：清 1-3（4）-66-24。

③ 《道光十六年十月十四日江南河道总督麟庆核明道光十三年冬于家湾坝工告竣》，水利部黄河水利委员会藏，档案号：清 1-3（4）-66-1664。

④ 《清宣宗实录》卷 394，"道光二十三年七月己未"条，北京：中华书局，1986 年，第 1067 页。

⑤ 中国水利史研究所汇编：《道光中牟大工奏稿》（第 1 册），道光二十三年七月初一日，慧成奏折，内部资料，第 6—7 页。

⑥ 中国水利史研究所汇编：《道光中牟大工奏稿》（第 4 册），道光二十四年二月二十六日，麟魁、廖鸿荃奏折，内部资料，第 19—20 页；《道光中牟大工奏稿》（第 6 册），道光二十五年正月二十六日，钟祥奏折，内部资料，第 35 页。

⑦ 〔英〕伊懋可：《大象的退却：一部中国环境史》，梅雪芹、毛利霞、王玉山译，南京：江苏人民出版社，2014 年，第 136 页。

⑧ 潘威、张丽洁、张通：《清代黄河河工银制度史研究》，北京：中国社会科学出版社，2020 年。

致使黄河管理日趋"封闭",成为河官系统独揽的领域,也正是在这一时期,黄河管理越发被动,"今日筹河,而但问决口塞不塞口之开不开"①。嘉道时期的黄河治理缺乏长远规划,治河技术也从"疏、堵并重"转为重用砖工、抛碎石等"防堵之法"。②这类技术虽然保证了黄河下游在嘉道时期没有出现全河改道类的大灾,对于应对当时的环境发挥了短期作用。但从长远来看,这一做法加速了下游淤高,导致黄河在道光后期已经无法可治,只能改走新道。③

清代志桩分布于黄河、淮河、大运河、海河(永定河)及荆江等主要水系,成为清廷掌握境内大河水情的主要手段,陕州万锦滩志桩是其中最为重要的报汛点,其运作方式具有较强的代表性。嘉道时期,由于印官在报汛等黄河日常管理的多个环节中参与度降低,报汛网络结构开始趋于简单。铜瓦厢决口之后,报汛网络结构已经非常窄化,体现出清廷和沿黄督抚对河务已经缺乏积极应对的态度,但求不泛滥而已。

社交网络技术能够揭示黄河管理中的官员网络、机构网络的变化,能够使研究者高效地认识到庞杂史料中所蕴含的信息,辅助研究者发现杂乱文献中的记录指向。这一点在基于大规模档案所进行的研究中更能展现优势。

第三节　波谱分析软件

一、Matlab 软件

(一)软件概况

Matlab 软件是 MathWorks 公司发布的集算法开发、数据可视化、数据分析及数值计算于一体的高级计算语言和交互式环境,具有良好的开放性和可靠性,已经成为控制系统研究领域公认的标准计算软件。MathWorks 公司创

---

① 《魏源集》卷上《筹河篇上》,北京:中华书局,2018 年,第 374 页。
② 《清宣宗实录》卷 209,"道光十二年四月上庚辰"条,北京:中华书局,1986 年,第 71 页。
③ 《魏源集》卷上《筹河篇上》,北京:中华书局,2018 年,第 376 页。

立于 1984 年，总部位于美国马萨诸塞州内迪克，是世界领先的专为工程师和科学家提供数学计算软件的供应商，旗下的产品包括 Matlab 产品家族、Simulink 产品家族及 PolySpace 产品家族。

Matlab 软件的应用范围包括信号和图像处理、通信、控制系统设计、测试和测量、财务建模和分析、计算生物学等众多应用领域。其附加工具箱（即 Matlab 软件专用函数集）极大地扩展了 Matlab 软件的使用环境。目前，经常使用的 Matlab 软件集成了 Matlab 和 Simulink 两大模块，其中，Simulink 是一个用于对动态系统进行多域建模和模型设计的平台。它提供了一个交互式图形环境，以及一个自定义模块库，并可针对特定应用加以扩展，可应用于控制系统设计、信号处理和通信及图像处理等众多领域。

Matlab 软件的主要特点有计算功能强大；绘图便捷，数据的可视化非常简单，具有较强的编辑图形界面的能力；工具箱功能强大，其学科性工具箱具有很强的专业针对性，如系统控制、信号处理、通信等，这些函数工具使得用户无须编写自己学科范围内的基础程序。

Matlab 软件系统的构成如下：①开发环境。Matlab 软件开发环境是一套方便用户使用该软件函数和文件的工具集，其中许多工具是图形化用户接口。它是一个集成化的工作区，可以让用户输入/输出数据，并提供了 M 文件的集成编译和调试环境，包括 Matlab 桌面、命令行窗口、M 文件编辑调试器、Matlab 工作区等。②数学函数库。数学函数库包括大量的计算算法，囊括了从加减乘除等基本运算到快速傅里叶变换等复杂算法。③语言。Matlab 语言是一个高级的基于矩阵/数组的语言，包括程序流控制、函数、脚本、数据结构、输入/输出、工具箱和编程等特色。④图形处理系统。该系统使得 Matlab 软件能够图形化地显示向量或矩阵，而且能够对图形添加标注。它包括二维图形及三维图形函数、图像处理和动画显示等。⑤程序接口。可以使 Matlab 软件方便调用 C 程序和 Fortran 程序，以及在 Matlab 软件与其他应用程序间建立客户—服务器关系。

Matlab 软件数据类型主要包括数值类型、逻辑类型、字符串、函数句柄、结构体和单元数组类型。这六种基本的数据类型都是按照数组形式存储和操作。同时，Matlab 软件中还有两种用于高级交叉编程的数据类型，分别是用户自定义面向对象的用户类型和 Java 类型。

（二）小波分析工具箱

以上为 Matlab 软件的基本情况，由于本书重点介绍波谱分析方法，以下部分将重点介绍 Matlab 软件的小波分析工具箱。

Matlab 软件的小波分析工具箱提供可视化的小波分析工具，作为一个集算法研究、工程设计、仿真和应用于一体的平台，小波分析工具箱特别适合于信号和图像分析、综合、去噪、压缩等领域的研究工作。

1. 小波变换概述

小波变换是一种新的变换分析方法，其主要特点是通过变换充分突出问题某些方面的特征。目前，小波变换在诸多领域得到了成功应用，尤其是小波变换的离散数字算法。小波变换完美地结合了理论数学与应用数学，在学界被称为"数学显微镜"。小波变换的发展过程大致可以分为三个阶段。

第一阶段：孤立应用阶段。其主要特征是一些特殊构造的小波在某些研究领域的特定问题上被使用。1980 年代，法国地球物理学家莫雷特（Morlet）和格罗斯曼（Grossmann）首次将小波分析方法用于地质数据处理，引进了以他们的名字命名的时间——尺度小波，即现在在地学领域广泛应用的 Grossmann- Morlet 小波。

第二阶段：统一构造阶段。1986 年，法国数学家梅耶尔（Meyer）成功建构出一定衰减性质的光滑函数，这个函数（算子）的二进尺度伸缩和二进整倍数平移产生的函数系构成 2-范数函数空间的标准正交基。之后，梅耶尔和计算机科学家马勒特（Mallat）提出多分辨分析概念，成功统一了此前不同的小波构造方法。同时，马勒特还在多分辨分析的基础上简洁地得到了离散小波的数值算法，该方法被称为马勒特分解与合成算法，并且将该算法用于数字图像的分解与重构。之后，中国学者王建忠等基于样条函数构造出单正交小波函数，并讨论了具有最好局部化性质的尺度函数和小波函数构造方法。

第三阶段：全面应用阶段。1992年至今，小波变换进入了全面应用阶段，几乎在科学研究和工程技术的所有领域都得到了应用，成为探究时序规律，揭示工程对象波动特征的主要工具。

2. 小波变换的实现

小波变换分为离散小波变换和连续小波变换两个类型，其中离散小波变换可以理解为一维信号 $f(x)$ 经离散小波变换得到一个二维数组。而连续小波变换在实际工作中具有更广泛的用途。连续小波变换的模型如下：

如果函数 $\psi(x)$ 满足以下容许性条件：

$$C_\psi = \int \frac{\left|\hat{\psi}(\omega)\right|^2}{|\omega|} d\omega < \infty$$

那么 $\psi(x)$ 为一个基本小波，并定义如下的积分变换：

$$\left(W_\psi f\right)(a,b) = |a|^{-\frac{1}{2}} \int f(x)\overline{\psi\left(\frac{x-b}{a}\right)}dx, \quad f(x) \in L^2(R)$$

上述积分变换为 $f(x)$ 以 $\psi(x)$ 为基的积分连续小波变换，a 为尺度因子，表示与频率相关的伸缩，b 为时间平移因子。

则容易得到：

$$\hat{\psi}(0) = 0 \Leftrightarrow \int_{-\infty}^{+\infty} \psi(t)dt = 0$$

$\psi(t)$ 又称为母小波，因为其伸缩、平移可构成 $L^2(R)$ 的一个标准正交基。

二、波谱分析与历史地理学研究案例

波谱分析中的交叉小波和交互小波方法在历史地理学中拥有良好的应用前景，该方法在揭示序列的规律性方面具有很好的作用。该方法目前在历史自然地理研究，尤其是历史气候研究中已经有了较为广泛的应用，如1650—1911年中国华东与日本列岛台风频率波动的研究。

1650—1911 年，中国华东和日本分别有 698 次和 358 次台风入境事件，其中 17 世纪后期在各个区域都出现了台风频率增高的现象，同时也是典型台风灾害相对集中的时段。中国 1664 年"康熙崇明大潮灾"、日本 1713 年"正德风灾"等重大台风灾害都发生在这一阶段（图 2-3）。

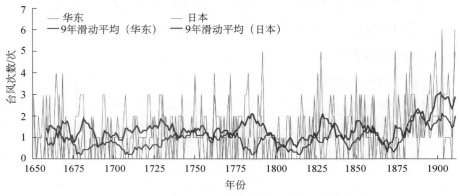

图 2-3　1650—1911 年中国华东与日本台风频率波动

图 2-4 针对中国华东和日本台风频率的小波变换揭示了两者的周期性特征，其中日本的 2—4 年周期集中在 1760 年，而此时中国华东台风存在 4—8 年周期；至 1820—1850 年，日本台风的 2 年、4 年周期较为明显，而此时中国华东台风并未出现周期性波动。

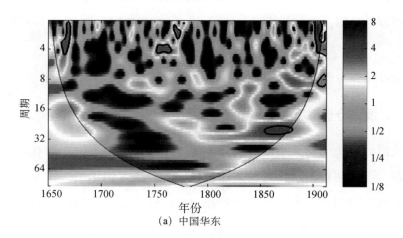

(a) 中国华东

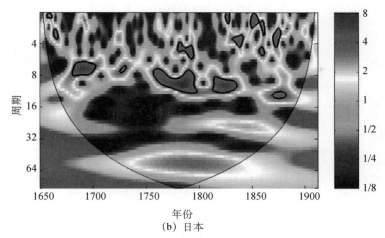

图 2-4　针对中国华东和日本 1650—1911 年台风频率的小波变换

第三章　分析方法

第一节　空间自相关

一、空间自相关基本概念

空间自相关（spatial auto-correlation）统计量用于度量地理数据的一个基本性质：某位置上的数据与其他位置上的数据间的相互依赖程度。通常把这种依赖叫作空间依赖（spatial dependence）。地理数据由于受空间相互作用和空间扩散的影响，彼此之间可能不再相互独立，而是相关的。

空间自相关在地理统计学科中应用较多，现已有多种指数可以使用，但最主要的有两种指数，即莫兰（Moran）的 I 指数和吉尔里（Geary）的 C 指数。在统计上，通过相关分析（correlation analysis）可以检测两种现象（统计量）的变化是否存在相关性，如稻米的产量往往与其所处的土壤肥沃程度相关。如果这个分析统计量是不同观察对象的同一属性变量，那么就称之为自相关（auto-correlation）。因此，所谓的空间自相关就是研究空间中，某空间单元与其周围空间单元间，就某种特征值，通过统计方法进行空间自相关性程度的计算，以分析这些空间单元在分布现象上的特征。

空间自相关的计算方法有许多种，然而最为知名也最为常用的为 Moran's I、Geary's C、Getis、Join count 等，但这些方法各有其功用，同时亦有其适用范畴与限制，当然也自有其优缺点。一般来说，空间自相关的计算方法在功用上可大致分为两大类：一为全域型自相关（global spatial auto-correlation）；二为区域型自相关（local spatial auto-correlation）。

全域型自相关的功能在于描述某现象的整体分布状况，判断该现象在空间上是否有聚集特性存在，但其并不能确切地指出聚集在哪些地区。若将全域型不同的空间间隔（spatial lag）的空间自相关统计量依序排列，还可进一步作空间自相关系数图（spatial auto-correlation coefficient correlogram），分析该现象在空间上是否有阶层性分布。而依据安瑟兰（Anselin）提出的 LISA（local indicators of spatial association，空间关联局部指标）方法论说法，区域型能够推算出聚集地（spatial hot spot）范围的主要有两种：一是借由统计显著性检定的方法，检定聚集空间单元相对于整体研究范围而言，其空间自相关是否够显著，若显著性大，即是该现象空间聚集的地区，如盖蒂斯（Getis）和奥尔德（Ord）发展的 Getis 统计方法；二是度量空间单元对整个研究范围空间自相关的影响程度，影响程度大的往往是区域内的"特例"（outliers）点，也就表示这些"特例"点往往是空间现象的聚集点，如安瑟兰的莫兰散点图（Moran Scatterplot）。[①]

二、历史地理学中空间自相关的操作——以民国时期珠三角与长三角历史水系空间自相关分析为例

民国时期珠三角地区河网数据来源于美国陆军制图局（American Mapping Service，AMS）1954 年编制出版的《中国基本地形图》（以下简称"美国军图"）、1930—1934 年日军参谋本部陆地测量部测绘制版的《广东省五万分之一局地图》（以下简称"日本五万图"）和 1930—1934 年日军参谋本部陆地测量部测绘制版的《民国制广东省二万五千分之一图》（以下简称"日本二万五千图"）。这三套地图均保存了民国时期珠三角地表河网形态，"美国军图"具

---

① Anselin L. Local indicators of spatial association—LISA. *Geographical Analysis*, 1995, 27 (23): 93-115.

有精准的经纬度坐标和投影参数，以及中英文标注，便于进行地理注册，并且空间连续性好，能够全部覆盖珠三角平原河网地区，因此作为构建珠三角河网形态的骨干基础数据；"日本五万图"和"日本二万五千图"是大比例尺实测地形图，汉字标注，图例十分详细，对于河道的记录相当精准，但测绘要素不全，均无经纬度坐标和投影参数，空间连续性不够，只能覆盖局部地区，其中，"日本五万图"图说部分标明了标高为假定于陆军测量学校十米起算，据民国九年（1920）所定之地形图原图图式，测绘单位为参谋本部陆地测量部。基于此，这两套图仅用于对骨干基础数据的补充和校对。

长三角河网形态重建资料主要来源于一套 1：50 000 军用地形图（以下简称"1918 军图"）上海地区大陆部分，测绘单位为国民政府参谋本部陆地测量总局。据图说部分记载，此图高程系统为陆地测量总局假定标高 29 米，民国十三至十九年（1924—1930）复制，依据民国二年（1912）版式进行整饰，民国二十一至二十二年（1932—1933）印刷。该套图河流多采用双线绘制，除黄浦江绘制双线明显间距较大外，其余河流绘制双线间距一致；无比例尺和经纬度标注，本书选取今上海市大陆部分所在的 20 张分幅图。据潘威和满志敏研究，"1918 军图"与《上海测绘志》所记江苏省陆军测量局民国五至七年（1915—1917）测绘成果所使用测绘要素一致，并且"1918 军图"与 1978 年中国人民解放军总参谋部测绘局测（编）绘的军图（以下简称"1978 军图"）在水体状况上基本一致，因此最终确定"1918 军图"的比例尺为 1：50 000，所记水系与"1978 军图"水系分辨率统一，具备对比叠加与研究使用的可能性。[1]

对图幅进行后期定位是对图上的水体信息进行提取的基础，由于"1918 军图""日本五万图""日本二万五千图"均未标注经纬度，河网信息提取有一定的难度。对此，潘威和满志敏有文章专门针对"1918 军图"及相类似的

---

[1] 潘威、满志敏：《大河三角洲历史河网密度格网化重建方法——以上海市青浦区 1918—1978 年为研究范围》，《中国历史地理论丛》2010 年第 2 期。按：有关"1918 军图"更详细的介绍，参见此文。

地图的数字化处理方法做了介绍①，故本书对"1918 军图"的处理方法仅作简单说明。因"1918 军图"没有经纬度，所以选取定位标准点是对整套图进行定位的基础：首先，选定标准定位图幅来实现整套图幅的定位与拼接工作；其次，在 MapInfo 软件环境下，赋值定位标准、定位标准图幅；再次，验证定位后结果与标准地物重合状况，通过验证则提取标准图幅经纬差，否则重新选择标准定位图幅；最后，根据图幅拼接关系定位其他图幅。该定位方法的优点是能够同时解决图幅拼接与图幅定位问题，避免了因定位单张图幅而产生缝隙，从而造成地表水体尤其是河网细节部分在进行图幅拼接时出现的人工操作误差。"美国军图"具有精准的经纬度，因此，提取该图河网信息省去了赋值定位标准、定位标准图幅等工作，可在 MapInfo 软件环境下直接进行地理配准，数字化河流完成后提取河网信息即可。此外，由于测量过程及操作过程中误差不可避免，因此所有图定位后，均以 2000 年 ETM（enhanced thematic mapper，增强型专题制图仪）影像图作为基准进行调校，保证资料的统一性。

（一）河网密度重建

在 MapInfo 软件环境下，应用 Gridmaker 工具分别构建珠三角和长三角两地区 1000 米×1000 米格网体系，用此格网将数字化的河流信息进行切割，落在每个单元格内的河流长度即为每平方千米的河网密度，图 3-1（a）和图 3-1（b）分别为已重建的格网体系下珠三角和长三角地区河网密度形态。

（二）空间自相关分析

自相关分析是非常实用的一种时间、空间序列分析法。地理学中的空间自相关分析是在自相关分析理论基础上发展而来的，是将一维自相关推广到二维自相关的一种分析方法。②

---

① 潘威、满志敏：《大河三角洲历史河网密度格网化重建方法——以上海市青浦区 1918—1978 年为研究范围》，《中国历史地理论丛》2010 年第 2 期。

② 陈彦光编著：《基于 Matlab 的地理数据分析》，北京：高等教育出版社，2012 年。

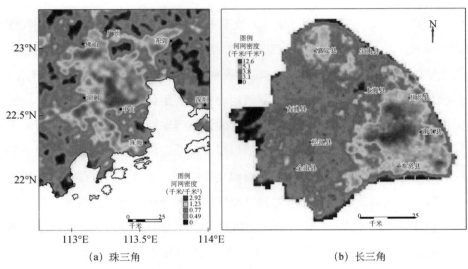

图 3-1　20 世纪 30 年代珠三角和长三角地区河网密度形态

　　大部分地理现象都具有空间相关的特性，也就是说距离越近的两个事物就越相似；空间自相关是空间统计分析的基础条件，是认识空间分布特征的一种常用方法，是检验某一要素的属性值是否显著地与其相邻空间点上的属性值相关联的重要指标，正相关表明某单元的属性值变化与其邻近单元具有相同变化趋势，负相关则正好相反。[①]

　　自相关函数在理论上是针对时间序列总体而言的，在具体处理时使用的是样本基于路径的自相关函数（auto-correlation function，ACF）。时间序列的样本 ACF 计算公式为：

$$r_k = \frac{\sum_{t=1}^{n-k}(x_t - \overline{x})(x_{t+k} - \overline{x})}{\sum_{t=1}^{n}(x_t - \overline{x})^2}$$

式中，t 为时序，k 为时滞，n 表示样本路径长度，x_t 为第 t 个数值，变量的均值定义为：

---

① 孟斌、张景秋、王劲峰，等：《空间分析方法在房地产市场研究中的应用——以北京为例》，《地理研究》2005 年第 6 期；王红亮、胡伟平、吴驰：《空间权重矩阵对空间自相关的影响分析——以湖南省城乡收入差距为例》，《华南师范大学学报（自然科学版）》2010 年第 1 期。

$$\bar{x} = \frac{1}{n}\sum_{t=1}^{n} x_t$$

利用这些公式，可以逐个计算出自相关系数，由它们形成 ACF 图，对于标准化数据，均值为 0，方差为 1，公式则简化为：

$$r_k = \frac{\sum_{t=1}^{n-k} x_t^* x_{t+k}^*}{\sum_{t=1}^{n}(x_t^*)^2} = \frac{1}{n-1}\sum_{t=1}^{n-k} x_t^* x_{t+k}^*$$

空间序列样本自相关系数计算公式与时间序列样本的自相关系数计算方法类似。

Matlab 的自相关分析函数为 autocorr，该函数用于计算一个单变量的 ACF，或者绘制 ACF 图，该函数的语法结构为：

[ACF，Lags，Bounds]=autocorr（Series）

[ACF，Lags，Bounds]=autocorr（Series，nLags，M，nSTDs）

Series 代表单变量时间或者空间序列样本路径形成的向量，nLags 是正整数标量，表示需要计算的 ACF 的时滞（Lags）。M 为非负整数标量，表示有最大时滞。nSTDs 为代表标准离差范围的正标量。

ACF 检验主要包括两方面：第一，计算二倍标准差约略估计值。假定时间（空间）序列是一个移动平均过程，那么自相关系数的方差近似为 n，标准差约为 $1/\sqrt{n}$。在正态分布条件下，取 ± 2 倍的标准误差将得到一个近似 95% 的置信区间，在实际工作中，在自相关图中标有"2 倍标准误差带"，便于根据图形信息判断自相关系数的变化规律。第二，计算 Box-Ljung 统计量。自相关系数性质判断需要利用修正后的 Q 统计量，即 Box-Ljung 统计量，假定计算出 m 个自相关系数，则 Box-Ljung 统计量计算公式为：

$$Q = N(N+2)\sum_{\tau=1}^{m} \frac{R_\tau^2}{n-\tau}$$

Q 统计量近似地服从卡方（x^2）分布。Q 越小，表示 m 个自相关系数同时为 0 的可能性越大，反之越小。Q 的大小需要在一定显著性水平上确定其临界值。为了检验方便，可将 Q 转换为卡方分布的概率值（p 值或者 sig 值）。只要概率值小于 0.05，置信度就达到 95%，概率越小，置信度越高。

（三）ACF 计算结果及检验

已重建的 20 世纪 30 年代河网密度，珠三角地区有效密度值为 14 000 左右，上海地区为 5000 左右。因此，进行两地河网密度空间自相关分析时，nLag 取值为样本数据的 1/10，即 n=1000（珠三角）和 n=500（长三角）；图 3-2（a）和图 3-2（b）分别是珠三角地区和长三角地区河网密度空间自相关分析结果。据图 3-2（a）可知，珠三角地区河网密度空间自相关系数基本都是正数，除了两个数据在 0 值线下但十分接近 0 值线外，空间自相关系数随着 Lag 取值的变化有一定波动性，在 400<Lag<650 时，珠三角地区河网密度空间自相关性趋于平缓，自相关系数基本稳定在 0.1 附近；在 Lag 取值范围为（70—80）和（180—190）时，自相关系数落在 2 倍标准误差带（也即 95%置信区间）内，数值很小，接近 0 值线；另外，Lag 有两个取值范围［（310—320）和（890—910）］，其自相关系数逼近 2 倍标准误差带。图 3-2（b）计算结果显示，长三角地区河网密度空间自相关系数均为正值，当 0<Lag<370 时，随着 Lag 取值增大，河网密度自相关性呈现一定的波动性，当 370<Lag< 500 时，河网密度自相关性则趋于平缓，自相关系数均在 0.2 附近；经检验，长三角地区河网密度空间自相关系数没有落在 2 倍标准误差带内。总之，在 95%的置信区间内，珠三角地区河网密度存在一定空间自相关性，但是相关性极小，几乎可以忽略，而长三角地区河网密度不存在空间自相关。

空间自相关分析结果说明，珠三角、长三角地区河网内部结构不存在明显的自相关性，即民国时期一个地区在规划、构建河网体系时并没有考虑其周边河网形态。这种缺乏全局考虑的观念直接影响了依附于整个河网体系的水利灌溉系统的统一管理，因为自然状态下，交错密布的河网是一个完整的体系，人为改造破坏了河网原有的连通性。通过查阅相关史料发现，清代中后期至民国期间，这两地区未进行过大规模水利改造，因此可以推断出，破碎化的河网形态从清代中后期即已形成。由于不合理的规划、构建及缺乏统一管理，河网形态由自然整体、连通的形态转变为破碎化形态，河网系统运作受阻。

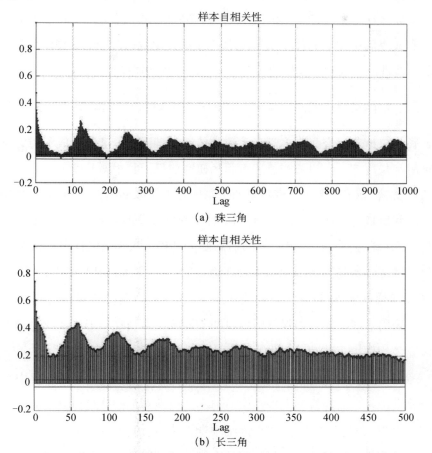

(a) 珠三角

(b) 长三角

图 3-2　20 世纪 30 年代珠三角和长三角地区河网密度空间自相关分析

第二节　格网支持下的空间自相关性分析

一、格网化数据的优势

综合使用图形资料、文字资料和遥感数据，采用传统地名考证和 GIS 技术相结合是复原历史上区域水系面貌的有效方法。2007 年中国地理学年会上提出了构建全国网格体系的设想，使用网格体系管理庞杂的地理要素数据，使网格体系及其中的数据集标准化以描述地表事物和现象；2008 年，满志敏就网格体系在历史地理学中的应用进行了初步探讨，并指出了其在历史数据管理和成果展示方面的优势。[①]网格体系中的历史数据标准化处理使得两套数据的可比性问题找到了理想的解决途径。这些想法需要实证性研究加以检验。

二、格网支持下的时空过程：1861—1953 年长江口南支冲淤状况重建

长江口地貌研究是众多学科关注的传统基础课题，已经形成了历史时期多种时间尺度下长江口演变过程重建的研究成果。其中谭其骧、陈吉余等使用历史文献、沉积、考古等资料复原了第四纪末次冰期结束至 20 世纪初期长江口岸线变迁的大势[②]；张修桂使用多种史料文献（正史及地方志）复原了崇明岛自 7 世纪初期至 19 世纪末的形态变化过程，认为黄河巨量泥沙和长江口风暴潮是崇明岛形态演化的主要环境背景[③]；吴华林利用近现代海图，采用计算机建模技术对 1861—1997 年长江中下游河段泥沙通量情况进行了研究，且采用不同手段和资料对历史时期不同阶段内长江口形态演化过程进行了研究，均取得了可观的成果[④]。

考察以往成果及目前研究动态可以发现，主要成果在空间上集中在南港—北港（长兴岛西端—九段沙）航道和江口沙岛形态变迁方面，时间上则集中在器测资料出现之后的 20 世纪中期以来的 50 余年。与南港—北港相比，南支（徐六泾口—吴淞口）暗沙众多、迁移频繁、水下地貌结构复杂，文献记载质量较差，使得重建该区历史时期地貌演化过程具有较高难度，导致该区研究相对薄弱。吴华林通过考察长江口南支 1861—1997 年的岸线演

---

① 满志敏：《小区域研究的信息化：数据架构及模型》，《中国历史地理论丛》2008 年第 2 期。
② 中国科学院《中国自然地理》编辑委员会：《中国自然地理·历史自然地理》，北京：科学出版社，1982 年。
③ 张修桂：《崇明岛形成的历史过程》，《复旦学报（社会科学版）》2005 年第 3 期。
④ 吴华林：《器测时期以来长江河口泥沙冲淤及其入海通量研究》，华东师范大学博士学位论文，2001 年。

化、河槽冲淤量、典型河槽断面冲淤过程等问题，得出了分年及总体的泥沙通量[①]，是近年来重建长江口地貌演化过程的卓越成果。但对于南支河段在近代的冲淤强度分布略显粗糙，未能体现出冲淤强度分布的详细情况。其原因在于目前河口海岸地貌学多使用特定值等深线的伸缩来描述冲淤格局，此方法并非不能用来处理海图资料，普遍被使用的克里金空间插值法可以对特定值等深线形状进行推测，但使用此种方法使等深线内部差异和变化难以体现，不能精细反映南支地貌状况。本书采用"网格法"将研究区域分割为若干面积相等、具有不同时间断面深度属性及变化量的网格，使 1861—1953 年南支的地貌发育过程得到了更高分辨率的重建。同时，20 世纪中期以来，人类活动对环境的干预日渐明显，某些典型冲淤断面在本时段内深受人类活动的影响，下面，笔者将以崇明县城南侧江面的扁担沙—南丰沙为个案对典型河槽断面的地貌演化过程进行探讨。

（一）资料来源和处理方法

1. 主要资料简介

主要资料为《长江河口历年水道图册—南支河段》（以下简称《南支图册》，该图册汇编了 19 世纪至 20 世纪长江口南支的实测海图）、清代舆图、民国军用地图及方志资料等。其中实测海图资料是本书的骨干资料，在保留下来的实测海图中，1861 年英国海军海图为首份实测海图，以此作为研究时段起点。1861—1958 年的资料相对于 1958 年后而言，存在在时间上不连续、各图幅时间跨度不等、测绘的基准面不同、水深数据有空间错位等方面的问题，这使得近代海图资料难以构成序列。1981 年，由华东师范大学河口海岸研究所和上海航道局编绘的《南支图册》解决了以上问题。该书将搜集到的 1861—1980 年海图资料保留其原图的深度点和等深线，并将深度数据单位统一换算为"米"，保留小数点后一位，比例尺统一转为 1∶100 000，并对其进行了重

---

① 吴华林：《器测时期以来长江河口泥沙冲淤及其入海通量研究》，华东师范大学博士学位论文，2001 年。

新定位和经纬度加绘，在一定程度上统一了这些来源不一的数据，使得近代海图资料具备了构建序列的基础。

2. 网格法操作

为了构建序列，首先应当选取研究的时间断面和跨度。1958 年之后长江口确立系统的测绘机制，海图资料以该年为界，之前为来源不一的非系统资料，之后为系统资料，故本书的时间序列上下限确定在 1861—1958 年。1861 年和 1900—1912 年数据作为《南支图册》的最初两份数据资料限定了本研究的时间跨度为 40—50 年，故选取 1950—1953 年图幅作为本书的时间下限，1900—1912 年图幅和 1950—1953 年图幅统一使用末年作为标准年。因此，本书的时间断面就是 1861 年、1912 年和 1953 年，各断面跨度为 40—50 年。

从构建序列的目标考察数据可以发现，在三个断面内进行水深数据点对点减法操作可以实现冲淤过程的构建，但通过比对三个断面的水深点数据发现其存在错位现象，点对点减法操作不能进行。因此，需要对南支河段进行网格化处理：先将挑选的三份资料在 MapInfo 软件环境下进行数字化；再将深度点、等深线和暗沙定位在 2004 年上海地区 ETM 影像上；接下来，使用 MapInfo 软件中的 GRIDMAKER 功能构建单位尺度为 1000 平方米的网格体系，将其覆盖在三个断面深度点数据所在的公共区域，经过位置微调与空缺网格剔除，共生成有效网格 696 个，每个网格所具有的 7 个属性如下表所示（表 3-1）。

表 3-1　网格体系数据库结构

列	属性	意义
Code	文本	单个网格的独立编码，由 3 位阿拉伯数字组成
dep_1861（米）	数字	当年网格内的平均深度
dep_1912（米）	数字	当年网格内的平均深度
dep_1953（米）	数字	当年网格内的平均深度
sed_1861_1912（米）	数字	"dep_1912（米）" — "dep_1861（米）"
sed_1912_1953（米）	数字	"dep_1953（米）" — "dep_1912（米）"
sed_1861_1953（米）	数字	"dep_1953（米）" — "dep_1861（米）"

注：所有数字精确到小数点后一位

网格赋值方法如下：暗沙或浅滩部分没有深度点数据，则被暗沙或浅滩全部覆盖的网格取 "0"，其他网格采用平均值方法。网格的深度数据受网格内深度点数据的影响，将深度点数据的平均值作为所在网格的值，部分为暗沙或浅滩覆盖的网格，将原有深度点值求和再加 "0"，而在原有深度点和等深线个数基础上加 1，以体现浅滩的影响。网格在时空序列上具有可比性，断面内部和之间差异得到体现。

$$G_a = 0, \quad G_b = \sum (P_1, P_2, \cdots, P_n)/n, \quad G_c = \sum (P_1, P_2, \cdots, P_n)/(n+1)$$
$$S = G - G'$$

G_a 为被暗沙或浅滩全部覆盖网格值，G_b 为受内部深度点影响网格值，G_c 为被暗沙或浅滩部分覆盖网格值，S 为冲淤量，G、G' 为不同时间断面上同一网格值，P 为深度点数据，n 为深度点个数。

（二）冲淤状况重建和分析

1. 冲淤强度分布

通过网格体系的构建得出 S 值和 G 值总量、平均值，图 3-3、表 3-2 与表 3-3 展现了研究区总体深度上的变化以及冲淤强度，反映了河道容积的变化趋势，1861—1953 年总体为扩容时期，其中 1861—1912 年冲刷占显著优势；1912—1953 年大体平衡且略有淤积。

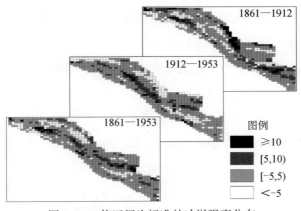

图 3-3 S 值区间为标准的冲淤强度分布

表 3-2　各时间断面 S 值基本情况　　　　　　　单位：米

年份区间	总量	平均值	最大值	最小值
1861—1912	557.7	0.80	19.0	−16.5
1912—1953	−111.6	−0.16	15.1	−17.8
1861—1953	465.2	0.67	16.0	−13.4

表 3-3　各时间断面 G 值基本情况　　　　　　　单位：米

年份	总量	平均值	最大值
1861	4182.3	6.0	23.8
1912	4759.1	6.8	23.8
1953	4647.5	6.7	20.3

1861—1953 年今新桥水道和宝山航道为冲刷占优势地带，今南支航道体系在 19 世纪中期至 20 世纪中期逐渐形成，成为南支的主要过水地带。崇明岛西端马松角一带与南支航道之间和徐六泾口—七丫口两段河槽略显淤积，其中最严重的淤积出现在今新桥水道起点一带。1861—1912 年冲刷占明显优势，其中崇明岛南侧岸线的西段普遍受到强烈冲刷作用。有关研究显示，该区在此时段内岸线崩塌严重，平均后退 2000 米[①]，清初位于南岸的顾旺状、黄张福状等地在清后期沦江[②]，海图资料也显示崇明县城东部约 4.5 千米处的金鳌山前滩地沦江。20 世纪 30 年代前该区启动新一轮的造陆过程，金鳌山前滩地至迟于此时重新出水[③]。浏河口以下，今长兴岛西端以上的江面和南支北岸普遍呈现强烈冲刷态势，清代初期开始的主泓南移现象至迟在 19 世纪中期开始逐渐转为北移。此时，南支南岸的护岸工程完善而北岸尚为天然堤岸，因而江流的冲刷重点地区改在北岸。南支南岸的徐六泾口—七丫口—浏河口—吴淞口线中，徐六泾口—七丫口处于淤积状态，具体表现为 1912 年海图较 1861 年海图在徐六泾口—浏河口之间出现了大量边滩，长度在 14 千米左右，平均宽度约 2000 米，而 1861 年海图中没有绘制边滩。1912—1953 年总体上略有淤积，南支北岸、

---

① 吴华林：《器测时期以来长江河口泥沙冲淤及其入海通量研究》，华东师范大学博士学位论文，2001 年。
② 张修桂：《中国历史地貌与古地图研究》，北京：社会科学文献出版社，2006 年。
③ 经 1918 年和 1936 年崇明县 1∶50 000 军用地形图比对。

浏河口—吴淞口段和崇明岛西端处于严重淤积态势，新桥水道由冲刷转为淤积，但平均深度仍大于5米，只有今南支主航道和宝山航道仍旧处于强烈冲刷状态。徐六泾口—七丫口浅滩保持稳定，但边滩邻近河槽处于冲刷较深状态。

2. 河槽深度结构改变

所构建网格系统中不同深度状况反映了当时研究区内的地貌结构，通过排比不同深度数据在研究区内所占面积，可以得出当时河槽的深度结构，进而揭示出造成其改变的最直接原因为河槽冲淤力度的位移。相对于研究特定等深线伸缩的方法，由网格法构建的深度序列数据可以更加清晰地反映河槽地貌对冲淤格局改变的响应。

图 3-4、图 3-5 反映了研究区内各年份断面中不同深度区间的面积及其变化。将其面积比上研究区面积（696 平方千米），得出各年份不同深度区间所占面积比例，其差值为变率，反映了不同深度区间在不同年份区间内的变化幅度。通过以上数据可以发现，在 1861—1953 年冲刷态势下，河槽最大深度由 23.8 米降为 20.3 米，但由于[0，3）米和≥10 米区域变量分别达到了−40平方千米和 33 平方千米，河道处于扩容状态。在 1861—1912 年的显著冲刷态势下，[0，3）米和≥10 米区域变量达到−36 平方千米、47 平方千米。1912—1953 年大体稳定的冲淤情况主要在[0，3）米和≥10 米区域的相对稳定。[3，10）米区域相对稳定，1861—1953 年平均变幅为 0.5%（表 3-4）。

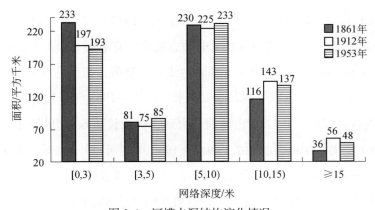

图 3-4　河槽水深结构演化情况

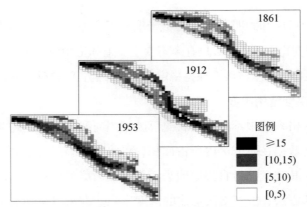

图 3-5　1861 年、1912 年、1953 年 G 值分布情况

表 3-4　各年份区间河槽水深结构面积变率

项目	年份区间		
深度区间/米	1861—1912	1912—1953	1861—1953
[0，3)	−5.17%	−0.57%	−5.75%
[3，5)	−0.86%	1.44%	0.57%
[5，10)	−0.72%	1.15%	0.43%
[10，15)	3.88%	−0.86%	3.02%
≥15	2.87%	−1.15%	1.72%

注：所有数字精确到小数点后两位

　　冲刷主线由 G 值≥10 米的网格连接而成，用以概括≥10 米深度河槽的位移现象，反映了河槽内冲刷占明显优势的地区。各时间断面内主线长度分别为 1861 年 71.94 千米、1912 年 78.59 千米、1953 年 72.71 千米。其总体走向大致稳定，但由于河槽冲淤状况的动态变化而有断裂、续接和位移。其中1912 年江苏七浦塘口外约 2.3 千米处主线出现断裂，长度达 8.3 千米，断裂地区 G 值较 1861 年水深平均减少 2.9 米，1912—1953 年恢复冲刷优势，主线重新连续；1861—1912 年白茆塘外出现了一段长达 6000 米的冲刷带，连接了 1861 年尚处于断裂的主线；1912—1953 年浏河口外的一段 5000 米长的主线由于暗沙发育而处于强烈淤积态势，断裂主线 S 值平均为−14.36 米，导致主线上支明显北拐，上下支最近端点直线距离达 8000 米。冲刷主线变化反

映了研究区内主要冲刷地带的演化状况，近百年来冲刷主线时有断续，略有摆动，证明了南支航道体系所处河槽在总体走向大致稳定的前提下，局部地区具有不稳定性。

（三）典型沙洲位移过程——扁担沙

长江口南支历史上全面的沙洲变迁过程因资料限制难以被全部复原。通过对以上 1861—1953 年南支河段冲淤状况的研究发现，19 世纪中期到晚期崇明岛南侧岸线总体上处于后退，建于崇明岛南岸的县城——城桥镇面临坍江的风险，而因其所在地区南侧有一片浅滩，抵消了江水侵蚀的力量，成为城基抗御江水冲刷的屏障。19 世纪末至 20 世纪初人工护岸出现之后，"新桥水道"逐渐形成，这片县城南侧的浅滩由于江水冲刷而逐渐解体，浅滩向西北方向延伸。浅滩出水部分成为沙洲，为一重要的冲淤断面，遗憾的是关于这片沙洲的文字记载稀少，但近代实测地图中却保留了这片沙洲的位置和形状信息。通过这些资料构建变迁序列，研究者可以重建沙洲变迁情况，证明崇明县城局部地区的冲淤环境变化。

1. 沙洲位移与坍江过程

雍正年间陈伦炯《海国闻见录·沿海全图》（图 3-6）所绘崇明县城南部江面上确实有过一沙洲，但具体位置已经难以复原。乾隆《崇明县志》所绘崇明县境全图中在头条竖河与第二竖河之间的江面上有"满洋沙、大公沙、永福沙"三个联体沙洲，崇明县有两条竖河镇，则其应当为方志中两条竖河所在，头条竖河在其与崇明县城之间，三个沙洲的大致位置得以落实。《南支图册》1861 年图幅在崇明县城南侧江面上绘有一片沙洲，但未载其名称。1900—1912 年图幅有了明确的"扁担沙"名称，整个沙洲东西长南北窄，呈条带状，与崇明岛倾斜方向大致平行，经过测量其东西最大长度为 9.25 千米，南北最大长度为 2.18 千米。1916 年 1∶50 000 军用地形图所绘扁担沙（军图上名称为"南沙"）与《南支图册》中 1917—1918 年分幅所绘扁担沙形状基本一致；相对于 1912 年，洲头基本稳定，洲尾西退 1.63 千米左右，北侧岸线北进 0.68 千米左右，整个沙洲形态由条带状变为草帽状。1936 年包括崇明分幅在内的部分 1∶50 000 军用地形图进行了实测重绘，1936 年图上扁担沙称为南小沙；相对于 1916 年洲头东延 2.5 千米，洲尾西退 4.7 千米左右，洲头尖锐、洲尾圆滑。1954 年美国军用地图局根据日本军方于 1942 年所制的 1∶50 000 中国地图（局部地区采用美军航片进行修正）绘制了一套 1∶250 000 的中国地图，其中的"上海西"（Shanghai-West）分幅反映了 1940 年代初的扁担沙情况，但未载沙洲名称；相对于 1936 年，洲头基本稳定，洲尾西退 0.5 千米左右，朝阳镇和三条桥镇两地名仍旧存在。1969 年绘制的大比例尺地形图中南丰沙位于 1940 年代扁担沙的洲头部分；相对于 1940 年代，洲头有所坍江，洲尾西退 2.6 千米左右，面积大幅度缩小。1970 年代初及之后的资料中不再有南丰沙的记载，则其坍江应当在 1970 年代初。直到目前为止，历史上扁担沙和南丰沙存在的地区仍未再有沙洲出露。

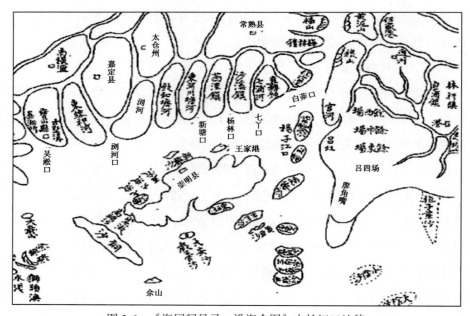

图 3-6 《海国闻见录·沿海全图》中长江口地貌

资料来源：（清）陈伦炯撰：《〈海国闻见录〉校注》，李长傅校注，陈代光整理，郑州：中州古籍出版社，1985 年

　　崇明岛历史上城址"五迁六建"，废弃的县城都是因为坍江。而自从明万历十六年（1588）崇明县城——城桥镇竣工以来[①]，虽然屡有风暴潮等自然灾害[②]，但城桥镇并未坍江，其稳定与局地地貌关系密切。沙洲发育的环境——崇明县城南部的浅滩很可能在雍正年间或更早就已经存在，成为城桥镇抗御江水侵蚀的屏障，是崇明县城稳定的局地地貌因素。

2. 沙洲聚落与堤（围）岸

　　除了形状信息外，近代实测地图还记录了扁担沙—南丰沙上聚落与人工堤（围）岸的变迁，反映了沙洲上人类活动的规模、强度、分布等状况。由于沙洲的位移与坍江，沙洲聚落在不断减少。1916年军图反映其上有50个聚落，其中朝阳镇、顾元隆镇、新桥镇等为相对较大的聚落。沙洲四周及内部还筑有人工堤岸，最外层堤（围）岸与沙洲岸线距离较为平均，普遍都在1000米左右，聚落在堤（围）岸内分布相对平均，但堤（围）岸在沙洲北部和西部分割较细，而东南部则相对简单，由此可推测沙洲开发的过程应当是由北部、西部向西南部进行的。1936年小聚落已经不见记载，顾元隆、新桥两镇已经消失而仅剩朝阳镇，但新出现了三条桥镇和西镇两聚落，人工堤岸依旧存在。相对1916年的情况，堤（围）岸结构趋向简单，堤（围）岸相对破碎，西部堤（围）岸紧邻沙洲岸线，东部有大片未筑堤（围）岸地区，应当是由于沙洲西部坍江而东部淤涨所致。AMS 1954年刊行的1∶250 000军用地形图由于比例尺原因未能反映小村落与堤（围）岸的详细情况，但三条桥镇与朝阳镇仍存在，堤（围）岸与沙洲岸线基本重合，与1936年相比，东部洲头部分筑有堤（围）岸，但洲头仍有坍江；1969年南丰沙堤（围）岸与岸线重合，不再有聚落记载，可以认定此时南丰沙已经没有了人类的定居行为。

---

① 《民国崇明县志》，见上海书店出版社编：《中国地方志集成·上海府县志辑10》，上海：上海书店出版社，2010年。

② 国家自然科学基金资助项目成果"历史时期上海地区自然灾害大事年表"（项目编号：47971034），未刊行。

3. 沙洲坍江原因——活动沙带尾部上抬

长江口南支暗沙迁移频繁，对航道运行影响较大，有必要对其历史时期的发展过程进行重建。南支中徐六泾—七丫口为上段，七丫口—吴淞口为下段。将《南支图册》中1953年前的暗沙、浅滩进行数字化处理，得到暗沙、浅滩的矢量数据集。初步判读可以发现，近代长江口地区暗沙大致集中在今南支航道以北地区，且南支上段分布较为集中。从1861—1953年整体情况上看，暗沙几乎都是沿着长江流向在西北—东南方向上发生移动，出现合并或解体（图3-7）。

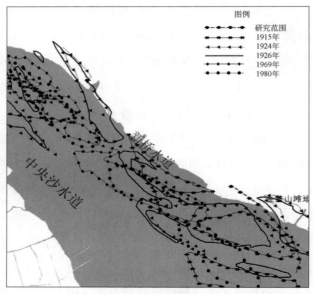

图 3-7　1915—1980年扁担沙—南丰沙、新扁担沙活动沙带变迁情况示意图

扁担沙活动沙带发生沙头—沙尾的上提与下移、沙带的解体与合并、面积涨缩等现象是扁担沙—南丰沙变迁的直接原因。从《南支图册》中所收海图反映的情况看，沙带尾部（即扁担沙—南丰沙沙洲发育部分）1915—1935年累计上抬2.5千米（表3-5），由此带动扁担沙逐步向西北方向移动。1936—1953年沙带没有发生明显变化，考虑到这一时期，尤其是《南支图册》所收录的1941年、1947年、1948年三份海图系汪伪再版旧图和海道测量局恢复

后的再版旧图，并不是完全基于实测，不能完全肯定过程中间没有出现变化。1953 年海图基于实测是可以基本肯定的，而其所反映的活动沙带形态与位置与 1936 年基本一致，在南支区域活动沙带经变化后能够完全恢复到原本形态的可能性较小。故笔者认为 1936—1953 年是近代扁担沙—南丰沙活动沙带比较稳定的时期。但其出水部分由于多种原因引起的潮流动力变化使得洲头相对轻微下移、洲尾大面积坍江。这与 1936—1980 年该区活动沙带的变迁大势一致。1970—1980 年沙尾下移的主要原因是新扁担沙沙带（即今扁担沙沙带）在 1969 年沙尾下 0.39 千米处新出现面积为 13.64 千米^{2}的一个新沙团，而原有沙团沙尾位置上抬 3.63 千米。

表 3-5　扁担沙—南丰沙、新扁担沙活动沙带 1915—1980 年变化概况

年份区间	移动/千米		面积变量/千米^2
	沙头	沙尾	
1915—1924	下移 3.52	上抬 0.57	−21.31
1925—1926	上抬 2.67	上抬 0.63	8.69
1927—1935	下移 1.67	上抬 1.30	−1.11
1936—1969	向西 4.48	上抬 3.63	−0.70
1970—1980	下移 0.55	下移 6.16	4.57

1936—1969 年沙带发生向西移动，是 1915—1980 年本活动沙带演化的重大事件。从海图资料反映的情况分析，原有沙带部分为今白港—庆华江段的崇明岛边滩，本段崇明岛岸线逐渐向西扩展（今庙港断面岛线向江前进 0.62 千米），白港—庆华的边滩构造也逐渐西迁，而新桥水道的逐渐稳定导致沙带脱离边滩形态，发展为新桥水道与中央沙水道之间的断续沙带。

1918—1969 年扁担沙—南丰沙的变迁过程的直接原因是本段时间内活动沙带尾部的不断上抬，南丰沙所处位置不断坍江并受到冲刷的格局导致沙洲坍江。

第三节　小波、交互小波与 M-K 检验

一、小波、交互小波与 M-K 检验方法简介

小波分析：本方法目前广泛应用于序列周期性的检验，小波是一种特殊的长度有限、平均值为 0 的波形，倾向于不规则和不对称。小波分析中的时间尺度因子可反映小波的周期长度；而时间位置因子，可反映时间上的平移。利用连续小波变换系数可以求得小波功率谱，用于描述序列在多时间尺度上的能量分布。[1]

交互小波：小波互相关（wavelet cross-correlation）分析方法能够实现在特定时间尺度和指定时滞下对两个非平稳时间序列互相关关系的定量描述，可以很好地用于研究和揭示各水文要素的相互关系。

M-K 检验：Mann-Kendall 检验方法的优点在于计算时不需要样本遵循一定的分布规律，也不受少数异常值的干扰。在 α 置信水平上，时间序列数据存在明显的上升或下降趋势。统计量 $Z > 0$ 表示上升趋势；$Z < 0$ 表示下降趋势。双边检验中，在给定的 α 置信水平上，若 $|Z| \geqslant Z_{1-\alpha/2}$，则表明序列存在明显的趋势变化，本书选择的置信水平是 $\alpha = 0.05$。Z 值的计算是按照顺时间序列和逆时间序列分别计算 Z_1 和 Z_2。如果 Z_1 和 Z_2 两条曲线出现交点，且交点在临界直线之间，那么交点对应的时间就是突变开始的时间。[2]

下面，本书将以 1766 年以来黄河径流量变化研究为例，展示以上 3 种方法的应用。联合国政府间气候变化专门委员会（Intergovernmental Panel on Climate Change，IPCC）第 5 次气候变化评估报告中特别强调了海洋变化对于全球气候系统的重大作用，海洋温度波动会驱动全球环境变化。[3]海洋温度

---

① Piao S, Ciais P, Huang Y, et al. The impacts of climate change on water resources and agriculture in China. *Nature*, 2010, 467(7311): 43-51.

② 王国庆、王云璋、史忠海，等：《黄河流域水资源未来变化趋势分析》，《地理科学》2001 年第 5 期。

③ IPCC, *Climate Change 2014: The Scientific Basis*, 2014.

波动目前存在多种指标，其中 PDO（Pactific Decadal Oscillation，太平洋十年际振荡）指的是北太平洋海温存在的十年际波动现象，其本身也是气候系统内部变率的指标。[①]关于海温变化对气候影响的研究已经开展多年，但相对于气候系统而言，ENSO（El Nino-Southern Oscillatio，厄尔尼诺与南方涛动）和 PDO 等海温指标与水文变化关系的研究成果较少，尤其在区域层面上 PDO 与河流水文关系，目前学界对其认识仍有待深入[②]，特别是在长时段背景下，大型河流不同河段对于 PDO 的响应方式仍缺乏深入讨论，这限制了学界对于"气候变化与水资源"关系的认识[③]。

造成这一情况的主要原因是研究资料和手段的欠缺。目前河流古径流量（或历史径流量）的重建主要依靠树轮宽度进行，这就将所有过去时代的流量重建结果限制在了河源段，而中下游存在大规模人类活动的地区，其天然林很早就被人工植被取代，则缺乏进行历史径流量重建的代用资料[④]，有必要探索新的代用资料体系。以志桩尺寸记录和雨分寸记录为代表的清代档案资料能够弥补现有资料的不足。其中，黄河志桩尺寸记录已经在多个研究中被使用，为系统研究近 300 年黄河上中游年际径流量变化过程打下了基础。[⑤]黄河作为中国北方最重要的地表径流系统，是中国西北和华北地区的经济社

[①] Mantua N J, Hare S R, Zhang Y, et al. A pacific interdecadal climate oscillation with impacts on salmon production. *Bulletin of the American Meteorological Society*, 1997, 78 (6): 1069-1079；任国玉、姜彤、李维京，等：《气候变化对中国水资源情势影响综合分析》，《水科学进展》2008 年第 6 期；李峰平、章光新、董李勤：《气候变化对水循环与水资源的影响研究综述》，《地理科学》2013 年第 4 期。

[②] 任国玉、姜彤、李维京，等：《气候变化对中国水资源情势影响综合分析》，《水科学进展》2008 年第 6 期；李峰平、章光新、董李勤：《气候变化对水循环与水资源的影响研究综述》，《地理科学》2013 年第 4 期；夏军、刘春蓁、任国玉：《气候变化对我国水资源影响研究面临的机遇与挑战》，《地球科学进展》2010 年第 1 期。

[③] 夏军、刘春蓁、任国玉：《气候变化对我国水资源影响研究面临的机遇与挑战》，《地球科学进展》2010 年第 1 期；王国庆、王云璋、史忠海，等：《黄河流域水资源未来变化趋势分析》，《地理科学》2001 年第 5 期；Piao S, Ciais P, Huang Y, et al. The impacts of climate change on water resources and agriculture in China. *Nature*, 2010, 467(7311): 43-51.

[④] 勾晓华、邓洋、陈发虎，等：《黄河上游过去 1234 年流量的树轮重建与变化特征分析》，《科学通报》2010 年第 33 期；康玲玲、牛越先、王金花，等：《黄河上游兰州站近 500 年天然径流量序列重建》，《水资源与水工程学报》2007 年第 4 期；王金花、苏富岩、康玲玲，等：《黄河兰州站 520 年汛期径流量变化规律及预测》，《人民黄河》2009 年第 10 期。

[⑤] 潘威、郑景云、萧凌波，等：《1766 年以来黄河中游与永定河汛期径流量的变化》，《地理学报》2013 年第 7 期。

会得以发展的重要水资源。①对其长时段径流量的重建有助于学界了解黄河水文变化规律，为国家治黄战略提供长时段的水文变化数据。

二、资料与方法

（一）资料简介

志桩尺寸记录：明代水利学家万恭所著《治水筌蹄》中最早提出了布设黄河报汛站点的设想，清康熙年间开始在黄河沿岸的兰州、青铜峡、陕县和徐州等多处设置报汛站点。1766 年（乾隆三十一年）之后，在江南河道总督李宏的主持下，志桩水报行为有了明确的规范，每年汛期记录涨水高度，此类记录保留在清代河道总督及地方督抚奏报中，成为重建过去河流水文的宝贵资料。②目前，水位志桩的原始记录已经难以获得，所能见的记录主要保留在清代河道总督、直隶总督、两江总督以及河南、山东、江苏等地方官员的奏报中（图 3-8）。本书需要强调的是近年被发现的兰州府城志桩记录在之前的研究中都未被使用过。该套资料的整编复印件保存在甘肃省水利厅，而其他站点的记录基本保存在水利部黄河水利委员会档案室。

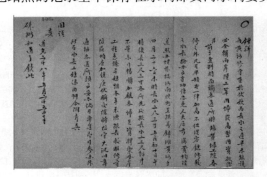

图 3-8　保留在清代奏折中的志桩尺寸记录

资料来源：庄宏忠、潘威：《清代志桩及黄河"水报"制度运作初探——以陕州万锦滩为例》，

《清史研究》2012 年第 1 期

---

① Liu F, Chen S L, Dong P, et al. Spatial and temporal variability of water discharge in the Yellow River Basin over the past 60 years. *Journal of Geographical Sciences*, 2012, 22 (6): 1013-1033.

② 潘威、郑景云、萧凌波，等：《1766 年以来黄河中游与永定河汛期径流量的变化》，《地理学报》2013 年第 7 期。

雨分寸记录：6—10 月是华北各河流的主汛期，流域内雨量的多寡将直接影响黄河中游流量的丰枯状况，黄河流域清代降雨量重建以"雨分寸"记录为最理想资料。"雨分寸"是清代地方官员向皇帝呈报的降雨情况，记载了雨水在农田中的入渗深度，由地方官员测量后通过奏折上报中央政府。1736 年（乾隆元年）之后的记录最为系统。该区"雨分寸"以西安、太原、运城、临汾、洛阳的资料最为理想，郑景云等已经得出了 1736 年以来黄河中下游地区的逐年降水量序列。本书特别使用了各站点夏秋两季（6—10 月）的降雨量数据。重建的降雨量数据可以用来补充志桩记录的缺漏年份，具体研究方法可参见郑景云等关于黄河中下游历史降雨量的研究。①

近现代器测水文记录：黄河上中游的近现代器测水文记录开始于 1910 年代，本书使用的黄河上中游共 65 个站点（名称略）的水文记录，包括水位、流量、流速、含沙量、降雨量等多种指标。由于这一阶段黄河上中游没有大型水利工程的扰动，故而是建立天然状态下径流量（米³/秒）—累积涨水高度（米）、径流量（米³/秒）—降雨量（毫米）回归方程最主要的资料。

PDO 指数序列：本书使用的 PDO 指数序列来源为 Gedalof 和 Smith 利用北美太平洋区域的树木年轮重建的 1600—1997 年的 PDO 序列。②1998—2000 年数据则采用了 Mantua 等提出的指数。

（二）重建方法

本书所采用的 4 个站点数据中，唐乃亥和三门峡两个站点数据分别来自勾晓华等和潘威等的研究。潘威等的研究中三门峡断面使用了降雨量—径流量模型对序列进行了插补，其中降雨量数据来源于郑景云等《黄河中下游

---

① 郑景云、郝志新、葛全胜：《黄河中下游地区过去 300 年降水变化》，《中国科学　D 辑　地球科学》2005 年第 8 期。

② Gedalof Z, Smith D J. Interdecadal climate variability and regime-scale shifts in Pacific North America. *Geophysical Research Letters*, 2001, 28 (8): 1515-1518.

地区过去 300 年降水变化》一文，降雨量—径流量模型具体操作方法可参考潘威等《1766 年以来黄河中游与永定河汛期径流量的变化》一文，而兰州和青铜峡数据则需要重建。[①]

　　兰州断面使用了 1930—1958 年的水文记录，用以表现在未明显受人工水利工程影响下，黄河上游河段的径流量—水位关系[图 3-9（a）]。青铜峡在清代称为硖口，史辅成等曾经根据累积涨水高度—径流量的回归关系重建过其清代部分年份的径流量数值[图 3-9（b）]，其通过建立涨水高度和汛期径流量的思想在本书中被继承。本书收集的志桩尺寸记录弥补了之前研究中因资料短缺造成的数据缺失年份的不足，修正了因记录缺失造成的数据不全问题；同时，本书进一步确认了史辅成等研究中所提出模型的正确性。

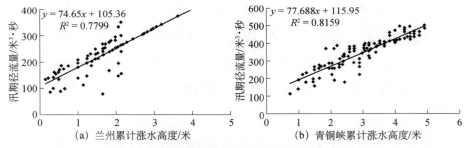

图 3-9　兰州和青铜峡断面涨水高度和径流量关系

资料来源：史辅成、易元俊、慕平编著：《黄河历史洪水调查、考证和研究》，郑州：黄河水利出版社，2002 年；史辅成、慕平、高治定：《清代青铜峡志桩考证及历年水量估算》，《人民黄河》1990 年第 4 期

　　需要说明的是，潘威等《1766 年以来黄河中游与永定河汛期径流量的变化》一文中提出了利用兰州断面流量对三门峡断面 4 米以下累积涨水高度数据的重建方法，这部分数据在整个三门峡的志桩记录中占比为 7% 左右。本书继续使用了兰州断面与兰州—三门峡断面的流量求和，用此进行三门峡断面

[①] 勾晓华、邓洋、陈发虎，等：《黄河上游过去 1234 年流量的树轮重建与变化特征分析》，《科学通报》2010 年第 33 期；潘威、郑景云、萧凌波，等：《1766 年以来黄河中游与永定河汛期径流量的变化》，《地理学报》2013 年第 7 期；郑景云、郝志新、葛全胜：《黄河中下游地区过去 300 年降水变化》，《中国科学　D 辑　地球科学》2005 年第 8 期。

数据插补。兰州断面数据使用了本书重建的结果。

三、结果与分析

（一）径流量重建结果

根据以上步骤，本书获得了 1766—2000 年黄河上中游 4 个站点的径流量序列（图 3-10）。各站点在资料上相互独立，基本不存在记录之间的相互影响，所以，各序列具有较好的可比较性，这为揭示上中游水量的分段变化格局提供了良好的基础数据。

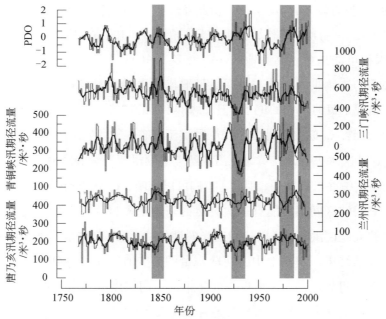

图 3-10　黄河上中游 4 站点汛期径流量与 PDO 变化，1766—2000 年

资料来源：潘威、郑景云、满志敏：《1766—2000 年黄河上中游汛期径流量波动特征及其与 PDO 关系》，《地理学报》2018 年第 11 期

注：细线为年际波动，粗线则为 9 年滑动平均

图 3-10 是各站点径流量与 PDO 的比较。从其反映的情况来看，我们可以得到以下几点认识：

（1）研究时段内，唐乃亥、兰州、青铜峡和三门峡汛期径流量平均值分别为 199.38 米³/秒、268.32 米³/秒、333.26 米³/秒和 533.30 米³/秒。变差系数 Cv 值揭示出各站点径流量数值变化的稳定程度，上述各站点 Cv 值分别为 0.219、0.175、0.199 和 0.213，从中可以发现唐乃亥和三门峡具有相对较高的不稳定性，这说明黄河河源段和黄土高原段对于气候变化具有更强的敏感性。唐乃亥由于位处黄河河源段，其汛期水量补给包括冰雪融水和降雨，因此，温度和降雨的改变都会影响该断面的汛期水量大小[①]；而三门峡断面，特别是青铜峡—三门峡区间，其水量主要来源于黄土高原汾河、渭河两大水系的补给，此区域降雨具有较大的年际差异，由此导致了三门峡断面水量的不稳定。

（2）1840—1850 年代，青铜峡到三门峡之间的黄河区段流量突然增大（其原因很可能是黄土高原地区暴雨增多），由此导致三门峡以下河段遭遇了大规模的连续洪峰。这一时间段是清代道光时期，该时期的历史文献记录大量出现了黄河洪灾的记录，比如 1842 年的祥符大水、1843 年的中牟大水等，致使豫东、皖北等地区出现严重洪涝灾害。观察图 3-10 和图 3-11 可以发现，这几次水灾都是在黄河三门峡站点达到汛期流量的峰值。但这个突变在其他站点中并未被发现，因此，我们可以推断，在 19 世纪中期，黄河在青铜峡—三门峡区间很可能有一次突然的降雨增多过程，导致三门峡断面出现异常的大规模洪峰。可以认为道光时期的"河患"首先是黄土高原降雨量突然增大的结果。黄河上中游河段水量的突变时间是关系到河流水文变化的关键性时间节点，在大概近 300 年中，三门峡以上 3 个站点都显示出 18 世纪中后期是一个上游径流量普遍存在突变的时段（图 3-11）。这一变化应该并未影响三门峡断面；唐乃亥和兰州在 1960 年代和 1990 年代的突变在青铜峡和三门峡河段都没有反映出来；1840 年代中期出现在三门峡断面上突变点在以上河段也不存在。刘锋等在 2012 年的研究中使用 M-K 检验方法分析了近 60 年来黄河上中下游 6 个站点的流量突变情况，认为唐乃亥在

---

① 勾晓华、邓洋、陈发虎，等:《黄河上游过去 1234 年流量的树轮重建与变化特征分析》,《科学通报》2010 年第 33 期。

1993—1994 年出现流量突然减少的情况（变幅为-17%）。这一点在本书中被证实，1993—1994 年不仅在近 60 年中是一次突变，在近 240 年中同样是一次重要的突变。刘锋等的研究还识别出 1985—1987 年存在从兰州到利津多个站点的突变现象，平均变幅达到-40.72%[①]。这段时间的突变放在 1766 年以来的黄河上中游变化中，只有唐乃亥和兰州还存在突变。青铜峡和三门峡断面在这一阶段虽然都出现了流量减少的现象，但并不是突变现象。

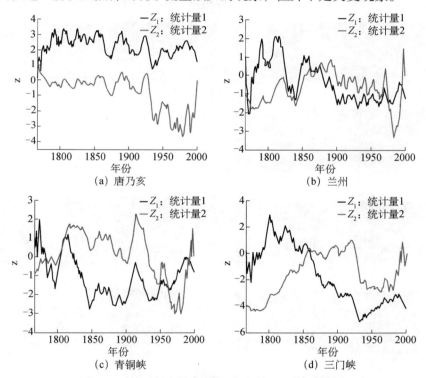

图 3-11　针对径流量序列和 PDO 的 M-K 检验结果
资料来源：潘威、郑景云、满志敏：《1766—2000 年黄河上中游汛期径流量波动特征及其与 PDO 关系》，《地理学报》2018 年第 11 期

（二）径流量与 PDO 关系

图 3-12（a）和图 3-12（b）是针对 4 个站点径流量序列和 PDO 序列进行

[①] Liu F, Chen S L, Dong P, et al. Spatial and temporal variability of water discharge in the Yellow River Basin over the past 60 years. *Journal of Geographical Sciences*, 2012, 22 (6): 1013-1033.

小波分析的结果。从中可以发现上中游径流量波动和 PDO 普遍存在 4—6 年周期，但其时间分布情况并不一致，两者并非完全同步。19 世纪中期，PDO 与三门峡都有 4—6 年周期，其他时段对应关系并不明显，因此，径流量的 4—6 年周期并不是对应于 PDO 的 4—6 年波动。这一点和 M-K 检验的结果具有一定的一致性。一些研究在判断 PDO 与径流量关系时，似乎没有特别关注两者周期在分布时间段上的不一致性，这很可能在一定程度上影响了侯迎的结论。[①]

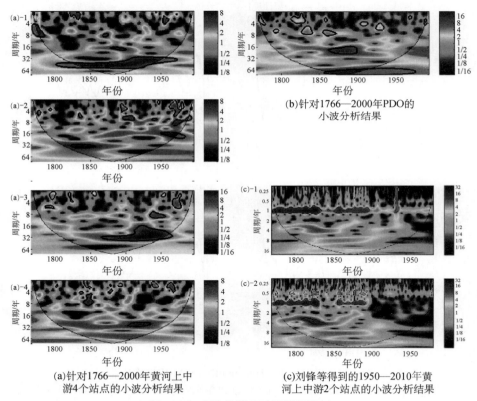

图 3-12 小波分析显示的周期特征

注：（a）-1 为唐乃亥；（a）-2 为兰州；（a）-3 为青铜峡；（a）-4 为三门峡；（c）-1 为兰州；
（c）-2 为头道拐

为了进一步明确 PDO 与上中游径流量之间在不同时间尺度上的关系，

---

① 侯迎：《基于树轮资料重建石羊河上游历史时期气候与径流量变化》，兰州大学博士学位论文，2011 年。

本书使用了交互小波分析，试图揭示两者之间的关系（图 3-13）。

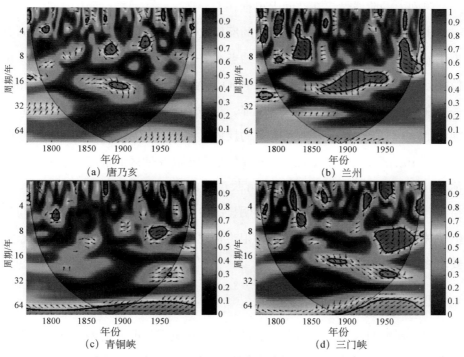

图 3-13　上中游径流量与 PDO 的交互小波分析结果

　　由图 3-13 可知，PDO 与黄河上中游不同站点的径流量之间的关系是具有阶段性反相位特征。虽然在逐年尺度上两者的关系不明显，但通过交互小波分析可以发现，在 2—4 年尺度和 8—16 年尺度上两者的反相位关系最为明显。PDO 与径流量的年代际反相位关系在很多研究中都有所揭示，在中国包括石羊河上游、长江下游和海河上游等河段，根据树轮、文献和器测记录在不同的气候区都得到了 PDO 与径流量具有年代际尺度上的反相位关系。[①]

────────────

[①] 侯迎：《基于树轮资料重建石羊河上游历史时期气候与径流量变化》，兰州大学博士学位论文，2011 年；Hamlet A F, Lettenmaier D P. Columbia river streamflow forecasting based on ENSO and PDO climate signals. *Journal of Water Resources Planning & Management*, 1999, 125 (6): 333-341；张瑞、汪亚平、潘少明：《近 50 年来长江入海径流量对太平洋年代际震荡变化的响应》，《海洋通报》2011 年第 5 期；潘威、萧凌波、闫芳芳：《1766 年以来永定河汛期径流量与太平洋年代际振荡》，《中国历史地理论丛》2013 年第 1 期。

从本书的研究来看，至少在黄河上中游，这一反相位关系也是存在的，但是具有时间上的阶段性，在空间上也存在差异性。

由上可见，兰州和三门峡断面的反相位关系相对唐乃亥与青铜峡断面更为明显。20 世纪前期和中期，4 个站点在 8—16 年尺度上的径流量都有反相位关系出现；在 1830—1850 年代，PDO 与径流量在 4—6 年尺度上的反相位关系在兰州和三门峡断面都较为明显，这一情况较为特殊。在三门峡断面出现的 PDO 与径流量在多年尺度上的反向关系也许说明 PDO 参与了这段时间黄河中游洪峰的频繁出现。而同样位于黄土高原地区的永定河卢沟桥以上河段，其汛期流量与 PDO 的年代际尺度上的反相位关系在过去 250 年中是持续且稳定的，至少在时间上没有明显的阶段性。当然，目前对于海温与径流量关系的机制解释还较为薄弱，很难构建两者之间的关系链条，这一点需要更多实证性的研究来揭示。①

四、结论与展望

（1）研究时段内，黄河上中游径流量变化具有较明显的差异性；在天然状态下，上中游径流量变化不存在较为明显的一致性。突变时间点的出现在历史上就不是同步的，从长时段来看黄河上中游的径流量变化存在各自独立的现象。1970 年代以来各河段径流量同时减少是非常特殊的现象，至少在本书讨论的时间范围内是唯一现象。

（2）从本书研究所得结论来看，PDO 与黄河上中游径流量的相关性是阶段性的，不存在特别明显的线性关系，但区域差异性较为明显，PDO 与黄河上中游径流量的反相位关系主要体现在年代际尺度上，兰州和三门峡断面对 PDO 的变化在年代际尺度上相对敏感。制定黄河水资源战略时，应该注意到

---

① 任国玉、姜彤、李维京，等：《气候变化对中国水资源情势影响综合分析》，《水科学进展》2008 年第 6 期；Verdon D C, Franks S W. Long-term behaviour of ENSO: Interactions with the PDO over the past 400 years inferred from paleoclimate records. *Geophysical Research Letters*, 2006, 33 (6): 272-288；刘晓东、安芷生、方建刚，等：《全球气候变暖条件下黄河流域降水的可能变化》，《地理科学》2002 年第 5 期。

黄河不同区段对同一环境背景的响应方式存在差异。

（3）19世纪中期黄河下游的多次大规模洪涝灾害，是中游径流量突然增大的结果，此时是道光皇帝在位期间，也是清朝统治迅速衰败的时期。这一时期，中国东部多个地区出现了洪涝灾害，特别是人口众多的华北平原等地区，造成了巨大的财政损失。黄河中游异常的高径流量显示出19世纪中期黄土高原降雨量的突变，气候变化通过影响河流水文状况对人类社会产生影响。

（4）目前，基于不同资料来源重建的黄河多站点长时段径流序列虽然取得了一定的进展，但是在数据辨析方面还需要进一步的工作，以明确各序列的不确定性，为将来实现数据的融合做好准备。

第四节 分 形 指 数

一、分形理论简介

分形（fractal）是一个数学术语，也是一套以分形特征为研究主题的数学理论。分形理论既是非线性科学的前沿和重要分支，也是一门新兴的横断学科，是用不同科学方法研究一类现象共同本质特征的新的数学分支学科，相对于其几何形态，它与微分方程及动力系统理论的联系更为显著。分形的自相似特征可以是统计自相似，构成分形也不限于几何形式，时间过程也可以，故而与鞅论关系密切。分形几何是一门以不规则几何形态为研究对象的几何学。由于不规则现象在自然界普遍存在，因此分形几何学又被称为描述大自然的几何学。分形几何学建立以后，很快就引起了各个学科领域的关注。分形几何对于揭示现实地理世界演变规律具有重要价值。

19世纪后期至20世纪前期，一批连续但不可被微分的集合模型被数学家揭示出来。这些形态看似平常，但其整体或局部特征无法被欧氏几何表述，成为长期困扰数学家的"数学怪物"。在这些"怪物"中著名的包括Cantor集合、Weierstrass曲线、Koch曲线、Sierpinski三角形，且都具有局部无限重复整体的特征，欧氏几何无法对它们进行描述和计算。其中Sierpinski三角形模型在欧氏几何中的面积趋向为"0",而周长趋向"无穷大",这种自相矛盾的数学现象显示欧氏几何在复杂形态计算中的不足。1918 年,用来描述复杂几何体(包括自相似性几何体)的豪斯多夫-贝塞科维奇维(Hausdorff-Becikovich Dimesion)被引入,把空间设想为三维形态,平面被视为二维,直线或曲线是一维,点是零维。欧氏几何空间中还可以引入高维空间,但通常人们习惯于整数的维数。分形理论把维数视为分数,这类维数是物理学家在研究混沌吸引子等理论时需要引入的重要概念。为了定量地描述客观事物的"非规则"程度,1910 年,他又从测度的角度引入了维数概念,将维数从整数扩大到分数,从而突破了一般拓扑集维数为整数的界限,这是分形理论的主要思想基础。①

英文 fractal 来源于拉丁文 fractus,本意是"破碎的"。哈佛大学数学教授伯努瓦·B. 芒德布罗(Benoit B. Mandelbrot)最初将分形用来描述不规则、破碎的形态。1967 年芒德布罗在 *Science* 上发表《英国海岸线长度》(*How Long Is the Coast of Britain*)一文,被国际学界认为是分形理论的萌芽。20 世纪 70 年代,芒德布罗出版了《分形:形状、机遇和维数》(*Fractal: Form, Chance and Dinension*)和《大自然的分形几何》(*The Fractal Geometry of Nature*)。芒德布罗 1973 年分别提出分维和分形设想,1975 年提出较为完善的分形理论和分形几何学基础概念。他认为分形是指介于完全规则的欧氏几何与完全不规则的混沌之间的那些形态,其所针对的现象具有无特征尺度和自相似性,其参数称为分维或分维数,以 D 表示,D 可以是整数,也可以是分数。1982 年,芒德布罗的《大自然的分形几何》受到欧美学界的广泛关注,分形理论已经不仅仅在数学领域成为显学,在材料学、医学、应用物理学、地球科学等多个学科中都被广泛应用。周海中认为"分形几何不仅展示了数学之美,也揭示了世界的本质,还改变了人们理解自然奥秘的方式。可以说,分形几何

---

① 转引自李后强、汪富泉:《分形理论及其发展历程》,《自然辩证法研究》1992 年第 11 期。

是真正描述大自然的几何学，对它的研究也极大地拓展了人类的认知疆域"[1]。

分形几何与传统几何相比有以下两大特点：其一，从整体上看，分形几何图形是不规则的。例如，海岸线和山川形状，从远距离观察，其形状是极不规则的。其二，在不同尺度上，图形的规则性是相同的。其局部形状和整体形态相似，从整体到局部，都是自相似的。当然，也有一些分形几何图形并不完全是自相似的，其中一些是用来描述一般随机现象的，还有一些是用来描述混沌和非线性系统的。

在现实地理世界中存在着大量分形现象，其中地表水系是自然界中常见的分形现象，1980 年代末巴伯拉（La Barbera）、罗索（Rosso R）等的研究已经揭示了河顿-斯特拉勒定律和哈克定律所隐含的水系分形性质。[2]国内这方面研究在 1990 年代后兴起[3]，地理学者、水文学者和水利学者都尝试将分形理论应用于构建河流模型，但已有成果基本针对某一时间断面内河流的分形特征，并未深入关注平原河流普遍存在的形态易于发生变化的性质与其分维之间的关系，这在相当程度上制约了分形方法在河流地貌研究中的进一步深入。有鉴于此，学者提出要加强河流等地表事物在不同时间上的分形变化研究，特别在河型研究方面，分形已经成为描述单条河流和水系结构的重要标度方法。[4]

二、渭河下游分维指数的计算

本部分以渭河下游近百年变化的维数测量为例，介绍历史地理学中分形

---

[1] 转引自潘建辉、李玲编著：《数学文化与欣赏》，北京：北京理工大学出版社，2012 年，第 59 页。

[2] La Barbera P, Rosso R. On the fractal dimension of stream networks. *Water Resources Research*, 1989, 25 (4): 735-741.

[3] 陈嵘、艾南山、李后强：《地貌发育与汇流的自组织临界性》，《水土保持学报》1993 年第 4 期；冯金良、张稳：《海滦河流域水系分形》，《泥沙研究》1999 年第 1 期；冯平、冯焱：《河流形态特征的分维计算方法》，《地理学报》1997 年第 4 期；金德生、陈浩、郭庆伍：《河道纵剖面分形-非线性形态特征》，《地理学报》1997 年第 2 期；陈彦光、刘继生：《水系结构的分形和分维-Horton 水系定律的模型重建及其参数分析》，《地球科学进展》2001 年第 2 期。

[4] 王卫红、徐鹏、田世民：《分形理论在河型研究中的应用探讨》，《泥沙研究》2010 年第 2 期；朱晓华、王建：《地学现象的分维与标度关系——以中国大陆山系为例》，《地球信息科学》2003 年第 1 期。

理论和分维的操作和分析方法。渭河为黄河最大支流，咸阳—潼关为渭河下游河段，其中泾河口—潼关段是渭河下游平面形态变化最为活跃的部分，具有河曲发育与消亡迅速、河道摆荡频繁的特点，其河型发展过程在半湿润区平原河流中具有相当强的典型性。基于以上观点和认识，本书以 1915—2000 年渭河泾河口—潼关段为研究对象，在 GIS 技术支持下使用盒维数测定方法，也称网格法，对近百年来研究对象的分维变化情况进行计算及分析。1960 年代以来三门峡水利工程的修建对渭河原有演化过程造成了十分明显的扰动，众多水文和水利学者开始关注渭河下游变迁的过程和机制。1963 年，夏开儒和李昭淑测算了 1910 年代中期至 1960 年代初渭河下游河相系数 ξ 和渭河河口段摆动距离等一系列基础性指标[①]；1983 年，该领域的重要研究成果《渭河下游河流地貌》出版，厘清了渭河下游地貌的基本特征，并复原了自新第三纪以来的渭河下游发展大势[②]；1995 年，熊国立以渭河下游为对象，以正弦曲线的河床形态作为原生河相关系式，与水流连续性等方程联解，导出了蜿蜒型河道的河相关系式，对以指数方法描述渭河下游形态进行了修正[③]。

基于资料情况，本书选取 1915 年、1945 年、1958 年、1969 年、1978 年、2000 年为时间断面，以说明近百年渭河下游形态发展过程。其中 1915 年、1945 年基于民国时期的实测大比例尺地形图，1958—1978 年基于现代测绘的大比例尺地形图，2000 年基于 ETM 影像。

民国地形图处理是本书的关键工作，近代地形图处于由中国传统舆图向现代测绘资料转变的时期，其实测性和误差状况是对其使用性影响最大的两个因素。本书参考了潘威和满志敏 2010 年提出的数字化处理民国时期地形图的方法和步骤。[④]

---

① 夏开儒、李昭淑：《渭河下游冲积形态的研究》，《地理学报》1963 年第 3 期。
② 中国科学院地理研究所渭河研究组：《渭河下游河流地貌》，北京：科学出版社，1983 年。
③ 熊国立：《渭河下游蜿蜒型河道的河相关系》，《水利学报》1995 年第 1 期。
④ 潘威、满志敏：《大河三角洲历史河网密度格网化重建方法——以上海市青浦区 1918—1978 年为研究范围》，《中国历史地理论丛》2010 年第 2 期。

（一）主要资料

1915 年军用地形图：陕西省在 1915 年发布了 1 套 1∶50 000 地形图，（以下简称"1915 军图"），是对渭河下游最早的具有现代意义的测绘材料。该次测绘于民国四年（1915）开始举办，关中地区基本在当年完成①。同时，图上所绘渭河情况也与实际情况相一致，如 1910 年渭河大水，陕西巡抚恩寿奏报灾情时提到"（临潼县）南陈村、韩家村适当河水转折之处，冲刷尤甚，村落半成河底"②。1910 年洪水造成渭河在临潼的南陈村和韩家村冲出曲流，河道整体向东摆动，与"1915 军图"记录的河道走向一致，限于篇幅类似现象不一一列举。综合以上两点基本可以认定本资料基于实测而非改绘或编绘。

AMS1945 年军用地图：南京国民政府 1944 年成立"中美联合航空测量队"，次年对关中平原进行了航测，AMS 在 1950 年代将航拍资料结合原有大比例尺地形图编绘为 1 套 1∶250 000 军用地形图，美国得克萨斯大学图书馆（http://www. lib.utexas.edu/maps/ams/china/）可查阅原图，原图采用通用横轴墨卡托投影（universal transverse mercator，UTM）和海福特椭球体参数。据该资料的"图料表"，其所绘渭河下游基于 1944—1945 年航拍照片，是对当时渭河下游形态的真实记录。

（二）数字化处理

民国初期实测的地图资料在本研究中存在的最大问题是采用假定坐标且无投影。根据熊国立提出的处理方法③，通过检索渭河下游流经地区的地名志资料，选取了两岸 71 个稳定的居民点（名称略）作为定位参考点，在ArcGIS 软件环境下完成对渭河下游的数字化处理，其余年份则直接在ArcGIS 软件中完成数字化。在此基础上提取河流中线，作为盒维数法操作对

---

① 陕西省地方志编纂委员会编：《陕西省志·测绘志》，西安：西安地图出版社，1992 年。
② 水利电力部水管司科技司、水利水电科学研究院：《清代黄河流域洪涝档案史料》，北京：中华书局，1993 年。
③ 熊国立：《渭河下游蜿蜒型河道的河相关系》，《水利学报》1995 年第 1 期。

象，便展现了 1915—2009 年该段渭河平面形态发展过程（原图请参见潘威：《基于分形理论的 1915—2000 年渭河泾河口—潼关段河道演变研究》，《沉积学报》2011 年第 29 卷第 5 期）。测算历年河流中线距离可以发现，相邻时间断面内位移基本在 0.5 千米左右，最大位移距离为 4000 米左右。

（三）分维测算

盒维数法：地学研究中一般通过改变观察尺度测算分维，所用方法主要为盒维数测算法，该方法通过构建一系列边长为 r 的格网覆盖分形，格网体系中被分形占据的网格数目记为 $N(r)$，分维 D 与 r、$N(r)$ 关系为：

$$D = -\lim_{r \to 0} \frac{\log N(r)}{\log r} \tag{1}$$

测算过程：选取 8 个标度控制 r 值，在 ArcGIS 软件环境下构建由均一正方形构成的格网，覆盖 1915 年、1945 年、1958 年、1969 年、1978 年、2000 年渭河下游河流中线，图 3-14 为这一过程在 ArcGIS 软件环境下的模型，阴影部分为分形覆盖格网，r（千米）为本书所选取的标度。

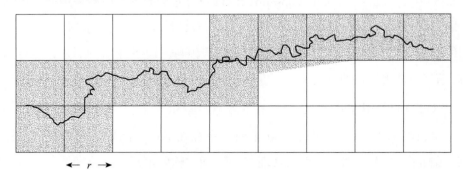

←　r　→

r（千米）：13.0、6.4、3.2、1.6、0.8、0.4、0.2、0.1

图 3-14　分维测算模型

基于公式（1）对 r 及所对应的 $N(r)$ 在 Excel 环境下同取双对数，得到各年份 $\lg r$ 和 $\lg N(r)$ 散点图并对其进行线性回归分析，结果如图 3-15 所示，其直线的斜率取绝对值即为当年分维 D。$\lg r$ 和 $\lg N(r)$ 相关系数 R^2 皆在 0.999 左右，具有显著的负相关关系，说明研究对象的分形现象是客观存在的。

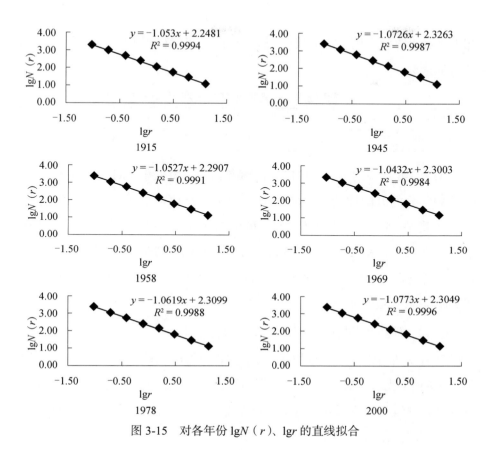

图 3-15　对各年份 lg$N$（r）、lg$r$ 的直线拟合

三、基于分维数 D 的渭河下游变迁分析

1915—2000 年 D 反映出泾河口—潼关段渭河河型在天然状态下整体较为稳定，河型变化可以在渭河自身调节下抵消；1960 年代后趋于复杂的速度明显加快，河流已经丧失了自身调节河型的能力。

（一）分维趋势

表 3-6 为近百年来渭河泾河口—潼关段 D 值，D 值平均为 1.0601。冯平和冯焱计算了永定河、湾河、大清河和子牙河的分维值，其区间为[1.01，1.14]，其中子牙河分维值为 1.09[①]，与泾河口—潼关段渭河最为接近，显示

[①] 冯平、冯焱：《河流形态特征的分维计算方法》，《地理学报》1997 年第 4 期。

出两者在形态复杂度上更为接近。[1.01, 1.14]可能代表了中国北方平原河流的普遍情况。

表 3-6　渭河泾河口—潼关段 1915—2000 年分维波动

年份	1915	1945	1958	1969	1978	2000
分维值（D）	1.0530	1.0726	1.0527	1.0432	1.0619	1.0774

据表 3-6 反映的情况，1915—1958 年渭河下游处于相对天然状态，D 值有较为明显的升降波动，1960 年代末以来，D 值则出现了持续性的增高。本研究将 1915—1958 年（T_1）和 1969—2000 年（T_2）两个时间段，分别代表相对天然状态和强人工干预时段。对两者 D 值趋势进行线性分析，结果如图 3-16 所示，T_2 拟合直线的斜率较 T_1 增大 10 倍，说明近 50 年来该段渭河平面形态急速趋向复杂。

（二）河道演变过程

D 值发展趋势在 T_1、T_2 的前后不同（图 3-16）反映了泾河口—潼关段渭河在 1960 年代前后形态变化的差异。天然状态下，渭河下游通过入黄口位置的移动和曲流消长不断调整自身复杂程度。近 50 年来，这一特征逐渐消失，河流形态趋向复杂。

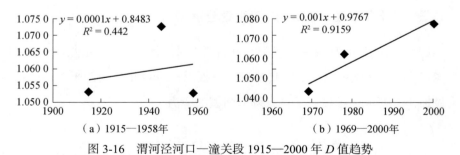

图 3-16　渭河泾河口—潼关段 1915—2000 年 D 值趋势

T_1 期：清代文献反映渭河下游在 1860 年代后存在着曲流增大的现象，具体表现为高陵县境内渭河由南侵改为北侵、华县境内渭河持续东侵。明朝嘉靖时期的文献记载，高陵县境内泾河口以下的渭河"皆南徙，虽且崩数年不过一二丈"①，清光绪时期文献记载却转为"自乾嘉而后，河日北徙，沿岸田庐坍塌不少，咸同数十年间，北岸田入河者无虑数十百亩，近犹漱荡不已"②。华县的清代文献记载"嘉庆间西河东侵，陷大涨村二百余户，同治戊辰西河屡决，陷大涨村民舍数处"③。至 1915 年华县 D 值已经发展到 1.053，1927—1929 年黄渭汇流点出现了两次东徙④，1945 年的黄渭汇流点较 1915 年东徙了约 12 千米，同时渭南以东、三河口以北等都有长度 5000 米以上的曲流发育，河长增加使分形在 r（千米）标度中的[0.1，1.6]中所占的格网数量增加，导致 1915—1945 年 D 值增加了约 1.87%。1945—1958 年，黄渭汇流点基本稳定，泾河口—潼关段渭河发生的数次串沟型和颈断型自然裁弯导致西庆屯和三河口等曲流萎缩，泾河口—潼关长度减少 16.1 千米。综合清代文献和该项研究 T_1 时段河型发展的过程，可见天然状态下该段渭河通过曲流消长和黄渭汇流点东西摆动调节其自身复杂程度。

T_2 期：1978 年前泾河口以下河段在平面形态上有明显的顺直化趋势。庞炳东指出 1960—1978 年渭河下游在三门峡工程竣工后共有 7 处自然裁弯⑤，而人工裁弯最为典型的是陈村弯道（也称仁义弯）在 1974—1975 年被人工取直。弯道大量消失一度使 D 值在 1960 年代末下滑至近百年内的最低水平，但这是人类活动干预下的非正常情况。1960 年代之后，泾河口—潼关段渭河尤其是赤水河以下河段，河槽在两岸束缚下不断发生扭曲，T_2 内 D 值变化趋势反映出该段渭河的平面形态单向趋于复杂，说明近 50 年来发生的裁弯并不能遏制或减缓河型趋于复杂的趋势，这也是渭河下游渐成"废河"的重要原因之一。

溯源淤积是 D 值在近 50 年加速增长的主要原因，而人为固定黄渭汇流

① 嘉靖《高陵县志》卷 1《地理志第一》，明嘉靖二十年刊本。
② 光绪《高陵县续志》卷 1《地理》，清光绪十年刻本。
③ 光绪《三续华州志》卷 1《地理志·山川》，清光绪八年刊本。
④ 陕西黄河小北干流志编纂委员会编：《陕西黄河小北干流志》，郑州：黄河水利出版社，1999 年。
⑤ 庞炳东：《兴建三门峡水库后渭河下游河道自然裁弯的研究》，《泥沙研究》1986 年第 4 期。

点和下游筑堤使渭河丧失了通过河长变化和曲流消长进行自身形态调整的能力。王兆印等通过对 1960—2000 年咸阳以下河段溯源淤积的研究，指出三门峡工程引起的潼关高程增加是近 50 年以来渭河临潼以下河段淤积造成的，而两岸滩地是淤积发生的主要地带[①]。同时，渭河下游在 1959 年开始兴建大堤，赤水河口以下河段至 1978 年大堤已经将河道约束在河槽南北相距 1.5—2.5 千米范围内，个别地区在曲流顶点 0.5 千米内建筑护岸工程；泾河口—赤水河口河段在河槽游荡方向上修建河堤，距河槽 1000 米左右。这些工程点皆小于 T_1 期间该段渭河迁移范围（3000—4000 米）。1992—1994 年，该河段又再次对河堤进行加高加固，进一步限制曲流的发育。

近 50 年来，漫滩垦殖日益严重，成为堤坝修筑的重要驱动因素。渭河赤水河口以下河段在 1950 年代前开发程度很低，清代文献记载为"河滨之地，沙滩不毛，难施耕作"[②]。由于土壤贫瘠和河流摆动，滨渭土地普遍开发强度较低，耕地一般都分布在一级阶地上。1950 年代后，滨渭土地开发由清代民国期间的个人或小团体行为转为国营大型农场。滨渭地带陆续建立了华阴、青年等大型农场，对河漫滩进行大规模垦殖，并逐渐成为陕西重要的农业生产基地。2004 年 ETM 影像显示渭河下游农田距离河槽也就在 1000 米左右；而 2010 年 5 月进行的调查发现，泾河口一带漫滩垦殖已经距河槽仅 500 米。1915—1958 年河槽最大摆动范围可达 4000 米左右，而明清文献记载的洪泛漫滩范围为 5000—6000 米，因此，河漫滩宽度在 6000 米左右是渭河下游长期演化所形成的天然状态，也是其自身保有河型调整能力的重要保障。

1915—2000 年渭河泾河口—潼关段 D 值反映：在相对天然的环境下渭河下游河型变化具有明显的动态性平衡，当 D 值发展到接近 1.07 时会调节至 1.05。近 50 年来，该段渭河三门峡工程引起的溯源淤积和不合理的筑堤行为导致河流平面形态趋向复杂，由 1.04 增长为 1.08。近 50 年来该段渭河的

---

① 王兆印、李昌志、王费新：《潼关高程对渭河河床演变的影响》，《水利学报》2004 年第 9 期。
② 光绪《三续华州志》卷 1《地理志·山川》，清光绪八年刊本。

自然和人工裁弯并未能遏制或减缓河型的复杂化倾向。在潼关高程不断淤高的情况下，河堤在漫滩开发的驱动下不断向河槽前进，限制了该段渭河发育曲流，使得渭河下游调节自身平面形态的能力基本丧失。

分形理论在河流地貌研究中的进一步深入必须考察不同时间段内河流的分维变化情况，以确定其是否能分辨出河流，尤其是平原河流形态上的变化。本书发现，分维指数在描述平原河流发展过程中具有更大的优势，能够更好地分辨河型发展的趋向。同时，在进行近百年河流形态的研究中必须依靠多源地形资料，分维所具备的无标度性质更符合资料实际情况。

第四章　GIS 方法与古旧地图处理

第一节　古代地图的信息化处理

一、古地图普遍绘制特点

地图是指依据一定的数学和文化法则，对现实地理世界进行抽象、概括的图形。地图反映了人们对空间信息的认识。地图学史研究包括地图绘制背景、测绘技术的发生发展、地图制作工艺的变化、地图内容所反映的文化现象及地理要素分布的图像等。DHYR·图形资料库是笔者团队建设的黄河类古地图管理平台。其主要目的在于：持续收集有关黄河的各类图形史料；修复破损史料；对图形进行扫描，形成高精度电子文本；建设信息化管理方案，对其进行高效管理；与平台其他资料库和数据库实现链接；在高效管理基础上充分挖掘其史料价值，推动黄河变迁研究。之所以设置以上这些目标，主要在于这一工作所面临的多种困难：其一，经费限制。该工作只能将经费用于收集与整理图幅，突出内容建设，降低平台建设难度。其二，管理能力不足。高校的小型科研团队缺乏成熟的信息平台管理能力，只能牺牲平台功能，将其维持在团队能够运营的水平上。同时，这也是许多高校中小型科研团队所面临的问题，这一问题造成大量的历史地理专题数据库无法持续运营。

为实现以上目标，DHYR·图形资料库在设计思想上采取较为保守的策略，优先保证资料库的稳定运行，在这一前提下逐步尝试一些新技术。DHYR·图形资料库的构成见图 4-1，各模块功能如下：①图幅信息模块，即对图形史料的基本信息进行输入、编辑；②查询检索模块，即按照图名、编码、绘制者、管理者、时代等多种要素进行图幅检索；③用户管理模块，即登记、管理 DHYR 使用者信息；④数据维护模块，即对数据进行存储、备份、还原操作。由于 DHYR·图形资料库是 DHYR 的组成部分之一，同时，库结构采用主流的 HTML+CSS 设计，后台结构采用 SQL Server①，可最大限度地降低资料库开发的难度和风险。这一设计也保证了数据的扩展性、维护性，使得 DHYR·图形资料库适用于历史地理学界的中小型研究团队运营和管理。

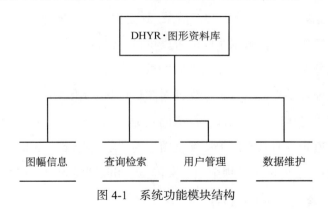

图 4-1　系统功能模块结构

二、编目方案

（一）元数据方案和语义网技术

在资料库架构偏于保守的同时，本书在资料管理方式上进行一些新方法的试验（在中国历史地理学界尚未被关注和使用）。其中最重要的尝试就是借鉴图情领域的元数据方案和语义网技术，对资料库所收图形史料进行编目和对元数据记录进行编码。图幅管理的重点在于编目方案设计，而历史地理学界尚未重视标准化、规范化的资源编目的重要性，这导致严重的"数据孤岛"

① 即微软公司推出的关系型数据库管理系统。

现象。DHYR·图形资料库采用图情领域的元数据方案设计方法和语义网领域的 RDF 模型和编码格式，RDF 是 W3C 提出的用于描述知识单元及其相互关系的数据模型和数据编码标准[1]，已在国内外图情领域得到了广泛的应用，成为特色历史文献资源编目中的主流方法。

RDF 将元数据记录抽象为主体（subject）、谓词（predicate）与客体（object）三部分，利用标准化的数据编码方案描述资料库中数据记录的每一个知识节点。[2]统一采用这种标准化、规范化的方法不仅能够实现工作团队内部和跨团队的数据共享，更易于与图书馆系统中的编目数据进行互操作和整合，将个人研究融入文化基础设施体系，令历史地理学专题数据具有更为广阔的用户群体，共同建设互联网时代的知识谱系。这是促进历史地理信息管理正规化、数据共享便捷化、丰富数据维度的重要举措，但目前，历史地理学界和图情学界尚未充分意识到这一工作对今后的重要意义。

在历史地理学界，DHYR 率先针对图形史料采用此方法，将单幅图形本身作为主体，将描述图形元数据规范词表中的元素作为谓词，将元素值作为客体，如《道光黄河六省河工埽坝全图》的"题名"（dc：title）这一元素的编码结果为：《道光河工埽坝全图》实体 dc：title "道光河工埽坝全图"。

（二）元素集（词表）设计

在确定编目基本原则的基础上，具体编目方案的设计则需要充分考虑古旧图形记录的独特性，不能简单地将图情管理系统中对现代正规出版物、档案和一般古籍的编目方案套用至古地图上。因此，需要制订有针对性的元数据方案，设计专用于古地图的元数据元素集（描述字段）。

通过分析 DHYR 项目中已经收集的古旧地图，笔者认识到一些描述字段对描述图形具有重要作用。表 4-1 中的"描述字段"列包括描述性元数据和

---

① 杨程、陆佳民、冯钧：《分布式环境下大规模资源描述框架数据划分方法综述》，《计算机应用》2020 年第 11 期。

② 胡小菁：《RDA 的国际化设计与本地化实施》，《大学图书馆学报》2013 年第 1 期；夏翠娟：《中国历史地理数据在图书馆数字人文项目中的开放应用研究》，《中国图书馆学报》2017 年第 228 期。

管理性元数据，是设计元数据元素集的基础。在此基础上，元数据设计中借鉴了国际通用的都柏林核心元素集（Dublin core element set，DC）元数据标准规范，复用了其中的部分元素，并自定义了一部分元素，另外还复用了少量上海图书馆本体词表中的部分属性完成针对黄河类古地图的"描述词表"设计，古地图信息得以被描述。当然，随着今后工作的进展，这一方案也可以进行更新、扩展和修正。

表 4-1　描述词表构成及意义

描述字段	元素名	元素取值约束	元素定义
图名	dc：title	文本值	图幅名称，如图幅没有自身名称，则采用年代+机构+主题命名图幅
图件标识符	dc：identifier	文本值	管理图幅的编码系统
绘制时间	dct：created	文本值	图幅绘制的时间，用公元纪年或公元纪年的区间
内容时间	temporal	文本值	图幅所表现的时间段，用公元纪年或公元纪年的区间
内容朝代	shl：temporal	历史纪年表唯一标识符	取值为 HTTP URI，来自上海图书馆历史纪年词表
绘制人员	created person	文本值	图幅绘制者姓名
绘制人员标识符	dct：creator	人名规范档唯一标识符	图幅绘制者实体，以 DHYR·水利人物库的编码为唯一标识符，取值为 HTTP URI，来自上海图书馆人名规范库
绘制机构	created organization	文本值	图幅绘制的机构名称
绘制机构标识符	dct：creator	机构规范档唯一标识符	图幅绘制机构的代码，与 DHYR·水利机构库的编码为唯一标识符
出版机构	dc：publisher	文本值	图幅的出版机构名称
对象类词	dc：type	文本值，取值词表	图幅类型名称，图幅大类词包括传统河工图；民国工程设计图；沿黄地形图；西文图
空间特征词	shl：place	地理名词表唯一标识符	图幅内容涉及的关键性政区名称，取值为 HTTP URI，来自上海图书馆地名词表
空间范围	location	经纬度坐标	内容涉及图幅四角经纬度坐标
距离计量单位	measurement unit	文本值	图幅标定距离所使用的单位
来源	dc：source	文本值	图幅进入平台的方式，如购买、获赠
原图所在机构	shl：source	收藏机构名录唯一标识符	图幅原件所在单位，取值为 HTTP URI，来自上海图书馆收藏机构名录

描述字段	元素名	元素取值约束	元素定义
状态	status	文本值，取值词表	图幅在平台内所处状态，是否完成编码、扫描、录入平台等环节
信息负责人	cataloger	文本值	图幅记录信息的录入者姓名
图件负责人	image manager	文本值	图幅原件或复印件的管理人员姓名
图件扫描件负责人	image scanner	文本值	图幅扫描件的管理人员姓名
批准日期	approved in	日期时间	图幅及图幅记录批准进入平台的时间（格式：yyyy-mm-dd）
批准人	approved by	文本值	批准图幅及图幅记录进入平台的人员姓名
备注	note	文本值	有关图幅信息描述的其他记录

　　表 4-1 是目前对 DHYR 中古地图进行描述的字段构成及其定义。通过这些字段，我们可以清晰地描述古地图的时空信息、绘制信息和平台管理信息。

　　（1）"空间范围"字段采用经纬度坐标体现，这一做法可以在 GIS 环境中形成图幅覆盖范围的空间可视化成果，更直观地表现 DHYR 所收录图形史料的空间格局。

　　（2）"图件标识符""绘制人员标识符""绘制机构标识符"等的编订方式尚无相关行业标准，在历史地理学界也无前期成果可供参考。因此，本书参考地理学界普遍使用的"邮政编码方法"。[①] "图件标识符"采用七位整数进行编码，前两位表示图幅的历史阶段，如清代用"12"代表；第三位代表图幅类型，如传统时代的河工图用"1"代表；后四位代表此类型序号，由"0000"开始。"绘制人员标识符""绘制机构标识符"采用四位整数进行编码，前两位表示人员、机构所处的历史阶段，后两位代表序号，由"00"开始。"绘制人员标识符""绘制机构标识符"分别是"水利人物数据库"中的人物标识码与"水利机构数据库"的机构标识码，通过标识码可以实现跨库链接。

---

① 陈发虎、吴绍洪、崔鹏，等：《1949—2019 年中国自然地理学与生存环境应用研究进展》，《地理学报》2020 年第 9 期。

三、基于深度学习的古旧地图地名识别

在完成古旧地图管理信息化的基础上，需要重视古旧地图图幅内容的自动提取。OCR 是图形识别技术的一种，现在主流的 OCR 系统都使用了深度神经网络，因此能够实现高精度的文档内容识别，包括手写文本。

（一）研制必要性

在现代 OCR 系统的支持下，历史文献识别的精度不断提升，数字化进程大大加快，但是通用 OCR 系统中的文档分析与图形识别方法却难以直接应用到古旧地图的处理中，这是因为古旧地图清晰度、幅面整洁程度等要素差异巨大。尤其古旧地图中不同地理要素如道路、边界线、文本等互相之间常有叠加现象，对判读造成困难。因而古旧地图中地名的识别难度更大[①]，因此，即使现在最好的 OCR 系统能够非常准确地识别成行或成列文本组成的历史文献，但识别地图中的文字仍然是一个开放性的问题，需要深入研究。

古旧地图中地理要素的定位和提取在相关研究中非常重要，传统上这项工作都是人工进行，近年来借助机器学习等手段训练计算机实现自动提取图幅内容的需求日益增多。前几年国外有些研究系统地梳理了从多种地图中提取地理信息和文本信息的方法。[②]GIS 中的地名解析（toponym resolution）[③]与本书的研究有相似之处，地名解析是找出非结构化文本中提到的地名并将

① Chiang Y Y. Unlocking textual content from historical maps-potentials and applications, trends, and outlooks. In *Recent Trends in Image Processing and Pattern Recognition*. Berlin: Springer, 2017: 111-124; Karimzadeh M, Pezanowski S, MacEachren A M, et al. GeoTxt: A scalable geoparsing system for unstructuredtext geolocation. *Transactions in GIS*, 2019, 23 (1): 118-136.

② Budig B. *Extracting Spatial Information from Historical Maps: Algorithms and Interaction*. Würzburg: Würzburg University Press, 2018; Alex B, Grover C, Tobin R, et al. Geoparsing historical and contemporary literary text set in the City of Edinburgh. *Language Resources and Evaluation*, 2019, 53: 651-675; Chiang Y Y, Knoblock C A. Recognizing text in raster maps. *Geoinformatica*, 2015, 19 (1): 1-27.

③ Lin H, Chiang Y Y. SRC: Automatic extraction of phrase-level map labels from historical maps. *SIGSPATIAL Special*, 2018, 9 (3): 14-15; Budig B, van Dijk T C, Wolff A. Matching labels and markers in historical maps: An algorithm with interactive postprocessing. *ACM Transactions on Spatial Algorithms and Systems*, 2016, 2 (4): 1-24; Clifford J, Alex B, Coates C M, et al. Geoparsing history: Locating commodities in ten million pages of nineteenth-century sources. *Historical Methods: A Journal of Quantitative and Interdisciplinary History*, 2016, 49 (3): 115-131.

其转换为对应的经纬度坐标的过程，本书的研究可以视为地名解析的前序步骤。在非结构化文本中自动检测识别地名是在自然语言处理（natural language processing，NLP）领域中命名实体识别（named entity recognition，NER）。[1]本书的研究与文本中地名解析目标一致，即都是从文本中提取地名。本书的处理对象是图片，即扫描地图，使用 OCR 方法提取文本，而后者的处理对象是已经数字化的文本，训练机器从中识别出表示地名的短语。本书的工作与文本中地名解析的任务部分重叠：本书从古旧地图中识别出的文本默认都是地名，但识别文本中的地名是文本中地名解析的核心工作，其方法能够为本书的研究提供思路和方法；相同的部分是都需要将识别的地名（通过 OCR 或 NER 得到）消除歧义（disambiguation），确保提取的文本单元是合法的地名，OCR 提取的文本的内容如何组合为正确的地名是本书需要解决的关键问题。

（二）"深度学习"与古旧地图地名识别

利用机器学习方法从古旧地图中识别地名需要大量的训练数据，因此数据标注工作也很关键。卡里姆扎德（Karimzadeh）已经研究了英文古旧地图中文本的半自动化标注方法，但对于中文古旧地图中的文本半自动化和自动化标注方法的研究相对滞后[2]。本书采用的是逐步迭代的数据标注方法，首先使用通用的 OCR 检测和识别古旧地图中的文本，之后人工对检测出的文本区域以及识别的文本内容进行校对，在新数据集上训练新的地名文本检测和识别模型。这样，每迭代一次模型的性能增强一次，经过若干次迭代，我们的系统具备了较高的地名检测和识别准确率。

古旧地图中地名文本的检测属于对象检测的一种，深度学习在该领域取得了极大的成功。对象检测方法主要分为两种类别："两步法"（two-stage）

---

[1] Weinman J. *Toponym Recognition in Historical Maps by Gazetteer Alignment*. https://www.docin.com/p-1550045483.html[2019-07-02].

[2] Karimzadeh M, Pezanowski S, MacEachren A M, et al. GeoTxt: A scalable geoparsing system for unstructuredtext geolocation. *Transactions in GIS*, 2019, 23 (1): 118-136.

和"一步法"（one-stage）。"两步法"对图片进行特征提取之后，得到候选框，再进行分类及回归，代表算法是RCNN系列[1]的目标检测算法；"一步法"是在提取的图片的特征图上进行密集抽样，产生大量的先验框，然后进行分类和回归，代表方法是YOLO[2]、SSD[3]及RetinaNet[4]等。两者都有各自的优缺点，本书选择使用"一步法"检测中国古旧地图中所有的单个汉字，训练针对不同大小汉字的检测模型。U-Net[5]在智能语义分割（semantic segmentation，即将图片根据内容进行切割）任务中表现突出，最初是在医疗影像处理中得到了成功应用，然后这种网络结构被广泛应用到各种对象检测和语义分割任务中。本书也采用了这种结构的网络进行字符级文本检测。

由于文本检测是字符级的，因此本书采用的文本识别模型也是字符级的识别模型。在文本识别领域，现在主流的OCR系统采用的是行（列）级别的识别模型，主要采用CTC（connectionist temporal classification，基于神经网络的时序类分类）、算法搭配卷积神经网络（convolutional neural network，CNN）和循环卷积神经网络（recurrent neural network，RNN）对图片中包含的文本序列进行建模[6]。一般而言，文档中的行和列相较于单个字符更容易检测，但是地图中的地名文本排列往往不是像普通文献中的那样规则，而且

① Budig B. *Extracting Spatial Information from Historical Maps: Algorithms and Interaction.* Würzburg: Würzburg University Press, 2018.

② Redmon J, Divvala S, Girshick R, et al. You only look once: Unified, real-time object detection. In *2016 IEEE Conference on Computer Vision and Pattern Recognition (CVPR)*. Washington: IEEE, 2016: 779-788.

③ Liu W, Anguelov D, Erhan D, et al. *SSD: Single Shot Multibox Detector.* https://link.springer.com/content/pdf/10.1007%2F978-3-319-46448-0_2.pdf.

④ Lin T Y, Goyal P, Girshick R, et al. *Focal Loss for Dense Object Detection.* https://www.doc88.com/ p-9893923154587.html[2019-07-02].

⑤ Ronneberger O, Fischer P, Brox T. U-net: Convolutional networks for biomedical image segmentation. In *Medical Image Computing and Computer-Assisted Intervention-MICCAI 2015.* Berlin: Springer, 2015: 234-241.

⑥ Graves A, Fernández S, Gomez F, et al. *Connectionist Temporal Classification: Labelling Unsegmented Sequence Data with Recurrent Neural Networks.* https://people.idsia.ch/~santiago/papers/icml2006.pdf; Tian S, Pan Y, Huang C, et al. Text flow: A unified text detection system in natural scene images. In *2015 IEEE International Conference on Computer Vision (ICCV)*. Washington: IEEE, 2015: 4651-4659; Hu H, Zhang C, Luo Y, et al. WordSup: Exploiting word annotations for character based text detection. In *2017 IEEE International Conference on Computer Vision (ICCV)*. Washington: IEEE, 2017: 4950-4959; Grüning T, Leifert G, Strauß T, et al. A two-stage method for text line detection in historical documents. *International Journal on Document Analysis and Recognition (IJDAR)*, 2019, 22: 285-302.

有的地名的字符之间的距离比较远，所以行列级别的识别在地图文本识别中可能并不像在一般文献识别中那么有效。因此，本书采用 CNN 进行字符级别的检测和识别（本书主要关注古旧地图中地名的自动提取，因此暂且忽略古旧地图中的题注，虽然本书的文本检测和识别系统能够提取地图中所有的文本）。

（三）工作流程

检测到的文字形成正确的地名需要将这些字符合并组成地名词语，本书的方法受到相关文献①的启发，也使用 min-cost flow（最小费用流）算法将检测到的文字进行适当合并得到地名。

图片中的文本转录到计算机中主要包含两个步骤，即文本区域的检测和文本的识别。前者从图片中将包含文本的部分与图片其余区域进行分割；后者将切割出的文本图片进行识别并将对应的文本存储到计算机中。历史学者对于这项工作并不陌生，只是原来这些工作都是由人工进行，出错率高，效率低下。而 AI 的快速发展，凭借快速、高效、准确的优势，使机器正在取代人工完成史料信息提取工作（目前只在一般性的史料信息提取中）。

本书提出的古旧地图文本的自动提取方法包括两项关键步骤：一是中国古旧地图中地名文本的检测与识别；二是合并检测到的文本形成正确的地名。第一步实际上是 OCR 系统的功能：检测和识别图片中文本。有些中文地图中文字非常密集，使用现有主流的 OCR 框架往往很难正确地检测出所有包含的文字，而且很难一步到位地将所有文字根据其视觉特点（如排列、距离等）直接生成正确的地名。

中文古旧地图中地名信息的自动化提取工作流程如图 4-2 所示。本书研

---

① Ronneberger O, Fischer P, Brox T. U-net: Convolutional networks for biomedical image segmentation. In *Medical Image Computing and Computer-Assisted Intervention-MICCAI 2015*. Berlin: Springer, 2015: 234-241; Graves A, Fernández S, Gomez F, et al. *Connectionist Temporal Classification: Labelling Unsegmented Sequence Data with Recurrent Neural Networks*. https://people.idsia.ch/~santiago/papers/ icml2006.pdf.

究中第一步采取的是字符级别的文本检测，即检测地图中所有的字符，并使用字符识别模型识别出这些字符。第二步，首先根据检测到的字符的视觉特点如相对位置、大小等构建一个 K-NN 网络，其中每个检测到的字符都是一个节点，网络中每个汉字所代表的节点与周围距离它最近的 K 个其他汉字所对应的节点之间，我们为它们添加一条有向边，边的权重是在图片中检测到的它们的定界框（bounding boxes）中心之间的欧氏距离，这里的权重在后面的算法中也被称为耗费，在构建的这个网络上使用 min-cost flow 算法将符合条件的字符连缀起来形成地名候选。以后笔者还会尝试使用与该古旧地图同时代的地名词典（gazetteer）对候选地名进行筛选和校对，从而获得更加准确的历史地名。

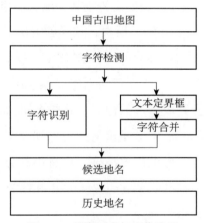

图 4-2　系统组成与工作流程

（四）系统关键部件

1. 文本检测部件

在中国古旧地图的字符检测任务中，采用的是 U-Net[①]架构的深度神经网络模型。该模型能够有效地进行图片的语义分割，在历史文献自动处理领

---

① Ronneberger O, Fischer P, Brox T. U-net: Convolutional networks for biomedical image segmentation. In *Medical Image Computing and Computer-Assisted Intervention-MICCAI 2015*. Berlin: Springer, 2015: 234-241.

域已经得到广泛应用①,其中也包括古旧地图中的文本识别②。因为我们的目标是进行字符级的识别,所以字符检测模型的数据标注我们采用的是单个字符的标注,标注的信息主要是字符的定界框。对检测出的单个字符输入中文手写体并通过 OCR 系统进行识别,该系统能够对简体、繁体中文进行识别。

2. 文本识别部件

实施文本检测的模块需要记录每个字符的坐标和尺寸,一方面为后续的查询定位提供服务;另一方面为第二步的字符合成地名提供辅助信息。地图中的文本标注信息往往具有如下特点:其一,一个地名用的字符大小一致,大小不一致的往往不属于同一个地名;其二,一个地名包含的字符往往聚在一起成为方向不定的一行(排列方向可能为多种倾斜角度)。我们的方法是首先根据第一步中获得的每个字符的定界框将检测到的字符进行分层(位置与原图中一样),大小近似的在同一层次,这样就解决了大小字符互相干扰问题。我们将同一层的文本视为同一级别,利用上面提到的地名文本的视觉特点组合成地名候选。例如,《道光黄河六省埽坝全图》上的地名检测结果,我们将检测到的文本合并成候选的地名,将排名最靠前的地名列表在原始地图上进行可视化展示。从《道光黄河六省埽坝全图》可以看出,大多数地名都被检测到,而且定界框位置准确,也有小部分地名未检测出,还有的地名定界框标注得不够准确。这也是本书正在改进的方向——地名文本的视觉特点与地名词典相结合。

---

① Grüning T, Leifert G, Strauß T, et al. A two-stage method for text line detection in historical documents. *International Journal on Document Analysis and Recognition (IJDAR)*, 2019, 22: 285-302; Oliveira S A, Seguin B, Kaplan F. dhSegment: A generic deep-learning approach for document segmentation. In *2018 16th International Conference on Frontiers in Handwriting Recognition (ICFHR)*. Washington: IEEE, 2018: 7-12; Mechi O, Mehri M, Ingold R, et al. Text line segmentation in historical document images using an adaptive U-Net architecture. In *2019 International Conference on Document Analysis and Recognition (ICDAR)*. Washington: IEEE, 2019: 369-374; Ma K, Shu Z, Bai X, et al. DocUNet: Document image unwarping via a stacked U-Net. In *2018 IEEE/CVF Conference on Computer Vision and Pattern Recognition*. Washington: IEEE, 2018: 4700-4709.

② Graves A, Fernández S, Gomez F, et al. *Connectionist Temporal Classification: Labelling Unsegmented Sequence Data with Recurrent Neural Networks*. https://people.idsia.ch/~santiago/papers/icml2006.pdf.

3. 中文地名合成部件

第二步类似于解析文本中包含的地名，本书采用基于 min-cost flow 算法的地名合成算法，需要从无结构文本中识别出地名（自动化的实现需要 NLP 相关技术），而这里处理的是前面步骤提取到的词条，默认都是地名。但是 OCR 识别难以在各种情况下都达到 100%的准确率，古旧地图中有些地名文本由于排列密度高、与背景叠加等原因使得提取到的词条可能是错误的。因此，提取到的地名都需要一个去模糊化（toponym disambiguation）过程，即确定提取的地名所属历史时期和所属高层政区。

第二节　近代地图的处理

一、近代大比例尺地图基本特征

近代地图并不是一个具有清晰概念的地图种类，只是历史地理学界一种约定俗成的用法，一般指 1840 年第一次鸦片战争至 1949 年中华人民共和国成立期间中国领土范围内的所有中外地图。这类地图已经开始脱离传统舆图的绘制方法，采用比例尺、投影等地图绘制方法，军用地形图和建设规划用图中还出现了经纬度和等高线。由于具备了一定的数学基础，这类地图相对更容易被矢量化处理。基于实测的大比例尺地图在展现河网结构方面具有其他资料所不具备的优势，能直观、清晰、科学、全面地表现地表水体状况。而通过对上海地区近代测绘情况的考察发现，真正能够覆盖整个研究区域的实测大比例尺地图资料并不多，再考虑到资料保存状况和获取难度（某些军用地形图为涉密资料），能够支持笔者进行近代以来上海市河网研究的资料实际上相当有限。

MapInfo 软件在进行近代地图的矢量化中具有操作简便的特点，因此，在历史地理学界具有比较广泛的应用。用 MapInfo 软件进行近代地图数字化的基本步骤包括地图配准、地图分辨率辨析、地图误差识别、地图误差校正等。[1]

---

[1] 潘威、满志敏：《大河三角洲历史河网密度格网化重建方法——以上海市青浦区 1918—1978 年为研究范围》，《中国历史地理论丛》2010 年第 2 期。

二、大河三角洲河网密度的重建方法——以上海市青浦区 1918—1978 年为例

近年来，研究手段和理念虽然不断更新，历史地貌研究仍然存在许多仅仅依靠传统方法难以解决的问题。例如，满志敏 2005 年在历史自然地理若干前沿问题中就提出历史时期长三角地区河网水系面貌重建[①]问题，但至今尚未有较好的相关基础数据发布。相关领域的某些成果为此问题的解决提供了有益启发：张修桂 2006 年提出历史地貌研究方法五方面的内容，其中将传统方法与现代技术相结合、综合历史学的文献考证和地理学的若干相关方法，成为指导今后历史地貌研究的重要思想[②]；2006 年满志敏在对宋代黄河京东故道的复原中提出了多源资料方法[③]，将 3S 技术与传统的地名考证相结合，为今后历史河流的重建提供了经典范式。

上海市西部的青浦区是试验历史水系精细复原方法较为理想的对象。首先，该区具备河湖相连的串珠状结构，位于其西部的淀泖湖荡群是仅次于沿海（江）滩涂的大面积湿地，在长三角水系格局中具有较强的典型性；其次，该区具有较好的文献记载质量；最后，1950 年代后上海地区农业、航运建设导致地表水系变化明显，青浦区全境和所有骨干河道都受到了显著影响。

"1918 军图"是否在水体分辨率上达到了 1∶50 000 的程度是对其进行使用的关键前提。但对其生成过程的详细记载实在有限，由于涉及军事用途，目前所见资料中尚无对于该图制作过程的详细记载。同时，该区经历了强烈的人工改造，与"1978 军图"的比对也不能完全说明其是否达到统一分辨率。但"1918 军图"上的一些现象可以为此问题的解决提供线索。通过调研发现，开挖新渠的同时大量保留地表水体是区域河网密度增长最主要的原因，网格体系下发现河网密度略微降低或上升程度很小的极少数地区在 1918 年和

① 满志敏：《历史自然地理学发展和前沿问题的思考》，《江汉论坛》2005 年第 1 期。
② 张修桂：《中国历史地貌与古地图研究》，北京：社会科学文献出版社，2006 年，第 9—14 页。
③ 满志敏：《宋代京东故道流路问题的研究》，见中国地理学会历史地理专业委员会、《历史地理》编委会编：《历史地理》（第 21 辑），上海：上海人民出版社，2006 年，第 1—9 页。

1978 年水体状况上存在高度一致。今泖湖中北部王家戤村（此地未发生空间变化）以北的一个环状水体，1918 年和 1978 年形态基本一致，中部是"1978 军图"上记载的排灌渠，类似现象在其他河网密度变化微弱地区也有分布。笔者认为这一现象的发现非常重要，图幅本身的记载明确了"1918 军图"所反映的水体状况和 1978 年资料在水系细节表现上是基本一致的，而对于同一套资料中还有其他类似现象说明这并不是一个个例，由此可以推论，"1918 军图"的确在水系记载上与现代 1∶50 000 地形图所要求的分辨率是相当接近的，这为后期使用 1918 年资料带来了极大的便利。

（一）1918 年河网数据来源及处理

所用的历史数据包括以下三个来源。

（1）"1918 军图"相关分幅，提供水系格局的详细图形资料，使用 GIS 软件进行数字化处理，但缺少详细的河流名称信息，使得一些相关河流记载无法落实在空间上。

（2）舆图资料，提供地表水系的名称信息，但分辨率和准确度不如军用地形图，且缺乏数学基础，难以直接使用 GIS 软件处理。

（3）文献资料，主要为《青浦水利志》和历代地方志、乡镇小志中关于研究时段内人工干预河流事件的记载，包括疏浚旧河、开挖新河、围垦水面等人类行为。需要说明的是，本书所用文献资料并非人类环境行为的原始记载而是后期的汇编资料，在对于细节记载和描述上比较欠缺。但描述详细的档案资料和工程图资料在空间上较零散，不能覆盖整个研究区在研究时段上的状况。

民国五至七年（1916—1918），江苏省陆军测量局在崇明、上海、松江、南汇、川沙等地实测 1∶50 000 地形图共 27 幅；平面控制采用小三角测量，测图使用照准仪、罗针标定图板；46 厘米 × 36 厘米矩形分幅，假定坐标，高程采用南京大石桥测量局内假定标高，使用民国二年（1913）制定的地形图图式。①所见资料中未直接说明这次由江苏省陆军测量局执行的测绘成果就是"1918 军图",但将测绘志中的记载和"1918 军图"进行比对却可以发现两者颇多相似。首先,两者都没有在图幅上标注经纬度坐标,而是使用假定坐标,只追求图幅之间拼接上的连续性而忽略地形图的数学属性;其次,两者的比例尺都为 1∶50 000,分幅都为 27 幅;再次,本书所用"1918 军图"中的相关图幅周边空白处记载了测图、复制和印刷时间,其中测图时间和"江苏军图"一样,都是在民国五至七年("珠街阁"民国五年 6 月;"角直镇"民国五年 6 月;"枫泾镇"未标明测绘时间;"南翔镇"民国七年 11 月;"松江北"民国七年 3 月;"松江南"民国七年 6 月);最后,"1918 军图"注明标高为"本局假定标高点二十九米起算"、图式为"民国二年所定之地形原图图式",和测量志的记载一致。在同一时间同一地区有两批人员进行同一标准的测绘工作的可能性基本可以排除,因此本书所用"1918 军图"("枫泾镇"分幅除外)就是使用江苏省陆军测量局民国五至七年测量的数据,民国十三至十九年复制时依据民国二年版式进行整饰,民国二十一至二十四年印刷。

对图幅进行后期定位是对其上的水体信息进行提取的基础。吴淞口是上海地区重要的地标,因此是全套图定位的基础。根据对吴淞口近代地貌变迁的研究可以发现,吴淞口西侧岸线自 19 世纪末至 20 世纪初人工护岸工程修建后处于相对稳定的状态。吴淞口西侧岸线因其稳定性可以作为"1918 军图"定位的标准。②首先将记载吴淞口位置的"宝山城"分幅进行重定位,提取宝山县城、月浦镇、罗店镇、蕰藻浜口的经纬度位置,将其经纬度位置赋值给其在"宝山城"分幅的图上位置,完成重定位。经反复微调后使"1918 军图"与 2000 年 ETM 影像中吴淞口西侧岸线基本重合,在此基础上"宝山城"分幅四角坐标得以提取,根据图幅拼接表,进行其他图幅四角坐标赋值,完成拼接。

① 《上海测绘志》编纂委员会编:《上海测绘志》,上海:上海社会科学院出版社,1999 年。
② 潘威:《黄浦江老鼠沙并岸考》,《上海地名》2006 年第 4 期。

（二）"1918军图"误差来源

"1918军图"作为历史水系格局的主要来源，对其所存在误差的认识直接影响1918年断面的复原准确性。本书对于"1918军图"误差的定义为其上所载的水系位置和形状信息相对于其在2004年ETM影像上的记录所存在的差异。"1918军图"误差来源主要为以下4点。

（1）小三角测量平面控制形成的误差。[①]由于不考虑地球曲率，这种方法在较大范围内造成的角度变形较大，不适合绘制区域地形图，但由于工作量少、操作简便，在民国时期举办的测绘中被广泛使用，这是造成"1918军图"误差的测绘工作原因。

（2）假定经纬度造成的误差。假定经纬度造成的一个后果是缺乏科学的投影基础，使得地表状况在图幅中出现角度和面积变形，对历史状况的原本情况产生扰动；另一后果是"1918军图"无法直接在2004年ETM影像上进行定位，导致无法直接对其进行数字化处理，影响历史数据误差的校正。

（3）随机误差。包括在地图测量、绘图、复制、印刷过程中人为操作形成的误差，甚至因地图文件保存条件不好导致的破损和褶皱，乃至后期扫描文件过程中都会使本书所使用的"1918军图"产生一些变形，这些误差是随机产生的，具有很大的偶然性。

（4）研究过程中后期定位造成的误差。由于吴淞口处于上海地区北部，总体而言，其他图幅的误差随着与吴淞口距离的增加而增加。将各图幅四个控制点误差距离的平均值定义为图幅平均误差，将图幅右上角距离吴淞口的直线距离定义为图幅与定位参考点的空间关系，发现两者波动存在高度一致性。

---

① 小三角测量即在小范围内进行的三角测量，不考虑地球曲率的影响，按近似的平差方法进行成果计算。它的特点是各控制点（即三角点）间由连续的三角形构成，只需测量一两条边的长度（称为基线），所以丈量距离的工作量少，主要工作是观测各三角形的内角。因此这种平面控制形式对于不适应丈量距离的地区（如山区、丘陵区等）来说是简便的，其相对误差为1/4000—1/1000。参见宁津生、陈俊勇、李德仁，等编著：《测绘学概论》，武汉：武汉大学出版社，2004年，第34页。

（三）误差调校

误差来源明确之后，需要对其误差的具体程度给出数据。"1918 军图"包括 27 幅上海地区地图，在重新定位 27 幅图时首先考虑的是图幅的完整性，通过一张图定位后提取其四角经纬度坐标，根据图幅拼接表完成所有图幅的定位。误差程度的具体数据由于"1918 军图"缺失经纬度而难以直接量化。但通过设定并定位地标，观察两者的经纬度和距离误差，可以将这种隐含的误差表现出来。

提取相关图幅中的若干可以定位且尽量靠近图幅四角的地名，误差状况如下（表 4-2）。

表 4-2　各图幅参考地物的误差状况

参考地物	图上位置		ETM 影像位置		误差距离	图幅
	经度（°E）	纬度（°N）	经度（°E）	纬度（°N）	（千米）	
米市渡	121.238 77	30.937 14	121.233 69	30.961 10	2.708	"松江南"
华阳桥镇	121.281 66	30.988 33	121.277 57	31.008 88	2.318	
亭林镇	121.313 59	30.853 64	121.308 98	30.885 24	3.541	
小蒸镇	121.085 67	30.968 74	121.073 11	30.990 17	2.667	
泖塔	121.084 57	31.013 40	121.083 37	31.027 37	1.553	"松江北"
青浦县城	121.111 65	31.135 81	121.106 80	31.147 34	1.360	
杜巷	121.306 67	31.142 53	121.302 80	31.153 92	1.316	
车墩镇	121.304 42	31.001 21	121.307 92	31.019 27	2.032	
蟠龙镇	121.275 57	31.180 47	121.267 08	31.190 71	1.395	"南翔镇"
南翔镇	121.315 46	31.286 54	121.309 04	31.290 67	0.762	
安亭镇	121.156 08	31.299 37	121.150 99	31.303 60	0.674	
香花桥镇	121.132 61	31.176 64	121.124 76	31.182 66	1.004	
陆家镇	121.053 03	31.306 28	121.043 56	31.313 86	1.276	"甪直镇"
甪直镇	120.877 25	31.268 29	120.868 64	31.274 91	1.149	
锦溪镇	120.901 62	31.168 63	120.896 81	31.178 74	1.336	
菖蒲楼	121.053 58	31.165 32	121.052 38	31.177 15	1.332	
练塘镇	121.039 64	30.989 91	121.038 82	31.008 79	2.104	"枫泾镇"
芦墟镇	120.842 06	30.984 55	120.835 15	31.010 58	2.970	

续表

参考地物	图上位置		ETM 影像位置		误差距离	图幅
	经度（°E）	纬度（°N）	经度（°E）	纬度（°N）	（千米）	
三店镇	120.857 41	30.813 73	120.846 68	30.845 10	3.635	"枫泾镇"
枫泾镇	121.018 80	30.857 85	121.005 69	30.890 47	3.840	
张家湾	121.056 86	31.153 23	121.052 02	31.165 53	1.444	"珠街阁"
朱家角镇	121.054 87	31.094 71	121.049 38	31.111 18	1.907	
莘塔镇	120.850 49	31.040 25	120.843 52	31.056 03	1.878	
金家荡	120.847 71	31.156 23	120.843 05	31.170 98	1.698	

资料来源:《上海测绘志》编纂委员会编:《上海测绘志》,上海:上海社会科学院出版社,1999 年

以上所列出的误差状况实际上是图幅形成过程和研究后期定位造成误差的总和。分析以上数据可以发现,图幅所存在的变形具有很大的随机性,没有规律可循,这意味着在 GIS 软件环境内古旧地图上所记载的信息需要调校后方能使用,不能通过整体平移完成位置复原。

基于以上所明确的"1918 军图"误差状况,笔者采用生成数字化层方法进行调校,将相关图幅在 GIS 软件 MapInfo 软件环境下打开,提取若干具有定位参考意义的地物。

ETM 影像反映了地表含水率状况,能够分辨某些古旧河道的位置和形态信息,一定程度上弥补了文献资料普遍缺乏精细的位置和形态记载的状况。基于此种情况,ETM 影像遂成为复原参考地物精细形态的主要依据,但由于该区地表人工扰动大,ETM 影像无法反映所有水体的历史形态痕迹,通过对参考地物定位,笔者构建了研究区水系的骨干部分,将其余网状水系部分数字化后填充到骨干河流中间。

其他参考地物为拦路港、吴淞江（青浦段）、大盈浦、通波塘、急水港、石浦港、顾泾、横泖（即今淀浦河青浦县城—方东段,1918 年和 1978 年河形基本一致。1976 年淀浦河工程实际施工后横泖成为淀浦河的一部分）,基本与现代形态没有大的改变。查阅历史资料也可以发现,民国期间该区河道整

治的重点为城镇市河，没有对这些骨干河道进行人工改道的记载。网状水系骨干之间部分数字化后，通过与参考地物之间的相互关系进行位置调整，同时，通过 ETM 影像上的古旧河道信息对数字化结果进行精细调整，得出河流水系的详细状况。

该区地表水体的另一重要组成部分是湖荡，由于湖荡围垦、排干及周围挖渠等行为，历史上的湖荡状态无法全部在 ETM 影像上分辨。但观察"1918军图"湖荡矢量形态可以发现，"1918 军图"中湖荡的部分岸线和现代基本重合，成为定位湖荡的基础。其中，淀山湖、火石荡（"1918 军图"为虎石荡）、元荡、西西洋淀（"1918 军图"为西西洋泽）、泖湖成为湖荡定位的参考地物。淀山湖、泖湖和元荡东侧岸线重合状况最好，以其为标准将湖荡数字化结果进行整体位移，得到 1918 年湖荡位置。

在 MapInfo 软件环境中生成 QP_1918 图层（1978 年状况采用解放军总参 1978 年 1：50 000 军用地形图数字化得出，其格式与 QP_1918 一致），用以管理 1918 年该区水系的初步处理结果。

（四）网格体系构建

运用 MapInfo 软件的 GRID_MAKER 功能构建网格体系 QP_GRID 图层，将 1918 年和 1978 年两断面数据的误差限制在单个网格内，在 QP_1918 和 QP_1978 数据以 ETM 影像为标准进行空间信息统一的基础上，网格体系能够将两断面内所提取的各项水系指标和环境背景加以提取和管理，并进行标准化处理，具备可以比对的基础。

网格结构设计的基础是对于该区水系所具备要素和影响因素的提取，审视 QP_1918 和 QP_1978 两断面数据（表 4-3）可以发现，其最基本的水体要素为长度（千米）和面积（平方千米）；环境背景主要为地面高程、感潮能力、行政区、水利片等因素，将这些信息赋值给网格体系，以便对该区水系状况进行综合分析。

表 4-3　网格体系字段名称及意义

名称	意义
CODE	单个网格的独立编号
LEN_1918（千米）	单个网格内 1918 年水系长度（不考虑湖荡）
AREA_1918（平方千米）	单个网格内 1918 年湖荡面积（不考虑河流）
LEN_1978（千米）	单个网格内 1978 年水系长度（不考虑湖荡）
AREA_1978（平方千米）	单个网格内 1978 年湖荡面积（不考虑河流）
ELE（米）	网格地面高程
ADM_TOWN	网格所在乡镇名称
ARE_CON	网格所处水利片名称

网格体系由 781 个 1000 米 × 1000 米，且具备高程数据的立方体组成。其结构如图 4-3 所示。

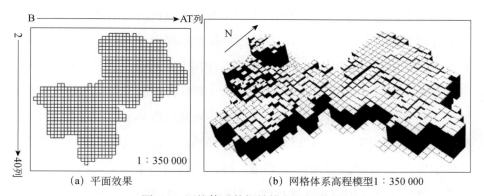

(a) 平面效果　　　　　　　(b) 网格体系高程模型 1 : 350 000

图 4-3　网格体系数据结构和空间形态

网格体系中的高程数据来源为《青浦水利志·青浦县 1 : 160 000 高程分布图》，将其在 MapInfo 软件中与网格体系层 QP_GRID 进行叠加，单个网格内所提取高程数据值赋给 ELE_m 字段。由于湖面和青浦区界穿越的网格缺乏有效的高程数据，故有高程记载的网格为 607 个。地面高程的差异决定了低洼地和高地水系所受人工干预的不同。低洼地的有效排涝一直是该区水系整治重点，而高地则影响了新河的开挖，在网格体系内，水系形态、人工干预情况与地面高程的关系能够更加清晰、直观地体现，有利于后期工作中深入分析其三者的关系。

乡镇政区数据来源为"2004 上海市 1∶10 000 电子地图",乡镇界线为矢量化线段,穿越网格使得同一网格在政区上分属 2—3 个乡镇。对其赋值进行如下规定:网格政区值归属面积≥0.8 平方千米的一方,其余情况则定义为双方交界地带。实际上,政区界线仅仅在地图上表现为清晰、明确的线状,现实中往往是一个模糊的带,用网格表现政区虽然不能像目前主流方法那样呈现政区的明确形状,但能够便捷地与其他数据进行整合,因此还是作为网格体系的一个属性予以保留。本原则同样用于水利片字段赋值。

青浦区受长江口潮汐显著影响,河流感潮能力的强弱决定了河道泥沙含量,从而影响河道淤积状况,为保证水系的持续畅通,必须人工干预河流的感潮能力,削减潮汐对河流的影响。《青浦水利志》记载,1950—1980 年代一系列人工改造事件尤其是建闸行为深刻改造了该区的感潮能力。本书选取的研究时段内,商榻和金泽以西地区因为淀泖湖荡地带调蓄潮水的原因几乎不受潮汐影响;今青松大控制片所在地区 1970 年代前受黄浦江、吴淞江潮水共同影响是强烈感潮地带,1980 年代后由于青松大控制工程和苏州河挡潮闸修建由强感潮区变为较弱感潮区,常规潮汐对其影响不显著;而金泽以东、拦路港—泖湖以西、大蒸塘以北地区属于强感潮地带,长江口潮汐由黄浦江入园泄泾再入大蒸塘、泖湖—拦路港,1980 年代后由于太浦河和红旗塘(大蒸塘)延伸工程而加剧了感潮程度。[1]1916 年,浚浦局在拦路港口设立了水位站监测淀山湖,但未能在全县布设观测点,由此导致该区感潮能力的历史数据缺失,研究时段内潮汐影响的具体状况难以体现,因此这一要素暂时未在网格体系内加以体现。

(五)河网密度提取

青浦区 1918 年河流总长度为 2110.03 千米,1978 年河流总长度为 3626.35 千米,河网密度(ρ,千米/千米^2)ρ_{1918}、ρ_{1978} 均值分别为 3.16 千米/千米^2、5.42 千米/千米^2,ρ_{max} 值分别为 6.57 千米/千米^2、10.48 千米/千米^2。

---

[1] 《青浦水利志》编纂委员会编:《青浦水利志》,北京:方志出版社,2006 年,第 38 页。

在总体 ρ 值增大的背景下，尚有极少数地区出现了减小的情况。分析这些网格发现其 1918 年和 1978 年地表水系结构基本一致，造成 ρ 值减小的原因是水系毛细部分消失或缩短，至少到 1978 年，这些地区似乎并未受到农田水利化的直接影响，人工排灌渠的建设很少，消失的水体主要被道路或农田替代。

提取网格内两断面年份的长度值，以 1000 米/千米^2 为跨度，构建 ρ 值强度结构。如表 4-4 所示，1918 年河网密度值主要在 [2，5) 千米/千米^2，而 1978 年则主要在 [4，7) 千米/千米^2，两者都呈正态分布。1918—1978年，特别是新中国成立后进行的一系列人工整治水利行为使该区水系密度普遍增加，其中河网密度值 <3000 米/千米^2 区间减少最为显著，而 [2，3) 千米/千米^2 变率达到 -402.78%。由此可见，1950—1970 年代的农田水利化运动、园田化建设、航道修整等行为作用于水系结构的结果主要是使原 ρ 低值地区进行水系密化。[6，10.48] 千米/千米^2 变率达到 95% 以上，此部分 1918 年 ρ 均值为 3.14，其中 8000 米/千米^2 的极大值区 1918 年 ρ 均值为 3.94，可见，1978 年 ρ_{max} 值的形成并不完全在原有高值区上进行，很大程度上是原中等程度的河网密度区在对人类行为进行响应。

表 4-4　河网密度值结构

ρ 值区间（千米/千米^2）	网格数量（个）		变率（%）
	1918	1978	
（0，1）	54	32	-68.75
[1，2）	89	29	-206.90
[2，3）	181	36	-402.78
[3，4）	238	86	-176.74
[4，5）	117	157	25.48
[5，6）	22	198	88.89
[6，7）	5	124	95.97
[7，8）	0	56	100.00
[8，9）	0	16	100.00
[9，10.48]	0	3	100.00

（六）面状水体涨缩

面状水体包括湖泊、湖荡、水产养殖场等地图上呈面状的水体。研究范围内淀山湖及湖荡面积涨缩情况是考察地表水系变化的另一重要内容。笔者提取具备面状水体记录的网格，共有 276 个。1918 年面状水体总面积为 105.5 平方千米，1978 年为 96.03 平方千米，总体上处于面状水系略有萎缩的态势。

面积涨缩区间是 1978 年相对 1918 年水体面积变化量的值域。从表 4-5 中可以发现，面状水体涨缩的幅度在网格体系内是比较稳定的，湖面大幅度（超过 0.5 平方千米）的扩大和消失并不是面积涨缩中的主体性变化。商榻镇和金泽镇西部在研究时段内有湖面略微扩大的现象；青浦区中部地带由于建设鱼塘和水产养殖场出现了面状水体，但数量少、面积小。形成面状水体变量较小的原因一方面是湖荡本身面积小，面积波动所影响的范围有限；另一方面是 1918—1978 年发生湖荡整体消失的极端事件少，只有天仙湖、古巷荡、车路白荡、东泉荡和淀山荡（殿山荡）五个湖荡整体消失，其他大多数湖荡主要表现为湖面破碎。

表 4-5　面状水体变化区间

面积涨缩区间（平方千米）	网格数量（个）
[0.41，0.74]	7
[0.08，0.41)	57
[−0.25，0.08)	145
[−0.58，−0.25)	27
[−0.91，−0.58)	9

淀山湖在研究时段内形状有所改变。根据"1918 军图·珠街阁"分幅，商榻镇东侧 2.5 千米左右的淀山湖湖面曾有一个 0.8 平方千米左右的沙洲，通过比对现代数据发现，这一沙洲中段约 0.2 平方千米部分并入淀山湖西侧岸线，成为商榻镇土地的一部分，其余部分塌入淀山湖，但这一变迁并未出现在文献记载中。淀山湖西侧岸线在今青浦高尔夫球场北侧 0.54 千米有一片面积 0.133 平方千米的水体，在 1918 年这片水体曾经是淀山湖的一部分，但 1978 年大比例尺军用地图上其已经与淀山湖分离。

　　湖荡地带围垦水面是造成面状水体消失的最主要原因，围垦湖荡在清代、民国主要是民间行为，政府明令禁止；1963 年开始的低荡地联圩并圩行为和 1967 年的大围垦使得大量湖荡被垦殖，这种围垦行为由政府组织，有能力配备大量的人力、物力，环境效应较显著，淀山湖以南—拦路港以东湖荡群的破碎和消失多发生在此时。该区湖荡群具备调蓄潮汐、滞纳洪峰的作用，同时是重要的生态场所。其面积的减少使得水环境发生退化，其产生的环境效应不是后期人工湖所能代替的（表 4-6）。

表 4-6　湖荡涨缩状况　　　　　　单位：平方千米

名称	面积/1918 年	面积/1978 年	1918—1978 年面积增减
淀山湖	48.32	51.09	2.77
泖湖	1.51	1.68	0.17
古巷荡	1.65	0.00	−1.65
汪洋荡	0.98	1.15	0.17
沙田湖	1.99	1.61	−0.38
石水荡	0.37	0.26	−0.11
元荡	4.24	2.73	−1.51
大莳漾	3.91	2.12	−1.79
虎石荡	2.04	0.92	−1.12
石关荡	0.47	0.46	−0.01
任屯荡	4.16	2.55	−1.61
西岑荡	1.57	0.71	−0.86
沈田荡	0.48	0.00	−0.48
大莲湖	5.19	1.27	−3.92
叶厍荡	6.95	1.49	−5.46
白鱼荡	0.97	0.81	−0.16
西西洋淀	0.92	0.99	0.07
东西洋泽	0.50	0.64	0.14
火头河	0.51	0.49	−0.02
三间荡	0.38	0.40	0.02
天仙湖	0.21	0.30	0.09
车路白荡	0.66	0.00	−0.66
石灰漾	0.57	0.24	−0.33

续表

名称	面积/1918 年	面积/1978 年	1918—1978 年面积增减
李家漾	0.51	0.59	0.08
淀山荡	1.06	0.00	−1.06
东泉荡	1.50	0.00	−1.50
总计	91.62	72.50	−19.12

资料来源：《上海测绘志》编纂委员会编：《上海测绘志》，上海：上海社会科学院出版社，1999 年

注：所有数字精确到小数点后两位

与《青浦水利志》等资料中按公顷、亩等单位记载的湖泊、湖荡变化相比，表 4-6 中数据单位统一、时间明确且湖荡名称更为丰富（1986 年《青浦水利志》中仅有 8 个湖泊、湖荡记载[①]；2006 年新版《青浦水利志》缺失历史数据记载[②]），为相关研究提供了基础性数据。

（七）影响河网密度的因素分析

上文已经明确，原有干河 1918—1978 年所出现的河道形态变化相当不显著，1918 年所具备的河曲状况几乎都保留到了 1978 年，仅拦路港有相对较明显的取直。根据"1918 军图·珠街阁"分幅记载，拦路港 1918 年位置与 1978 年大比例尺军用地形图、ETM 影像等现代数据基本一致，但拦路港 1918 年长度为 9.18 千米，1978 年长度为 7.29 千米。造成这一现象的原因在于今尤浜与拦路港交点安庄村以上有 1.82 千米左右的河道在 1918 年有一段河曲，曲率 1.1，"1978 年军图"所载河形当是后期拉直河道，但其影响力太小。没有人工取直行为就限定了骨干河道的长度，直接导致骨干河道对所在网格变量的贡献率微小。新干河是在人工作用下形成的新河，直接影响所在网格的河流长度。1976—1977 年淀浦河、西大盈港和新通波塘工程举办，研究区内淀浦河向东开挖新河 3.3 千米、西大盈港向南开挖新河 17.7 千米、新通波塘开挖新河 16.2 千米，共涉及网格 44 个。开挖新河所增长度在所处网格河流长度中的

[①] 青浦县水利局编：《青浦县水利志》，内部资料，1986 年，第 48 页。
[②] 《青浦水利志》编纂委员会编：《青浦水利志》，北京：方志出版社，2006 年，第 49—50 页。

比重，西大盈港新段为44.28%、新通波塘为33.48%、淀浦河新段为54.97%。前二者都不是其影响范围内ρ值变化的主导性因素，后者虽然所占比重略超过网格内网状水系，但长度太短，新干河对该区河网密度的直接影响相当有限。

另一可能的因素为湖泊、湖荡的扩大替代了原有的河流，使河流长度发生变化。提取网格内1978年与1918年面积差值>0的记录，得到网格数114个，ρ平均变量为2.13千米/千米^2，而面状水系缩小的网格为131个，ρ平均变量为2.41千米/千米^2。其中，1918年面积=0且1978年面积>0的网格数为41个，将其作为极值区考察，ρ平均变量为1.46千米/千米^2。湖泊、湖荡、水产养殖场等面状水系扩大所涉及的区域有限，其ρ平均变量距平为-0.13千米/千米^2，极值区ρ平均变量距平为-0.8千米/千米^2，由于湖荡扩大的确在一定程度上影响了ρ值，但并未对该区河网密度造成降低的影响，因此网格内ρ值仍旧在增长。

公路与城镇扩展对河网的影响。1918—1978年研究区并未出现明显的城镇扩展现象，主要公路几乎都沿河修建，在土地空间资源并不紧张的情况下，交通路线的建设不会导致地表景观被替代。

以上几点原因都不是该区河网密度演化的直接因素，其发挥的作用实际上非常微弱。研究时段内河网密度增大的直接原因是农田建设新河渠的同时大量保留地表旧有水体。查阅相关文献发现，民国期间该区受人工干预的主要水体为城镇市河与小河小浜，青浦地区的骨干河道比如大盈浦、拦路港等并未有疏浚记载。同时，可以发现1930年代是整治该区水系的一个高峰，如1932年青浦县开始建立甲种圩岸，区域性的农田水系规划开始逐步落实，但由于日本侵华战争而夭折，日伪期间该区河道几乎未加整治。1945—1949年也只有某些城镇市河得到疏浚。没有全局性的水系重构行为。1950年代之后，该区的水利建设在政府统一指导下进行，其中增大排灌渠密度是一项重要内容。判读1978年大比例尺军用地形图发现，研究区内普遍分布有新河渠，它是重建农田排灌体系的产物，而对于旧有河道并不填没，因为填塞河浜需要人力、财力、物力，这会增加水利行为的经济成本，在水利建设实践中往往不予采用；湖荡地带为了排干沼泽而开挖河渠，面状水系被线状水系替代是湖荡地带河网密度增加的主要原因。

（八）河网密度、水体面积的数据发布

（1）依据网格内定义的乡镇政区进行 ρ 值发布。政区在地图上表现为边界清晰的"片"，网格体系构建的政区形状与其地图形状并不完全一致，若仅仅以政区为单位进行数据采集和管理并不适用网格。在进行小区域研究中，乡镇级政区作为研究分辨率是重要的，但肯定是不够细致的，从提高研究分辨率角度来看，地理要素在政区的内部差异分布及其连续变化过程的数据管理仍旧需要网格体系加以体现。同时，由于网格体系可以容纳交界地带这一属性，因此政区边界带的状况才得以体现，网格体系也是采集边界地区各类数据的便捷手段。不过因为暂时忽略了交界地带网格，因而网格体系内的乡镇政区 ρ 值与网格 ρ 值有差异，但也能反映区域整体演化趋势和各乡镇总体情况（表 4-7）。

表 4-7　乡镇河流长度、河网密度及变率

乡镇	河流长度/1918 年（千米）	河流长度/1978 年（千米）	河网密度平均 ρ 值/1918 年（千米/千米²）	河网密度平均 ρ 值/1978 年（千米/千米²）	平均 ρ 值变率（%）
白鹤镇	93.61	175.39	2.60	4.87	46.63
大盈镇	66.43	132.94	3.02	6.04	50.00
赵屯镇	89.81	161.22	2.64	4.74	44.30
华新镇	68.08	117.10	2.72	4.68	41.88
香花桥镇	76.12	133.68	3.31	5.81	43.03
重固镇	103.22	205.25	2.87	5.70	49.65
凤溪镇	63.85	113.39	3.19	5.67	43.74
徐泾镇	130.42	201.65	3.34	5.17	35.40
赵巷镇	125.08	232.94	3.29	6.17	46.33
青浦镇	120.86	193.98	3.55	5.71	37.83
盈中乡	65.37	114.17	3.44	6.01	42.76
青东农场	38.45	40.71	4.27	4.52	5.53

续表

乡镇	河流长度/1918 年（千米）	河流长度/1978 年（千米）	河网密度平均ρ 值/1918 年（千米/千米²）	河网密度平均ρ 值/1978 年（千米/千米²）	平均ρ 值变率（%）
朱家角镇	182.36	308.65	3.80	6.43	40.90
沈巷镇	124.73	233.86	3.12	5.85	46.67
西岑镇	38.32	93.15	2.25	5.48	58.94
金泽镇	29.75	90.68	0.93	2.83	67.14
商榻镇	69.48	140.11	1.62	3.26	50.31
莲盛镇	60.73	129.04	1.79	3.80	52.89
练塘镇	141.33	231.09	3.01	4.92	38.82
蒸淀镇	62.65	87.53	3.13	4.38	28.54
小蒸镇	92.39	111.95	3.70	4.48	17.41

注：所有数字精确到小数点后两位；交界地带和淀山湖部分暂时不予考虑

据潘威和满志敏研究，1918 年，今金泽镇、西岑镇、商榻镇、莲盛镇地区 ρ 值位于均值 2.93 以下[1]。金泽镇最低，造成这一现象的原因是四镇所处地区湖荡众多，水体多呈面状，在数字化处理中未将其中的众多湖荡纳入统计范围。该区湖荡地带主要包括淀山湖周边—拦路港以西地带，此处的河流主要是沟通湖荡之间及拦路港、急水港、淀山湖的小河，长度普遍在 3000 米以下。至 1978 年，四镇 ρ 值出现分化，金泽镇变率最大，但整体河网密度仍旧是各乡镇最小的；西岑镇 1978 年 ρ 值超过全县平均值（5.07 千米/千米²）。1918 年最大 ρ 值为青东农场，但其变率最小，这一地区直到 1978 年都未进行大规模的人工整治，处于相对稳定的状态。1978 年最大 ρ 值为朱家角镇，但其变率并不大。

（2）基于地形进行的 ρ 值发布。根据《青浦水利志·青浦县 1:160 000 高程分布图》，研究区地表高程分为高地（>3.8 米）、较高地（(3.2, 3.8]米）、较低地（[2.8, 3.2]米）和洼地（<2.8 米）四个等级，整体高程分布状况为由东北—西南向心递减。

高地分为沿吴淞江高地和淀山湖东南—太浦河北高地两部分；较高地分

---

[1] 潘威、满志敏：《大河三角洲历史河网密度格网化重建方法——以上海市青浦区 1918—1978 年为研究范围》，《中国历史地理论丛》2010 年第 2 期。

布在商榻镇西北部和赵屯镇、重固镇、凤溪镇、徐泾镇等该区北部各镇、朱家角镇西部—沈巷镇西南部以及该区太浦河以南地区，西岑、莲盛、金泽湖荡地带有镶嵌较高地；较低地连续分布在青浦区中部重固、香花桥、大盈南部—凤溪东南—赵巷中部西部—朱家角东部—沈巷东部，徐泾镇、练塘镇、蒸淀镇、小蒸镇等内部有相互独立的较低地；洼地分布在该区中部的青东农场一带及周边和淀山湖南部的湖荡地带（表4-8）。

表4-8　地形分区河网密度相关指标

地形	河网密度 ρ 值/1918 年（千米/千米²）	河网密度 ρ 值/1978 年（千米/千米²）	ρ 值变率（%）	高程区间（米）
沿江高地	2.79	4.65	40.00	>3.8
湖荡高地	2.11	4.14	49.02	>3.8
北部较高地	3.15	5.63	44.18	(3.2, 3.8]
朱家角—沈巷较高地	3.60	6.38	43.49	(3.2, 3.8]
太浦河以南较高地	3.53	4.88	27.58	(3.2, 3.8]
商榻镇西北部较高地	1.72	3.87	55.49	(3.2, 3.8]
湖荡破碎较高地	1.53	4.78	67.82	(3.2, 3.8]
青浦中部连续较低地	3.56	6.23	42.91	[2.8, 3.2]
青浦西部破碎较低地	3.48	3.90	10.81	[2.8, 3.2]
徐泾西部破碎较低地	3.33	5.61	40.69	[2.8, 3.2]
青浦中部洼地	3.52	5.48	35.71	<2.8
湖荡洼地	2.45	4.57	46.31	<2.8

注：所有数字精确到小数点后两位

从表4-8数据来看，1918年淀山湖周边湖荡地带较高地是最小 ρ 值，其在研究时段内变率为最大值，反映后期围垦所挖排水渠或灌溉渠主要分布在此。而西南破碎较低地却相对较为稳定，从以上数据来看，并不是后期水系整治的主要地区。

小结

（1）河网密度、面状水体面积是该区水系结构中的基础性数据，通过网格体系构建，可以在高分辨率下更有效地提取；相对于以往对地表水系的分布状况认识，网格体系方法可以在统一标准下更加清晰地展现其空间形态和变化过程。同时，通过网格体系设计，也可以容纳众多地理要素的信息，综合反映水系与所处区域之间的联系。1918—1978年青浦境内的原有骨干河道虽然受到人工疏浚的影响，但在形态上保持了相当高的稳定性，河网密化与这些原有骨干河道关系不大；1950—1970年代新挑挖的骨干河流对地表水系原有连通状况造成明显扰动；面状水体变率小，湖面扩大造成的河流长度缩短效应微弱。三者都不是河网密度变化的主导性因素，开挖新河的同时大量保留地表旧有水体是河网密度变化最直接的原因。今后的研究中需要更加关注那些被保留在地表的旧有水体的演化过程，以分析地表覆盖状况变迁的大背景下，不同功能水系所作出的响应机制。

（2）民国五至七年大比例尺军用地形图实际覆盖面更广，以往对其的使用远未发掘其上所存在的大量基础性地理信息。造成这一现象的主要原因是目前对这套资料的认识不够深入、处理方法和信息提取手段仍有待研究。通过青浦区的个案研究，可以明确在高分辨率下进行区域研究中该套资料作为重要基础性信息来源的地位，资料中存在的误差通过一定方法是可以消弭或减少的，通过GIS方法和地名考证方法，可以将其与现代数据进行直接联系，相关地理要素的详细分布状况和连续变化过程可以体现，为该套资料在其他方面的应用提供了有益的前期工作。

（3）历史地貌研究历经了传统河流流路和地名研究的沿革方法、河流地貌复原的主流方法和多源资料方法。每次研究方法的改进都是在原有研究对象和核心内容的基础上进行的，并不是颠覆以往的研究方法；每次改进都提高了研究分辨率，对地貌格局和动态过程都有更加清晰的认识。从模糊的地貌格局到较为清晰的地貌形态再到对地貌过程的重建，历史地貌研究从文字描述到图形描述再到目前正在探索的指数描述，其在区域研究中的意义因为其强化自身构建连续序列和与现代数据衔接的两方面能力而得以显露。

第三节　基于时态地理信息系统的专项历史地名库的设计与搭建

　　古旧地图的 GIS 处理结果会形成历史地名（广义上的地名，包含政区、山川、河流、聚落等地理要素的名称）数据集，历史地名是构建时空框架的基础要素。历史学、地理学、历史地理学等学科都在努力推进在计算机环境下管理历史地名数据，其中，历史地理学对加强历史地名信息管理的需求更为强烈。历史地名作为构建时空坐标框架的依据，针对历史地名的信息管理方案是 HGI 的基础。下面，本书将以 DHYR 地名库为例，介绍基于时态地理信息系统（temporal geographic information system，TGIS）理念的专项历史地名库的设计与搭建方法。

　　黄河在历史时期的变化尤其需要信息化手段的支持，黄河水文环境、河流地貌、管理方式、生态系统等领域的进一步深入研究都迫切需要一套适用于黄河研究的地名数据及管理方案。现有的涉及历史时期黄河的信息平台在历史地名信息存储和图形表达方面，主要存在地名时态信息不规范和缺失现象。DHYR 地名库提出了一种基于 TGIS 技术和大数据技术的历史地名库设计思想，建立了一个具有清晰完整时空属性的历史地名库。这一特有的历史地名信息管理系统，提供了针对专门历史地名的时空分析工具和基于大数据的历史地名数据更新机制。某一地名的变迁不仅有空间维度上的位置迁徙，也有时间维度上的属性变化。通常情况下，某一空间位置的地名发生多次变更后，被替换的旧地名的信息将被覆盖或舍弃，所以地名时态信息的缺失十分严重。极少数的数据库保存了历史地名的时态信息，但是时态信息的存储标准又有不统一、不规范等问题。如果时间和空间都不能准确表述，就不能给出明确的空间边界和时间边界。在这种情况下，若缺乏准确、翔实的属性字段，地图可视化的结果就会严重误导使用者。即，这类信息的可视化需要同时清晰标注或显示其属性信息，或提出一种切实可行的标准化方案，否则信息传递的准确性和信息的可复用性会大大降低。①

一、DHYR历史地名库基本情况

（一）黄河历史地名基本特征

HGIS的搭建首先要明确用户人群的需求。CHGIS是一个通用型历史地名信息管理系统，其面向的人群较为广泛，这使得该系统对地名数据信息的要求偏向于基础信息的呈现与管理。②而DHYR是一个"俱乐部会员"式的专项历史地理信息平台，其用户群体是历史时期黄河变迁的专业研究者，因此，其中的历史地名信息更加强调专业性。除了历史政区外，DHYR中的历史地名大致可以分为以下三类。

（1）河流湖泊名称：河流、湖泊等天然水体，其基本信息包括编码、名称、水系级别、隶属关系、河流长度等自然特征。

（2）河段名称：此处主要为基层河务机构或政府组织所管辖河段，基本信息包括编码、名称、所属水体名称和编码、起（止）点名称、起（止）点经纬度和海拔、主管机构名称、主管机构品级等。

（3）与治河相关的聚落名称：此类地名主要是河流沿线的村落、集镇，这类地名是河务事件（包括工程、水利案件、事故等）的载体，其基本信息包括编码、名称、经纬度、海拔等。

以上三类地名基本可以对应面状、线状和点状矢量数据。从以上介绍可以发现，DHYR中的历史地名具有自然属性与人文属性综合的特点，分类的目的并非割裂历史地名中的自然属性和人文属性，而是在提高地名管理效率的前提下，对DHYR所需要的历史地名进行分类管理。

---

① Smith B. Engaging geography at every street corner: Using place-names as critical heuristic in social studies. *The Social Studies*, 2018, 109 (2): 112-124.

② 周云轩、付哲、刘殿伟，等：《吉林省西部土壤沙化、盐碱化和草原退化演变的时空过程研究》，《吉林大学学报（地球科学版）》2003年第3期；傅学庆：《历史地名时空状态数据模型研究——以郡府地名为例》，河北师范大学博士学位论文，2019年；Smith B. Engaging geography at every street corner: Using place-names as critical heuristic in social studies. *The Social Studies*, 2018, 109 (2): 112-124.

（二）地名库架构

DHYR 平台的地名库基于 TGIS 架构①，系统总体架构图如图 4-4 所示。基于历史地名时空变化数据库构建的历史地名时空变化综合信息系统具有对地名的采集、管理、更新、分析、可视化展示、下载共享等功能，可以满足各领域对可信赖的历史地名信息的查询与利用。DHYR·地名库的功能包

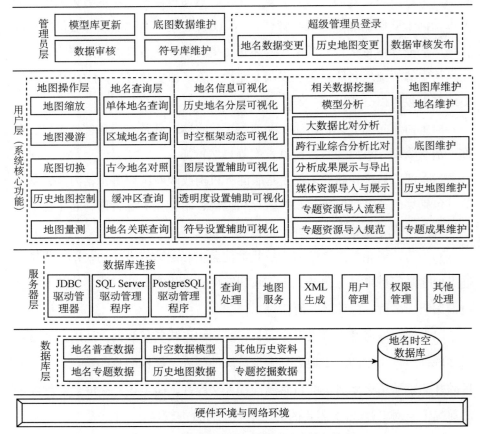

图 4-4　DHYR 地名库系统建设总体架构图

注：JDBC（java database connectivity，Java 数据库连接）和 PostgreSQL 是一种特性非常齐全的
自由软件的对象-关系型数据库管理系统

① 张萍：《地理信息系统（GIS）与中国历史研究》，《史学理论研究》2018 年第 2 期。

括有效管理三类黄河历史地名、实现三类黄河历史地名的信息更新自动化、整合互联网环境下不同格式数据，以及支持 DHYR 中的多种时空分析等功能。

二、数据库架构介绍

互联网环境提供了链接不同数据的重要资源，除了制作者自建数据外，利用互联网实现相关数据搜集日益重要，但是互联网资源内的历史地名数据在描述上存在很大差异，导致对其信息挖掘方式也有很大不同。

根据历史政区研究领域已有的成果，历史地名的时空范围变化可以认定为随机分布。根据已有研究，采用时空状态模型和格网模型，组织和管理地名时空数据是十分有效的。为了方便对历史地名进行时空分析和可视化展示，本书设计了基于 GIS 空间拓扑关系理论的地名时空数据库结构。数据库的总体概念设计如图 4-5 所示。

二级区域格网的建立是模型实现的核心环节，该环节存储地名数据所有时空属性信息，利用现代地图表达方式实现地名数据的数字可视化。这种方法自带的算法不仅可以提高地名信息存储效率，还可以提高信息查询效率和综合分析的便捷度。考虑到充分发挥算法的优势，本书以清代河务基层管理组织——"汛"为基本表达单元，同一汛内相互连接的格网共同构成一个基本表达单元，系统只记录首尾两个格网单元的位置编码即可（按照格网编码和记录顺序为先行后列、从左到右、从上到下；每个格网单元循环处理，并生成格网编码，编码由格网所在地名属性和格网位置组成；相互连接且地名属性相同格网组成一个区块，若当前格网位置编码位于当前区块边界，则加入该区块，并更新区块边界，否则建立新区块，所在格网确定为新的区块边界）。二级区域标引的核心是处理多边形矢量数据所表达的地名单元，处理后产生二级区域，给所产生的二级区域进行编码，并判断一级区域格网与二级区域格网的逻辑关系。通过 Union 工具处理行政区划单元和区域图层就可以

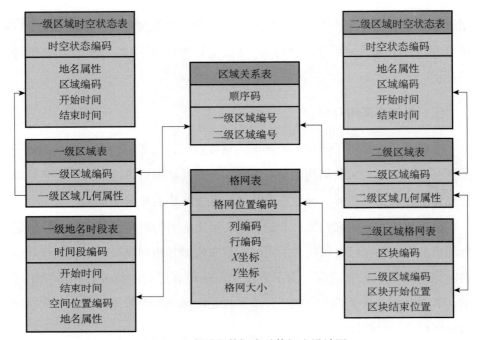

图 4-5　地名时空数据库总体概念设计图

生成二级区域，但要注意属性信息的维护；计算二级区域的格网坐标值，逐一识别、标识、存储、排序。通过循环计算为每一个二级区域编码；计算一级区域编码和二级区域编码的逻辑关系，记录逻辑关系编码，作为区域关系表的数据基础。

三、时空分析、统计与处理

（一）时空分析

本书所述时空分析主要是指地名时空定位、地名提取、地名时段合并、基于位置的地名频次统计、地名累积生存期计算和时空体积矩阵的生成等。下面，重点介绍前两个。

（1）地名时空定位：通过大数据技术获取的新出现的历史地名，通过其空间属性确定其空间位置，结合时间属性和地名故事等信息确认其是否为新增地名，若是新增地名，就新增一条历史地名记录，若不是新增地名则判断为已有地名的沿革信息，将其存储为地名沿革信息。

（2）地名提取：本书的算法只提取专有名部分，记录为地名。地名提取方法包括文字史料记录检索，河工图、黄河图中地名信息的自动化提取，实地调研所获得的黄河历史地名。

（二）基于位置的地名频次统计

首先将编码相同的格网的时间属性和通用名按照时间顺序整体记录为时间字段，并排序；接下来对格网记录逐一判断，若相邻格网满足"地名相同，时间相接"的关系，则记录合并，开始时间和结束时间以时间先后顺序确定，时间模糊的同步记录。若不满足，转至下一条记录，再进行判断。按照排序依次处理每一个格网，分别将每一个格网的所有记录存入时段表，并按照地名时段的开始时间排序；若当前地名未被统计，则该位置的地名记录增加一条，否则处理下一个地名时段，直至所有格网处理完毕。同时记录每个格网的位置边和地名总数，生成格网位置与地名总数的矩阵，同原始格网数据进行空间连接，可以揭示目标区域地名变化与分布情况。空间连接后的格网体系与地名矩阵可以支持以下工作。

1. 地名生存期计算

地名生存期主要计算其分段与累积的情况，根据地名时空状态表统计每个地名的生存期数和累积生存期。地名的生存期、生存期分段与累积生存期是地名在时间维度上非常重要的三个指标，可以用来研究该地过去的文化发展规律和区域发展变化等。地名生存期是用地名时空状态开始时间和最终结束时间计算得到的。而生存期分段和累积生存期的计算较为复杂（对地名时空状态表使用嵌套循环工具，依次处理每个地名及其时空状态；生存时间出现中断情况的分别记录始末时间，生存期数由中断次数决定，累积生存期是将相同位置相同地名所对应的时空状态时长累加生成的）。

2. 地名时空体积矩阵生成

地名时空体积矩阵是地名时空分析的主要目标。本书所述的地名时空体积的计算考虑了地名在空间分布的位置堆积情况。本书计算思路如图 4-6 所示，首先根据地名检索区域区块表和地名时空状态表，得到地名的时空状态序列及区域区块；接下来计算该地名涉及空间范围的行列极值，并对行列极值进行嵌套循环处理，逐一检索每个格网单元的时空状态，以时空状态序列为统计单元累加时空状态时长到该位置的累积生存期；在循环结束时，即可得到该地名的时空体积矩阵。

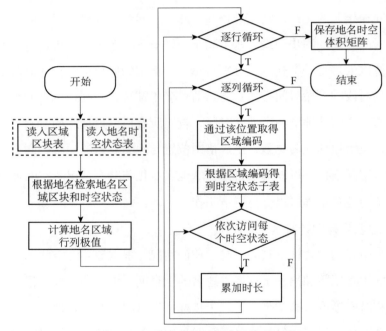

图 4-6　地名时空体积矩阵生成流程图

3. 链接各子库的枢纽

在 DHYR 中，水文环境、河防工程和管河官吏是三大主题数据库，这三大主题数据库都存在地名信息记录，通过历史地名库可以快速实现主题信息的空间定位，也可以成为链接各主题数据库的枢纽，使 DHYR 的各主题数据库合成为关系型数据库，既能支持 GIS 环境下的多主题信息可视化，也可以支持研究者分析环境、工程、用银规模、管理人事等要素之间的关系。

四、地名数据时空过程可视化

本书通过对地名实施语义分析，并结合地名沿革信息，确认地名属于新增、变更或注销，乃至消失的时空过程及空间状态。本书探讨这一动态过程的静态可视化表达方法，选择合适的形状、尺寸、色彩等视觉变量，分别设计了不同空间状态（点、线、面）地名的时空演变过程及其可视化表达方法。

地名变更一般呈非连续的变化。静态的可视化方法能较好地表达地名的时空演变过程。本书按照地名的空间状态将地名分为点状地名、线状地名、面状地名三大类。据此，对不同的地名需要选择合适形状变量、颜色变量或尺寸变量的地图可视化符号表达。用相似和对比设计原则区别地名变更前后的相同性和差异性，以此表达地名的动态发展过程。

（一）点状地名

点状地名的变更包括空间位置和属性信息的变化。点状地名的空间位置变化有新增、消失或迁移，新增和消失用简单的地图符号即可表达清楚，对于迁移变化，本书选用了运动线法表示，也可以同时表达迁移前后的位置，用不同颜色体现视觉层次，以此表达地名的迁移。点状地名属性变更的可视化相对较简单，等级变化一般只需要改变符号的大小样式等或者注记样式就能表达清楚；更复杂的变化也可以在符号变更的基础上，对符号进行扩展以加强可视化效果，表达地名属性的变化。图 4-7 表示了兰阳上汛头堡和兰阳下汛九堡分别在 1909 年和 1910 年转为河南河防局二队下属的过程，DHYR 中通过改变"点状"地名符号样式实现这一过程的可视化。

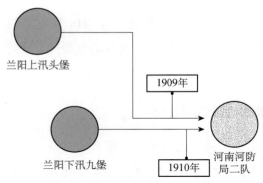

图 4-7　点状地名变化示例

（二）线状地名

在线状地名空间位置变更的可视化过程中，本书采用线型或颜色表达线状地名的空间变化。如图 4-8 所示，水系变更现象包括名称改变、形态变化、水系关系-等级变化。线状地名属性信息变更的可视化表达方法比较灵活，可以通过线型、色彩、线宽注记等方式表达，也可由几种方式综合表达。

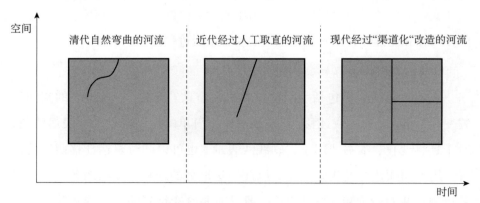

图 4-8　线状地名空间变化可视化示例（此处用水系图替代）

（三）面状地名

面状地名的变化包括形状、面积和地名属性的变化。其变化可通过颜色、形状、显示层次等可视化方法表达。本书以清代沿黄河县级行政区为例（图 4-9），该类行政区的空间拓扑关系分为相邻、相离、包含三种类型。面状地名的空间位置变更往往非单向变化，一个面状地名扩张图收缩往往伴随形状或者级别的变更，其属性也会随之发生变化。面状地名空间位置变更的可视化方法较线状地名复杂，但可视化效果差异较大，这个差异往往与比例尺和区块大小紧密相关。不同地名区划用不同色块表达，根据地名使用时间的先后顺序确定其显示层次，时间越晚显示层次越高。该方法能较为直观地看出面状地名的空间变更某一时刻的状态及其变更过程。具体如图 4-10 所示。

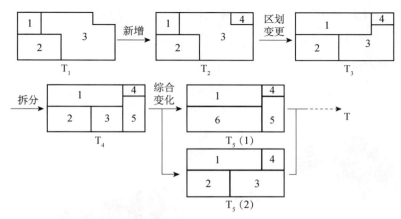

图 4-9　面状地名空间位置变化可视化示例

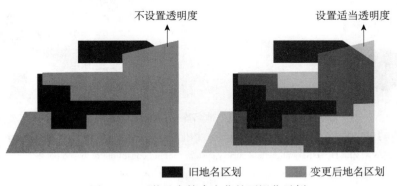

图 4-10　面状地名综合变化的可视化示例

对于面状地名属性信息变更的可视化，可利用其在地图上的图幅空间，通过添加或变更注记、添加符号等方式表达。例如，对某行政区域的农业、工业、服务业生产总值变更情况的可视化效果。如图 4-10 所示，面状符号的形状和编辑等同时发生变更的复杂变化，通常也需要用颜色、层级和其他方式结合的复杂方法表达。本书使用图层透明度控制来调整显示层级的辅助可视化方法展示。即当多时间片刻的图形发生重叠时，可根据用户的意愿，通过让某些图层显示或隐藏的方法调整图层显示层次，减弱或消除图层之间的互相干扰，将目标信息准确表达。这种对透明度的调整，可有效解决多图层叠合的信息表达。更复杂的变化也可借助信息图表辅助表达。

图 4-11 是利用历史地名库中的"汛"地名所展现的顺治时期工程用银规模，这一空间形态在精度上突破了以往的"州县"尺度，为黄河下游修治中的政府投入提供了更为翔实的基础数据。

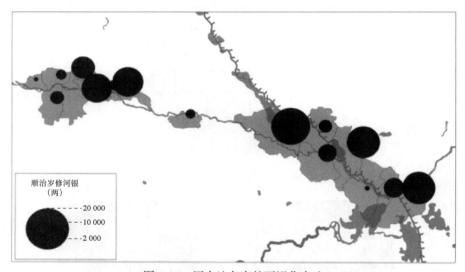

图 4-11　历史地名库的可视化表达

资料来源：赵帅华：《基于 3S 技术的地名信息一体化设计与实现》，武汉大学硕士学位论文，2017
年；Yao X, Zhu D, Ye S, et al. A field survey system for land consolidation based on 3S and speech
recognition technology. *Computers and Electronics in Agriculture*, 2016, 127: 659-668；潘威、张光伟、
夏翠娟，等：《古旧地图的信息化》,《图书馆论坛》2021 年第 11 期

基于 TGIS 理论的历史地名挖掘体系，可以最大限度地发挥地名及其附属资源的效能，可以为相关研究人员提供规范的基础资料和挖掘工具。基于 TGIS 与大数据技术的历史地名综合信息系统主要是集地名数据建设、地

名数据库智能维护、地名数据动态过程的静态可视化表达、地名数据的查询与辅助分析，以及地名数据或相关成果的展示与可视化于一体的综合系统。该系统针对历史地名关于时间维度的查询与展示等问题，提出了基于大数据技术的历史地名智能更新理论，实现了基于地名的时空框架模型与数据库设计开发。

第五章　实践案例（上）

第一节　近代新疆灌溉渠系的重建

一、制作意义

近百年来，人类活动对全球环境变化产生了深刻影响，土地利用所引起的土地覆被变化是这一影响的主要表现之一。全球环境变化包括全球层面的系统性和区域层面的累积性，区域累积性会影响全球系统性，其中水环境是区域累积性变化研究的主要方向之一。[①]因此，土地利用/土地覆被变化（land-use and land-cover change，LUCC）过程和水环境效应被全球环境变化研究重点关注。同时，国际地圈生物圈计划（International Geosphere-Biosphere Progamme，IGBP）和国际全球环境变化人文因素计划（International Human Dimensions Programme on Global Environmental Change，IHDP）强调利用各种手段恢复过去 LUCC 变化的详细历史。中国丰富的农业实践和浩如烟海的史料资源使历史地理学在这一领域中的地位与作用日益凸显。[②]

对区域历史土地利用过程与水环境效应的研究不但是学理上的要求，也是现实要求。水是干旱绿洲区最为重要的限制性生态因子。气候变化给干旱

[①] 李秀彬：《全球环境变化研究的核心领域——土地利用/土地覆被变化的国际研究动向》，《地理学报》1996年第 6 期。

[②] 葛全胜、何凡能、郑景云，等：《21 世纪中国历史地理学发展的思考》，《地理研究》2004 年第 3 期。

区水资源所带来的脆弱性和不确定性逐渐显著。气候变暖所引起的水资源变动使资源开发过程中经济发展同生态保护矛盾越发增大。[1]在这一背景下，新疆普遍出现水环境问题。例如，塔里木盆地水系虽在出山口天然径流量增加，但由于灌溉等原因入干流水量反而减少，进而导致河道缩短、湖泊和湿地干涸。吐鲁番盆地和哈密盆地也出现因水资源利用至极限导致地表水断流、地下水位下降等情况。[2]干旱区的水文状况具有很强的敏感性、脆弱性和依赖性，在气候变化及人类活动的影响下，这些特性会越发复杂。因此，人类灌溉用水与水环境的关系尤需关注。

灌渠是人类社会作用于天然水环境的最直接的途径，是维系人类社会与自然环境的桥梁与纽带。近百年是新疆地区人类活动最为频繁、引水用水最多的时段。通过对形成过程灌渠的考察能最大限度地衡量用水规模，厘清用水机制，为干旱区人地关系理论、LUCC 过程、历史干旱区河流地貌研究提供最直接的实证补充。

20 世纪末至今，相关学者对此进行了较为深入的研究，完成了较高精度的耕地或植被重建、不同尺度土地利用变化等研究工作，逐渐形成多种资料和方法支撑下的历史时期土地利用研究模式。[3]但是，从 LUCC 研究对象来看，国内相较于对耕地、森林、草地等"热点"要素的关注，同样为地表覆被的人类工程要素被关注较少。事实上，工程活动在 LUCC 过程中一直扮演着重要角色。近百年来，工程活动已使地球上至少 83%的地表发生改变，河流系统被认为是重要的驱动力之一。[4]斯特芬（Steffen）等研究表明，水利工

---

[1] 陈亚宁、李稚、范煜婷，等：《西北干旱区气候变化对水文水资源影响研究进展》，《地理学报》2014 年第 9 期。

[2] 陈曦主编：《中国干旱区自然地理》，北京：科学出版社，2010 年。

[3] Ramankutty N, Foley J A. Estimating historical changes in global land cover: Croplands from 1700 to 1992. *Global Biogeochemical Cycles*, 1999, 13 (4): 997-1027；朱枫、崔雪锋、缪丽娟：《中国历史时期土地利用数据集的重建方法述评》，《地理科学进展》2012 年第 12 期；霍仁龙、杨煜达：《田野调查和 GIS 方法在近 300 年来小尺度区域土地利用变化研究中的应用》，《中国历史地理论丛》2018 年第 4 期。

[4] Meybeck M. Global analysis of river systems: From Earth system controls to Anthropocene syndromes. *Philosophical Transactions of the Royal Society of London*, 2003, 358 (1440): 1935-1955.

程活动，如筑坝、引水等工程影响了自然河流系统。[①]兰宾（Lambin）和盖斯特（Geist）指出，灌溉活动致使北美、中亚、中东、北非各地地下水位下降，湖泊面积缩小。这些水环境效应继而会引起各种生态环境问题。[②]

　　建立专题性质的空间数据集能为具体部门地理学研究提供较为基础性的数据，而结合 GIS 分析方法更为解决具体问题提供了钥匙。基于 GIS 的历史地理研究自 20 世纪下半叶以来取得了一系列瞩目的研究成果，世界各地 HGIS 项目的构建工作层出不穷。[③]GBHGIS[④]、NHGIS[⑤]、澳大利亚的"时间地图"（Time Map）[⑥]、CHGIS[⑦]是目前最具代表性的 HGIS。与此同时，数据集的建设工作主要围绕具体专题展开，包括历史时期土地利用数据集和历史地名数据集等类型。这一研究成果层出不穷，主要集中于历史聚落、土地利用、自然灾害、人口和城市商业等方面。

　　拉曼库提（Ramankutty）和弗利（Foley）利用现有土地利用数据，通过算法模型重建了过去 300 年全球土地利用数据集（SAGE）。[⑧]戈尔德韦克（Goldewijk）等将人口、农田牧场等信息按特定的分配算法在经纬格网中重建距今 1.2 万年以来全球耕地、牧场的分布变化。[⑨]这些研究在不同尺度上基

① Steffen W, Sanderson A, Tyson P D, et al. *Global Change and the Earth System: A Planet Under Pressure*. Berlin: Springer, 2004.

② 〔比〕兰宾、〔英〕盖斯特主编：《土地利用与土地覆盖变化：局部变化过程和全球影响研究》，马骏等译，北京：中国水利水电出版社，2013 年，第 136—138 页。

③ 李凡、朱竑：《GIS 在历史及文化地理学研究中的应用——国外研究进展综述》，《人文地理》2009 年第 1 期；潘威、孙涛、满志敏：《GIS 进入历史地理学研究 10 年回顾》，《中国历史地理论丛》2012 年第 1 期；陈刚：《"数字人文"与历史地理信息化研究》，《南京社会科学》2014 年第 3 期。

④ Kramer S, Leahey A, Southall H, et al. *Using RDF to Describe and Link Social Science Data to Related Resources on the Web (November 16, 2012)*. RatSWD_WP_ 207, Available at SSRN: https://ssrn.com/abstract=2176657 or http://dx.doi.org/10.2139/ssrn.2176657.

⑤ Fith C A, Ruggles S. Building the national historical geographic information system. *Historical Methods A Journal of Quantitative & Interdisciplinary History*, 2003, 36 (1): 41-51.

⑥ Moor M D, Wiedemann T. Reconstructing territorial units and hierarchies: A belgian example. *History & Computing*, 2001, 13 (1): 71-97.

⑦ China Historical GIS. https://sites.fas.harvard.edu/~chgis/.

⑧ Ramankutty N, Foley J A. Estimating historical changes in global land cover: Croplands from 1700 to 1992. *Global Biogeochemical Cycles*, 1999, 13 (4): 997-1027.

⑨ Goldewijk K K, Beusen A, van Drecht G, et al. THE HYDE 3.1 spatially explicit database of human-induced global land-use change over the past 12, 000 years. *Global Ecology and Biogeography*, 2011, 20 (1): 73-86.

于历史文献，结合地形、聚落、水源距离等因子，利用格网手段管理并展现历史时期耕地、林地的分布变化。这一手段也在国内得到了广泛应用。[①]例如，刘玉轩等通过数字化古旧地图，提取民国时期南京地名时空数据是国内历史地名数据集领域较新成果[②]。

在自然灾害研究方面，满志敏基于历史文献，构建空间模型，利用克里金空间插值法将旱情指数予以空间呈现，据此探讨区域降雨带的位移。[③]这也是国内将 GIS 思想引入中国历史地理学界具有代表性的研究工作。[④]此后，格网手段被侯鑫、潘威、满志敏等运用到长三角与珠三角的河网密度、水系结构、泥沙冲淤、最大槽蓄容量等研究中[⑤]。曹迎春以明长城聚落为研究中心，基于实地考察和历史文献，利用空间分析手段对长城防御系统做了较为全面细致的研究，是以长城聚落这一受自然环境影响较强的人类工程为研究对象，结合 GIS 较成熟的案例。[⑥]此外，关于人口、商业、家谱、城市的研究更是层出不穷。[⑦]综上，目前学界空间数据集的重建，以及运用 GIS 方法进行分析已取得较为成熟的成果。以上研究一方面为本书撰写提供了较好的参照范式[⑧]；另一方面，渠系数据集的构建，对其中信息的分析，也是认识干旱区渠系发展、空间关系及其同环境作用的突破口之一。

新中国成立前，塔里木盆地河流尾闾终端湖的变动是学界研究与争论的焦点。[⑨]新中国成立后，基于生产建设的需要，中国科学院新疆综合考察队在

---

① 朱枫、崔雪锋、缪丽娟：《中国历史时期土地利用数据集的重建方法述评》，《地理科学进展》2012 年第 12 期。
② 刘玉轩、于丙辰、徐海洋，等：《1909 年、1927 年、1937 年南京城市历史地名数据集》，《中国科学数据（中英文网络版）》2018 年第 1 期。
③ 满志敏：《光绪三年北方大旱的气候背景》，《复旦学报（社会科学版）》2000 年第 6 期。
④ 潘威、孙涛、满志敏：《GIS 进入历史地理学研究 10 年回顾》，《中国历史地理论丛》2012 年第 1 期。
⑤ 侯鑫、潘威：《20 世纪 30 年代珠江三角洲平原河网结构重建及最大槽蓄容量》，《热带地理》2015 年第 6 期；潘威、满志敏：《大河三角洲历史河网密度格网化重建方法——以上海市青浦区 1918—1978 年为研究范围》，《中国历史地理论丛》2010 年第 2 期。
⑥ 曹迎春：《明长城宣大山西三镇军事防御聚落体系宏观系统关系研究》，天津大学博士学位论文，2015 年。
⑦ 李凡、朱竑：《GIS 在历史及文化地理学研究中的应用——国外研究进展综述》，《人文地理》2009 年第 1 期；陈刚：《"数字人文"与历史地理信息化研究》，《南京社会科学》2014 年第 3 期。
⑧ 潘威：《"数字人文"背景下历史地理信息化的应对——走进历史地理信息化 2.0 时代》，《云南大学学报（社会科学版）》2018 年第 6 期。
⑨ 夏训诚主编：《中国罗布泊》，北京：科学出版社，2007 年，第 233—240 页。

20 世纪 50 年代的新疆地区野外考察成果"新疆综合考察丛书"颇重要,为 1950—1960 年代断面水环境研究提供了宝贵的数据资料。

专题研究方面,新中国成立后学界集中于河湖水系演变及其驱动力的探讨。1959 年,周廷儒和赵济指出人工挖渠与构造运动在塔里木河历史变迁中扮演重要角色,并再次提到渠道对于自然河流改道的观点具有重要意义。[①]此后,学界基于文献考证,结合影像资料对塔里木水系和天山北麓河湖水系变迁进行梳理,指出近代人类活动如筑坝、修渠、灌溉在其中的作用。[②]以上研究指出了渠道在水环境变化中的重要意义。同时,河湖水系变迁背后的社会因素也受到关注。[③]2013 年版的《中国历史自然地理》有专门的塔里木河及其终端湖位置变化的内容。[④]近年来,河湖水系研究也对古旧地图加以重视,河湖、水系研究中也注意用信息化方法处理多源资料、展现水系变化过程,分析变化原因与效应。方法上,基于多源资料和数字化等技术手段的运用,该方面以塔里木河下游湖群和博斯腾湖的研究较具代表性。[⑤]

综上可见,近代以来,学界集中对干旱区河湖变迁探讨的同时,认识到了水利工程因素的作用,但在工程与对河湖地貌具体作用机制方面缺乏深入的探讨。此外,近年研究集中在对个别河湖变迁的讨论,缺乏区域整体水系视角的切入。历史地理学界需要将单一河流拓展为区域水系的研究,从描述转向分析,注重数据管理,从手段、对象和方式上为历史河流地貌研究提供新的范式。[⑥]

---

① 周廷儒、赵济:《南塔里木河中游的变迁问题》,《北京师范大学学报(自然科学版)》1959 年第 2 期;樊自立:《历史时期塔里木河流域水系变迁的初步研究》,《新疆地理》1979 年第 2 期。

② 樊自立:《历史时期塔里木河流域水系变迁的初步研究》,《新疆地理》1979 年第 2 期;韩春鲜、熊黑钢、张冠斌:《罗布地区人类活动与环境变迁》,《中国历史地理论丛》2003 年第 3 期;张莉、韩光辉、阎东凯:《近 300 年来新疆三屯河与呼图壁河水系变迁研究》,《北京大学学报(自然科学版)》2004 年第 6 期。

③ 赖小云:《塔里木河中游地区草湖环境的演变——基于清末至民国草湖纠纷事件的讨论》,《西域研究》2009 年第 1 期。

④ 邹逸麟、张修桂主编:《中国历史自然地理》,北京:科学出版社,2013 年,第 424—432 页。

⑤ 王芳、潘威:《三维技术在历史地貌研究中的应用试验——1935 年以来新疆博斯腾湖变化》,《地球环境学报》2017 年第 3 期;阿布都米吉提·阿布力克木、阿里木江·卡斯木、艾里西尔·库尔班,等:《基于多源空间数据的塔里木河下游湖泊变化研究》,《地理研究》2016 年第 11 期。

⑥ 满志敏:《历史自然地理学发展和前沿问题的思考》,《江汉论坛》2005 年第 1 期。

在这方面，长三角、珠三角等地区研究已取得较为可观的进展。①本书基于渠系和水系空间数据集构建的实证分析是介入这一问题较为可行的路径。

这类研究工作具有一定的区域性，表现在不同学者对不同区域开展的实证研究方面，如方法上，注重考古、GIS 与实地考察等方法的运用。国际上，费舍尔（Fisher）主编的《伊朗》一书对伊朗的农业及东北部水利进行了研究，指出这一地区引水方式、渠道维护和管理方式的多样性。②卡马什（Kamash）利用多种材料对罗马近东地区公元前 63 年至公元 636 年灌溉系统及其环境、社会关系进行研究，指出当地的地理地质环境塑造了灌溉技术，技术实施又受到了社会压力的影响。城市中心及其腹地共享供水设施表明，农业问题和社会关系、环境挑战、地区供水的不可预测性密切相关。③哈达斯（Hadas）利用考古调查等手段对罗马-拜占庭时期朱迪亚（Judean）沙漠的艾因盖迪（Ein Gedi）绿洲进行研究，指出作物在其中的重要角色。④维库纳（Vicuna）等通过水资源评估与规划（Water Evaluation And Planning，WEAP）模型，研究智利北部半干旱区利马里河（Limarí）河流域内，融雪驱动型盆地在气候变化背景下，水利灌溉等基础设施对土地覆被的影响。⑤

国内，胡晓利等利用 GPS 实地测量和 GIS 软件制作了张掖绿洲的渠系格局，同时进行了数字化制图。随后通过对渠系整体结构、各渠系分布、与土地利用关系三方面进行了分析，计算出干渠、支渠、斗渠三者之间的比例，从而得出渠系与土地利用关系密切。⑥王浩宇利用历史文献、遥感影像、野外

---

① 潘威、满志敏：《大河三角洲历史河网密度格网化重建方法——以上海市青浦区 1918—1978 年为研究范围》，《中国历史地理论丛》2010 年第 2 期；侯鑫、潘威：《20 世纪 30 年代珠江三角洲平原河网结构重建及最大槽蓄容量》，《热带地理》2015 年第 6 期。

② 〔英〕W. B. 费舍尔主编：《伊朗》，北京大学地质地理系经济地理专业译，北京：人民出版社，1977 年，第 239—270 页。

③ Kamash Z. Irrigation technology, society and environment in the Roman Near East. *Journal of Arid Environments*, 2012, 86: 65-74.

④ Hadas G. Ancient agricultural irrigation systems in the oasis of Ein Gedi, Dead Sea, Israel. *Journal of Arid Environments*, 2012, 86: 75-81.

⑤ Vicuna S, Mcphee J, Garreaud R D. Agriculture vulnerability to climate change in a snowmelt-driven basin in semiarid Chile. *Journal of Water Resources Planning & Management*, 2012, 138 (5): 431-441.

⑥ 胡晓利、卢玲、马明国，等：《黑河中游张掖绿洲灌溉渠系的数字化制图与结构分析》，《遥感技术与应用》2008 年第 2 期。

考察重建了黑河中游明清至民国垦殖绿洲，包括居民点、渠道、户口及沙化绿洲，同时对多时段社会及自然环境状况进行了复原。[1]胡宁科等在历史文献与考古资料的基础上，利用遥感识别与野外渠系采样等手段识别、提取并重建了黑河下游历史时期农业灌溉渠系，并发现了多处古遗址，计算出古居延绿洲汉代农业屯垦空间、净耕地概念系数等数值。[2]

20 世纪 30 年代初，基于国际局势和国防建设的需要，国民政府开始实行"开发西北"政策，学界对西北尤其是新疆的研究与关注也逐步升高。这一时期研究主要停留在对新疆地区水利和气候特征的概况性介绍层面。[3]

1944 年国民党控制新疆之后，掀起了一轮对新疆水利建设关注的高潮。杨乃俊于 1944 年在《边政公论》中所发表的《新疆灌溉事业之展望》一文较具代表性。文中对新疆地区河流流量、各区人口及灌溉面积进行了汇总与统计。他认为较之于北疆，南疆地广人稀且灌溉发达；迪化、哈密、阿山、喀什各区粮食不足，亟待发展；焉耆的情况表明，水土充足之地，若无充足人力仍不能尽其力；塔里木河及伊犁河开发前景仍较大；同时还依据以上情况对之后 10—20 年情况进行推测。[4]

倪超编著的《新疆之水利》对民国三十三年（1944）新疆境内各主要灌区内的水利工程、渠道数量、引水量、长度、灌溉面积有较为详细的记载，并对新疆地区今后的水利工程有较为细致的规划与设想。[5]王鹤亭指出蓄水、灌溉效率及盐碱化是新疆水利发展所面临的主要问题[6]，而他在《略论新疆水利建设》一文中指出地域上应着手先北疆而后南疆，他提出应注重工程修建，

① 王浩宇：《基于多学科手段的历史时期垦殖绿洲重建方法研究》，兰州大学硕士学位论文，2011 年。
② 胡宁科、李新、郭明：《绿城垦区历史时期农业灌溉渠系信息的遥感识别与提取》，《中国沙漠》2013 年第 5 期；胡宁科：《黑河下游历史时期人类活动遗迹的遥感调查研究》，兰州大学博士学位论文，2014 年。
③ 汪胡桢：《新疆之水利》，《河海月刊》1920 年第 2 期；黄文弼：《新疆之气候与水利》，《西北研究（北平）》1931 年第 2 期。
④ 杨乃俊：《新疆灌溉事业之展望》，《边政公论》1944 年第 10 期。
⑤ 倪超编著：《新疆之水利》，上海：商务印书馆，1948 年。
⑥ 王鹤亭：《谈谈新疆水利》，《瀚海潮》1947 年第 1 期。

地面和地下水并重，注重排碱，与国家内地计划相配合等。①

　　20 世纪 80 年代至今是新中国成立后新疆水利史研究较多的时段。黄盛璋在《新疆水利技术的传播和发展》《新疆水利技术的传播和发展（续）》中对历史上新疆水利灌溉方式、地理分布、水工技术做了详细介绍，如凿渠灌溉、截河灌溉、架槽灌溉、凿井灌溉、雪水和引水源等灌溉方式，以及凿引工程、勘测、渠口、渠身、堰坝、堤防等水工技术。在干燥气候条件下防渗漏的措施，如毛毡铺底、草皮或砾石铺砌渠底、修筑涝坝等技术方法。此外，文中还涉及坎儿井的研究内容。②黄建华总结并分析了 1944—1949 年新疆农田水利工程建设事业及其萎缩的原因。③

　　华立对清代以来新疆地区农业水利开发史有细致的研究。④钟萍从道光、光绪、民国三个历史时期对新疆人工引水灌溉渠网，如水利工程修建、灌溉体系形成、水利设施增修、近代水利技术引进等方面进行了概括性介绍。⑤

　　周魁一和谭徐明对屯垦沿革进行了大致勾勒，指出屯垦地理分布与战略要津、重要交通干线密切相关；同时屯垦中的开渠引水也引起水系变动，致使部分地区环境恶化；需要合理节水用水、注入商品经济观念以求水资源利用健康和可持续化。⑥马啸介绍了左宗棠在新疆地区兴修水利的社会背景，以及兴修的水利工程及出资兴工方式，体现了"先干后支""军民兼顾""以工代赈"的特点。⑦王金环指出清统一新疆之后，较之南疆，北疆水利事业蓬勃发展；咸同年间水利事业陷入低谷；光绪平乱之后南北疆水利事业蓬勃发展。此外，作者还对这一时期的分水、水利纠纷、资金及设计人员、劳动力进行了研究。⑧

① 王鹤亭：《略论新疆水利建设》，《现代（南京）》1947 年第 2 期。
② 黄盛璋：《新疆水利技术的传播和发展》，《农业考古》1984 年第 1 期。
③ 黄建华：《1944—1949 年的新疆农田水利》，《新疆大学学报（哲学社会科学版）》1997 年第 1 期。
④ 华立：《清代新疆农业开发史》（修订版），哈尔滨：黑龙江教育出版社，1998 年。
⑤ 钟萍：《近代西北的农田水利》，《古今农业》1999 年第 3 期。
⑥ 周魁一、谭徐明：《新疆屯垦水利的历史经验》，《中国农史》1999 年第 3 期。
⑦ 马啸：《左宗棠与新疆水利建设》，《喀什师范学院学报》2003 年第 4 期。
⑧ 王金环：《清代新疆水利开发研究》，新疆大学硕士学位论文，2004 年。

　　武明明通过对民国时期新疆水利资料的梳理，概括了这一阶段主政者进行新疆水利建设的情况。他从水利建设材料、人才培养、现代水文技术各角度对水利建设特点进行了概括，此外还对水利运作、水利纠纷进行了研究，得出了这一时期水利建设既有对经济社会发展起积极作用，又有对生态环境产生消极影响的结论。①谢丽运用档案资料对清代至民国时期塔里木南缘和田地区的农业开发及生态环境影响的研究较具代表性，指出在水利方面塔里木南缘的水资源缺乏只是相对的，生态用水长期稳定，水缺乏的原因更为复杂。②鲁靖康对新疆水利也进行了较为细致的研究，指出了各类灌溉类型，并考察了不同时段的分水制度。③此外，王培华对清代民国新疆水资源分配及纠纷的研究也较具代表性。④

　　以上研究表明，近代新疆水利发展存在两个高潮，分别是 19 世纪末 20 世纪初与 20 世纪三四十年代。这两个高潮时段的灌溉活动对水资源的消耗致使生态环境发生改变。对于国内 LUCC 过程关注点而言，集中于中东部地区，对于西部干旱区关注不足，限制了系统集成和区域比较研究。在对象上，尚缺少对灌溉工程要素的关注，致使在综合评估环境效应层面存在不足。在方法上，现代地理信息、工程建模、网络分析等技术手段和方法有待引入。

　　新疆自建省（1884 年）后涌现出了一大批以《新疆图志》《新疆乡土志》为代表的方志丛书，如《新疆图志·沟渠志》以行政区为基本单元记录了晚清时段各地渠道情况，其中包括名称、方位、分水位置、长度、灌溉面积等信息。

① 武明明：《民国时期新疆水利发展研究》，新疆大学硕士学位论文，2014 年。
② 谢丽：《清代至民国时期农业开发对塔里木盆地南缘生态环境的影响》，上海：上海人民出版社，2008 年，第 98—161 页。
③ 鲁靖康：《清代新疆农业研究：基于水资源、产业、农区和人地关系的考察》，陕西师范大学博士学位论文，2017 年。
④ 王培华：《清代新疆解决用水矛盾的多种措施——以镇迪道、阿克苏道、喀什道为例》，《西域研究》2011 年第 2 期；王培华：《清代新疆的水资源分配制度》，《西域研究》2015 年第 3 期。

　　《新疆图志·沟渠志》渠道信息对于数据集构建具有以下优势：首先，空间覆盖面广，基本囊括新疆各地。其次，笔者团队可根据渠系空间数据进行渠道特征分析。最后，所处时段具有典型性。1909 年是研究区由传统农业时代转向现代工业时段最后的完整的断面，该年《新疆水利报告书》《新疆之水利》等书中关于渠道的建设、维护、纠纷及灌区的水旱灾害记录也很丰富。

　　1909 年是渠道数据集中最为完整的时间断面。基于集中采集的数据，在 ArcGIS 软件环境中将灌溉空间格局，包括灌渠长度、灌溉面积、渠系最大集水面积和渠道灌溉效率进行计算并可视化呈现，继而对各类空间属性的形成特点与区域自然地理、人文地理背景进行探讨。在 Pajek 软件中对 1909 年新疆水系-渠系网络关系进行可视化呈现，同时选取典型绿洲对其网络特征进行测度与揭示。

　　渠系变动和地表水关系这一问题的理解不仅需要通过宏观层面的考查，更需进行绿洲个案研究。个案研究应具有较好的历时性。新疆文献保存存在不平衡性，文献缺失会造成研究桎梏。LUCC 将 17 世纪以来作为重点研究时段。新疆方志文献最早以 1782 年的《西域图志》为代表，该文献可满足长时间尺度研究的需要。

　　渭干河-库车河三角洲绿洲是南疆最大的绿洲之一。近 300 年来绿洲地表水发生了较为明显的变化，渭干河、库车河至少于 1820 年代和 1950 年代与塔里木水系分解。依靠老旧地图的水系格局重建表明，水系在流程缩短的同时也存在水系结构去主干化过程，这些过程与渠系改造密切相关，进而引起如绿洲排涝、绿洲边缘湖泊湿地缩小等问题。对聚落、水系、渠道数据进行综合分析能得出较为全面的结论。此外，本书以阜康绿洲老灌渠为例，对灌渠典型分水口地理场景、水磨等水利设施利用 ArcGIS 软件、SketchUp 软件等进行可视化重建，探析了历史地理场景的构建方法与水利设施的三维意义。

二、制作路径与方法

（一）基于多源数据的空间数据集构建

本书通过梳理文献志书等资料中的渠道信息，参考各类志书与卫星影像，完成近代水利渠道的提取。该方法包括渠道文本信息提取及数字化手段下的近代地图中渠道形态提取。地图上缺乏具体形态的渠道，采用提取聚落的手段予以代替，最后通过数据集编码等方法集成与管理渠道数据（图 5-1）。

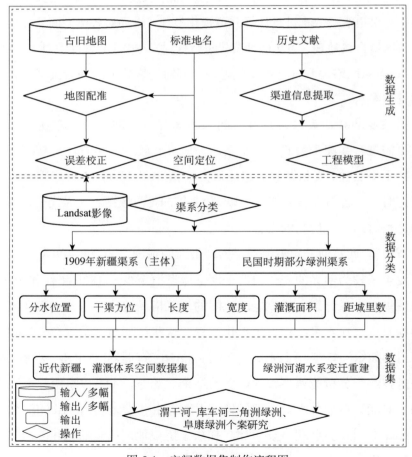

图 5-1　空间数据集制作流程图

　　将文献记录转化为具有地理意义的空间数据是构建数据集的核心内容之一。本书在不同情况下渠系空间定位与提取采用以下三种方式处理：地图上标明名称和形态的，利用数字化手段提取；地图上未标明的，渠道经后期改造，但路径未变，且存在于当代地图的从地图中提取；有文献记录而地图上未表现的，考证并提取渠道所在聚落。此外，尝试在此基础上利用构建成本路径的手段完成部分渠系走向的复原。

（二）文献解读、数字化与空间分析方法

　　本书采用的近代地图数字化方法包括对近代地图经纬网赋值、四角赋值、地名赋值等配准方法。结合标准地名、Landsat 影像（Landsat 全球合成数据，1999—2003）数据、CHGIS 地名数据进行调校，保证要素的准确性。空间分析方法是对渠系、水系、聚落关系认识的必要手段，包括在 ArcGIS 软件环境下标准化的水系、空间自相关、聚落核密度、通视分析等多种方法。对部分渠系尝试利用最低成本路径进行复原并检验。利用 Pajek 软件等的网络分析法对渠道分维数、中心度等指标进行评估，从而挖掘渠系关系背后的社会网络意义。利用 SketchUp 软件、ArcGIS 软件等进行三维工程建模，并运用地理场景重建方法重建传统水利灌溉三维地理场景。

（三）田野考察方法

　　田野考察是落实文献记录的重要辅助手段，在新疆历史渠系重建工作中，田野考察包括对现有渠道引水龙口、渠道形态（包括干渠、支渠、斗渠）、遗迹及灌溉田地、地表水体等要素的考察，以及对地方档案的收集、地方居民口述采访等内容。田野考察一方面能对数据集精度进行检验调整，另一方面可使个案研究更具充实性和全面性。田野考察使用手持式 GPS 对关键地点进行经纬度和高程测量，同时，就渠道走向、工程修建时间和洪水现象进行访谈。但野外工作中一定要注意辨析访谈内容，如同一现象不同人有相互矛盾的表述、同一访谈人在同一个问题的回答中存在前后不一致的现象等。

三、史料情况

（一）文字史料

近代新疆地区灌渠史料较为丰富，主要类型有地方志，如《西域水道记（外二种）》①《新疆乡土志稿》②《新疆图志》③；近现代各地地名图志、档案资料，如后人整理的《和田地区民国时期绿洲农业与生态环境档案选辑》④《清代新疆屯垦档案史料选辑》⑤；文集，如《补过斋文牍》⑥；各类奏稿和调查报告，如倪超编著的《新疆之水利》⑦。

在上述各类史料中，灌渠记录以《新疆图志·沟渠志》体例最为完整翔实，几乎囊括新疆全境。其他史料或多或少存在以下问题：或多与农垦、水利等内容等一同出现，仅仅展现其研究背景；或限于空间尺度，集中于个别绿洲。在历史地理研究中，代用指标的缺失影响了时空序列的完整，造成了标准性、均一性的缺失，以及典型问题难以深入探讨等问题，成为研究的遗憾。因此，资料的时空完整性、资料来源的系统性、时段的典型性是本书代用指标选取的主要考虑因素。

从本书所采用的资料来看，《新疆图志·沟渠志》是其中的最佳选择。理由如下：首先，该文献保存资料完整，对于灌渠要素尤其如此。其次，该文献中渠道要素的记录分布均匀，利于标准化处理。渠道各属性信息可考证，便于进行数据分析。最后，该文献所处时段为传统农业时代末期，是现代化的前夜，对于考察传统农业时代新疆灌溉情况具有很好的指示意义。构建完整的时段剖面数据，是时间序列研究的基础。在此数据集基础上，选取与资

---

① （清）徐松：《西域水道记（外二种）》，朱玉麒整理，北京：中华书局，2005 年。
② 中国社会科学院中国边疆史地研究中心主编：《新疆乡土志稿》，北京：全国图书馆文献缩微复制中心，1990 年。
③ （清）袁大化修，王树枏等纂：《新疆图志》，上海：上海古籍出版社，2017 年。
④ 谢丽、杨方正编：《和田地区民国时期绿洲农业与生态环境档案选辑》，乌鲁木齐：新疆人民出版社，2011 年。
⑤ 新疆维吾尔自治区档案局（馆）编：《清代新疆屯垦档案史料选辑》，乌鲁木齐：新疆文化出版社，2017 年。
⑥ 杨增新：《补过斋文牍》，台北：文海出版社，1965 年。
⑦ 倪超编著：《新疆之水利》，上海：商务印书馆，1948 年。

料保存完整的典型地区进行衔接，可在不同时空尺度下进行个案研究，对于具体问题的解决具有重要作用。

史料的来源是数据基础性和可靠性的保障。已有研究表明，《新疆图志·沟渠志》资料来源于各地统一调查上报。《新疆图志·沟渠志》一书部分地方注有"调查表"，稿本提到部分地方"覆文均未到"。《新疆图志补编》中开垦及沟渠等数据均说明来源于调查或上报。[①] 此外，《新疆图志·沟渠志》中各地各渠道记载体例和单位均一致，依次为名称、距城方位、距离、导源、长、宽、灌溉面积、渠道属性（即干渠或支渠），表明数据源采集的系统性和统一性，进而表明资料源较为直接，属于系统性的调查资料。

从《新疆图志·沟渠志》记载的时间来看，其中关于普润渠的记载时间最晚，"普润渠，光绪三十四年署知州江文波自帕哈大力起至二台骇马古庄止开渠一道，以溉麦盖堤庄地亩"[②]。由上可知，渠道统计至少在1908年，所以本书以1909年为标准时间断面。

《新疆图志·沟渠志》以行政区为基本单元记录了晚清时段各地渠道情况，共记录渠道3201条，包括名称、方位、分水位置、长度、灌溉面积等信息。如《新疆图志》卷73《沟渠一》迪化县"公胜上渠"条载，"在城西南九十五里导源城南大西沟之西四道口。长五十里，广七尺五寸，今溉田三千一百四十五亩，枝（支）渠二"[③]。其余各地渠道皆依此体例。

上引资料表明，"公胜上渠"位于迪化城（今乌鲁木齐）西南95里，已有研究得出对清代计量单位与现代数据较准确的转换结果。[④] 因此，以上记录均可转换为现代数据，但渠道只记载长、宽等平面数据，且渠道本身属于三维立体结构。因此，需要对部分研究区的老渠道利用代用指标估算或实地

① 史明文：《〈新疆图志〉版本研究》，中央民族大学博士学位论文，2011年。
② （清）袁大化修，王树枬等纂：《新疆图志·沟渠志》，上海：上海古籍出版社，2017年，第2972页。
③ （清）袁大化修，王树枬等纂：《新疆图志·沟渠志》，上海：上海古籍出版社，2017年，第2711页。
④ 即1里等于今576米，1亩为614.4平方米，1尺为0.32米，10寸1尺。参见吴承洛：《中国度量衡史》，上海：上海书店出版社，1984年，第291—293页；梁方仲编著：《中国历代户口、田地、田赋统计》，上海：上海人民出版社，1980年，第543页。

测量。

导源是指引水口处，即大西沟西边的"四道口"。需要说明的是，部分地区这一记载较模糊，如阜康县"八户沟渠"条只记载"中沟渠之北"，难以考证具体位置。那么，以上渠道如何落实在空间上？事实上，渠道通常以所在聚落命名。通过考证聚落位置可以确定渠道的基本方位。《新疆图志·建制志》载阜康县有"八户沟"，在"城东一百一十里"①。上文所引"公胜上渠"条，《新疆图志·建制志》载迪化县有"公胜渠上庄"，也在"城西南九十五里"，与《沟渠志》记载一致。②又如《新疆图志》卷74《沟渠二》阜康县"头工渠"条载，"在城西南十五里，导源城南八十里之水磨河南山雪水"③。可知头工渠引水磨河水，而头工现今仍存，为头工村所在。《新疆图志·建制志》载"头工，城西南十五里"④。以上距城方位能为渠道和聚落定位提供空间参考。空间上，渠道是矢量化的线数据，聚落属于点数据。绝大多数渠道能依靠聚落来定位，而部分渠道空间上的具体形态和走向可以依靠地图数字化或空间分析手段来确定。

就点定位而言，以"公胜上渠"条为例说明。公胜渠上庄当为今天乌鲁木齐西南公盛村附近，至乌鲁木齐直线距离约35千米，远不及文献记载的95里（约47.5千米）。又如阜康县至滋泥泉子镇属于准噶尔盆地北缘绿洲道路，参考近代地图和考察数据能对这一问题有较清晰认识。文献记录为80里，折合现在数值约40千米，现在两者路程约44千米，可知这一条路自古至今变动不大。因此，"城西南九十五里"实质上是中国传统方志记载特点。这一描述并非代表直线距离，实质属于道路距离，这与相关研究成果基本一致。⑤

本部分通过收集、判读和整理不同时段新疆地区渠系数据信息。在 Excel

---

① （清）袁大化修，王树枏等纂：《新疆图志》，上海：上海古籍出版社，2017 年，第 57 页。

② （清）袁大化修，王树枏等纂：《新疆图志》，上海：上海古籍出版社，2017 年，第 51 页。

③ （清）袁大化修，王树枏等纂：《新疆图志》，上海：上海古籍出版社，2017 年，第 2753 页。

④ （清）袁大化修，王树枏等纂：《新疆图志》，上海：上海古籍出版社，2017 年，第 57 页。

⑤ 成一农：《"非科学"的中国传统舆图：中国传统舆图绘制研究》，北京：中国社会科学出版社，2016 年，第 215—326 页。

数据表中依次输入各渠名称、方位、距城距离、分水位置、渠道长度、渠道宽度、灌溉面积、属性（即干渠和支渠）、支渠数量、所属地区、所属河流、资料来源等属性信息。经整理，数据集主体部分，即 1909 年断面共有渠道 3201 条，其中干渠 909 条，支渠 2292 条。[①]

（二）地图类史料

在缺乏卫星遥感等现代技术条件的情况下，近代新疆地区渠道的重建工作需要以精确的测绘地图为基础。相比于国内其他地区，新疆地区的测绘事业起步较晚，民国之前的实测地图存在比例尺不一、误差较大等问题。[②]在晚清民国时期的诸多实测地图中，以宣统元年（1909）《新疆全省舆图》、民国二十四年（1935）参谋本部陆地测量总局所编绘的一套 1∶300 000 地形图（以下简称"民国新疆地形图"）最具代表性。

"民国新疆地形图"原件目前藏于台湾"中央研究院"历史语言研究所。该图是近代新疆地区精度最高、覆盖面最完整的测绘地形图。据该图图说介绍，该图出版于 1935—1936 年，套图应有 217 幅，实有 214 幅，缺 3 幅，基本覆盖了新疆全境；大致反映了 20 世纪上半叶新疆地区的基本地理状况。

《新疆全省舆图》与"民国新疆地形图"对于重建晚清民国时期新疆渠道和聚落状况具有多方面的优势：其一，空间覆盖性好，两套图的图幅基本涵盖了现在新疆地区全境；其二，图幅反映时段具有代表性，近 100 年是全球变化尤其是气候变化最为显著的阶段，同时也是传统农业时代的最后时空断面，是新疆步入现代化的前夜；其三，两套图的图幅保存状况较好，仅"民国新疆地形图"缺少 3 幅，但对整体重建工作影响不大；其四，图幅的符号

---

① 需要说明的是，数据集还包括民国时期部分地区渠道数据（共 220 条）。限于区域资料丰度存在差异，研究工作时间限制，难以再构成完整断面数据。故本数据集主体部分为 1909 年断面渠道数据。民国时期数据可根据区域丰度状况做区域个案研究，同时进一步补充。

② 《中国测绘史》编辑委员会编：《中国测绘史》，北京：测绘出版社，2002 年，第 571—577 页；新疆维吾尔自治区地方志编纂委员会、《新疆通志·测绘志》编纂委员会：《新疆通志·测绘志》，乌鲁木齐：新疆人民出版社，1996 年，第 184—187 页。

系统清晰，聚落、渠道与水系较容易辨认及提取。

地图存在的问题：其一，《新疆全省舆图》各图幅比例尺不统一，直接影响了该套地图的图幅拼接工作。其二，《新疆全省舆图》与"民国新疆地形图"相比，比例尺较小且不统一。其中比例尺最大的为阜康县（今阜康市）与孚远县（今吉木萨尔县），25.7万分之一。最小的为和田州（今和田市和田县及墨玉县一带），200万分之一，图幅平均比例尺约为72.25万分之一。其三，《新疆全省舆图》缺乏较好的数学基础。编绘者以不规则的政区形状表示地物信息，采取了详细表现本政区范围内的地物要素，对本政区之外采取略绘的做法。加之比例尺较小，新疆本身聚落较少，一些图幅使用四角或地名配准后发生较大失真与变形。其四，"民国新疆地形图"图说中强调图幅编绘内容来源各异，繁简不一，且因时间仓促其位置方向可能存在错误。

因为《新疆全省舆图》图幅比例尺不一，图幅内地表聚落和渠道要素的绘制必定有详略取舍。如"阜康县图"的比例尺为25.7万分之一，每条渠道形态、聚落位置都被详细绘制在图中。而"和田州图"比例尺为156.6万分之一，所表现的和田地区渠道和聚落并不理想，文献记载共有渠道162条，图上只有聚落66个，不及文献记录的1/2。

四、地图数字化

针对地图存在的问题，本书对《新疆全省舆图》自带的经纬系统进行换算。将穿过北京的中央经线转换成本初子午线，纬度保持不变，距离北京越远则变形越大。变形较大的图幅采取地名配准的方法进行操作，使地物偏差降到最低。这也是目前对"民国新疆地形图"所能采取的较有效的处理方法。利用地图自带经纬网系统，在ArcGis10.2环境下对"民国地形图"进行初步定位，对其进行空间配准，统一采用WGS-1984地理坐标，提取本数据集需要的聚落和渠道二维矢量数据。

　　古旧地图数字化的误差来源于测量、假定经纬度、随机绘制误差及研究本身的误差。结合现代影像，参考古今地物名称定位能较好地解决这一问题。[①]该数据集使用 CHGIS 4.0 1911 年地名治所（治所与聚落相对位置）的空间经纬信息对配准后的图幅进行误差测算，即计算出两者经纬度差，将该经纬度差赋予提取的图层要素，进行系统性空间校正。最后参考 Landsat 影像、现代电子地图、历史文献志书[②]和现代地名数据进行手工调校。在该套地图配准信息缺少与图幅投影情况不清晰的情况下，这一方法能有效地降低误差。

　　"民国新疆地形图"因测绘手段或图幅处理问题存在系统误差，地物信息方位偏移，且分布较为混乱，未发现明显规律。[③]针对这一问题，本书利用 CHGIS4.0 1911 年地名治所空间经纬度信息、Landsat 影像和现代电子地图对偏差较大的图层进行了手工调校处理。

　　民国新疆渠系数据集包括《新疆图志·沟渠志》及部分民国时期地方志书所载渠道，包含其主要空间特征、形态特征。以点和线形式进行 GIS 环境下的存储与展示。以点形式存储的渠道根据数字化的《新疆全省舆图》聚落名称并参考现代地名数据生成，只涉及干渠级别。以线形式存储的渠道根据《新疆全省舆图》保存的渠道具体形态、走向提取生成。已经提取的聚落数据能与部分渠道字段实现关联，即在属性表中添加"聚落名称"一列，表现为渠道与聚落共有的标准化地名。所提取具体形态和走向的矢量化线渠道亦是如此。

　　对数据编码进行统一管理是实现数据集交互，并开展集成研究的先决

① 潘威、满志敏：《大河三角洲历史河网密度格网化重建方法——以上海市青浦区 1918—1978 年为研究范围》，《中国历史地理论丛》2010 年第 2 期。
② 钟兴麒、王豪、韩慧校注：《西域图志校注》，乌鲁木齐：新疆人民出版社，2002 年；（清）徐松：《西域水道记（外二种）》，朱玉麒整理，北京：中华书局，2005 年。
③ 王芳、潘威：《三维技术在历史地貌研究中的应用试验——1935 年以来新疆博斯腾湖变化》，《地球环境学报》2017 年第 3 期。

条件。具体以政区为单位，以渠道属性为依据进行操作，渠系数据属性分类如表 5-1 所示。如"绥来县"有"长胜渠"，属于干渠，即以"SG001"表示；"西凉户渠"属于支渠，即以"SZ001"表示。以此类推，共得干渠909 条，支渠 2292 条。在 GIS 聚落和渠道矢量图层属性表中，对每个要素添加与渠道关联字段，实现具有空间可考的渠道数据融合。对于数字化提取的聚落数据，依据所在图幅政区进行编码。如巴楚县"屈尔盖庄"即BC002，其中有卡伦、庙、驿站等其他聚落属性数据，对此类数据进行单独标识处理，如巴楚县"排山口卡"即标识为 BC001（K），驿站"色瓦特"标识为"BC064（Y）"，共得聚落点数据 2958 个。

表 5-1　民国新疆渠系数据类型及编码依据

类型	分类编码依据	二级分类	Subclass
1909 年渠道	政区和渠道属性	干渠	main channel
		支渠	branch channel
1909 年聚落	政区和聚落属性	聚落	settlement
		卡伦	post
		庙宇	temple
		驿站	station

民国新疆渠系数据集包含 1909 年渠道空间数据、民国时期部分绿洲渠道统计数据、1909 年聚落数字化数据、1909 年渠道-水系关系数据，通过编码后字段关联实现属性表数据融合。但数据集存在以下问题：其一，由于数据源地图的比例尺的不均一性，各图幅聚落与渠道要素取舍存在差异，难以对新疆全境进行整体分析。其二，尽管利用地名图志和地名考证能填补和解决部分地区空间定位问题，但新疆属于多民族地区，聚落与渠道名称多为音译。古今地名变动较大，致使工作量较为庞大，在有限的工作时间内完成并不现实，只能留待日后加以完善。其三，由于上述问题的存在及近100 年来地表覆被变动，对新疆地区完整时间剖面渠道的具体形态和路径恢

复较困难。

　　针对以上问题，具体解决办法如下：其一，针对多源资料比例尺与分辨率不一导致数据标准化不足的问题，将较小尺度的点图层与线图层分析转化为较大空间尺度的面图层分析。通过空间尺度的调整，即将数据同县级政区关联。CHGIS 1911 年图层能为民国时期新疆渠系研究提供便利，低层政区的比较也能很好地进行空间分析。其二，针对数据庞杂和工作时限的问题，尽量保证数据搜集全面或调整尺度，对数据较丰富地区进行典型案例研究。其三，针对部分渠道形态和路径不清晰的问题，依靠野外考察，工程建模和空间分析等方法提出较为可行的重建方法。

　　通过以上处理，民国时期新疆渠系数据可以在 GIS、Origin、Pajek 等软件平台上实现分析利用。例如，研究中需要利用本数据集某一区域的灌渠数据，通过字段检索并提取属性值。通过"聚落名称"字段与灌渠所在聚落（点要素）和具体形态（线要素）关联获取空间信息，用户可自行对聚落名称进行修正或填补。此外，该数据集图层为地理坐标数据，并未赋予投影，方便用户根据不同情况对图层投影使用。

五、近代新疆地区地表灌渠空间分布与结构特征

　　水利建设是自汉以来历代王朝开发新疆的主要内容之一。[①]近代新疆地区的农垦开发过程对政局稳定有很强的依赖性。近代农垦开发过程主要集中于 1912—1928 年和 1933—1944 年两个时期。[②]同治年间大乱之后，"左宗棠、刘锦棠等人把'兴水利以除民患'列入'最为切要之务'"[③]。至 19 世纪末，建成覆盖全境的水利灌溉体系。[④]

① 曾问吾：《中国经营西域史》，上海：商务印书馆，1936 年，第 647 页。
② 陈慧生、陈超：《民国新疆史》，乌鲁木齐：新疆人民出版社，2007 年；姜刚：《军阀时代——清末民国新疆的政治变迁》，兰州大学博士学位论文，2011 年；华立：《清代新疆农业开发史》（修订版），哈尔滨：黑龙江教育出版社，1998 年，第 242 页。
③ 《刘襄勤公奏稿》卷 2，第 50 页，转引自华立：《清代新疆农业开发史》（修订版），哈尔滨：黑龙江教育出版社，1998 年，第 242 页。
④ 华立：《清代新疆农业开发史》（修订版），哈尔滨：黑龙江教育出版社，1998 年，第 253 页。

　　清末民初全疆掀起了兴修水利的热潮。"所有天山南北两路各县自应将农业极力提倡,以收殖民阜财之效果。其各于所辖境内将可垦之地、可开之渠,切实调查,妥拟办法。"[1]据成书于民国时期的《新疆地理志》记载,焉耆地区"至于喀喇沙尔地方大小沟渠纵横密布,因之灌溉之利甚大,到处耕地甚多,一望千里"[2]。通过对《补过斋文牍》中有关水利公文的梳理和对新设政区的确定,可以看出本时段农业开发的重点。因为政区的设立往往能代表区域经济的开发和发展水平[3],对于理性决策者而言,农业政策是在衡量区域经济水平的基础上形成的。

　　1933—1942 年,新疆水利建设进入了一个高峰时段,但从 1943 年直至新中国成立前期均没有大规模的水利兴修活动。近代新疆地区的农垦过程、政区设立与人口增长的峰值也存在时间上的对应关系。本书时间断面 1909 年正是传统农业时代新疆农业开发具有代表性的年份之一,也是传统农业时代最后的完整断面。1912 年后因为政局、资料保存等因素,再也难以在整体层面上形成连续且完整的时空资料数据。

　　数据集中各属性要素的空间分布能反映新疆全境灌溉空间差异。本书选取渠道长度、灌溉面积直接对比衡量。数据集中渠道是具有长度和宽度的二维平面数据,通过计算可以得出各地渠系的最大集水面积。传统农业时代,新疆各地土渠水深不一。在渠道高度不明确,难以对最大槽蓄容量进行评估的情况下,集水面积是较为理想的代用指标。各地灌渠的灌溉效率则由灌溉面积除以最大集水面积得到。在 ArcGIS10.2 环境下通过计算得出 1909 年新疆地区灌渠长度、灌溉面积、渠道集水面积、有效灌溉率等属性数据。

　　最大集水面积公式为:$s_{\max} = \sum lw$

① 杨增新:《补过斋文牍·丁集》,台北:文海出版社,1965 年,第 1017 页。
② 张献廷:《新疆地理志》,台北:成文出版社,1967 年,第 27 页。
③ 谭其骧:《长水集续编》,北京:人民出版社,1994 年。

灌溉效率公式为：$\eta = \dfrac{S_i}{S_{\max}}$

其中，$S_{\max}$ 表示某区域最大集水面积。l 表示其中某条渠道长度，w 表示某条渠道宽度，S_i 表示单位政区灌溉面积。

可以看出总体上，渠道长度、灌溉面积、渠系最大集水面积分布格局基本一致。空间自相关分析结果表明，渠道长度、灌溉面积和渠系最大集水面积分布仅有小于5%的部分可能是随机分布，且能够显著拒绝零假设，具有空间正相关模式。1909年前后新疆地区南疆较北疆发达，西部较东部发达。以疏勒、疏附、莎车、伽师等地为代表的叶尔羌河、和田河、喀什噶尔河、渭干河流域等塔里木河上游区域是渠系分布较多的区域。以开都河、孔雀河流域的塔里木盆地东缘灌渠分布较少。渠系长度分布与灌溉面积区别较明显的是宁远县①、巴楚州（今为巴楚县）、绥来县②、皮山县、洛浦县、伽师县。

用各地区灌溉面积除以渠系最大集水面积可得到灌溉效率。灌溉效率并不具有较好的空间相关性，具有随机分布特征。但总体而言，宁远、鄯善、奇台、吐鲁番、乌什、疏附、皮山、莎车、和田等地灌溉效率值较高。综合而言，以吐鲁番-哈密盆地和伊犁河谷地较明显。

新疆地处欧亚大陆内部，气候干燥，水是这一区域，尤其是绿洲地区最主要的生态限制因子，上述灌溉指标的分布无不与此有关。依据新疆各地水资源量和水网密度能进一步明确两者关系。

利用1930年代断面水系重建结果③，进行线密度分析。结果表明，1930年代伊犁谷地、叶尔羌河流域、喀什绿洲和若羌地区水网密度值较高。上述区域同灌溉效率较高地点空间分布基本吻合，说明灌溉效率与水网密度存在一定关系。

---

① 今伊犁哈萨克自治州。

② 今玛纳斯县。

③ 王芳：《20世纪30年代新疆地形图的地表水数字化处理及应用》，陕西师范大学硕士学位论文，2017年。

　　新疆全境的地表水资源量如图 5-2 所示，可以看到，北疆的地表水资源量最为丰富，南疆次之，东疆最次。综合来看，渠道长度、灌溉面积、渠道最大集水面积等各项指标与地表水资源量相比，东疆排在最后。北疆水资源量高于南疆，但是除灌溉效率外，为何其余各灌溉指标却低于南疆？原因众多，以下尝试分析。

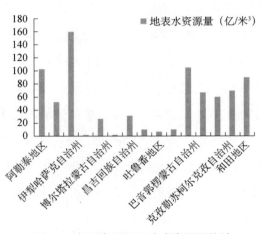

图 5-2　新疆各地区地表水资源量统计

资料来源：新疆维吾尔自治区水利厅、新疆水利学会编：《新疆河流水文水资源》，乌鲁木齐：新疆科技卫生出版社，1999 年，第 40 页

　　流域水系特征是由地貌特征决定的（图 5-3）。从流域水系角度看，北疆没有形成类似南疆塔里木河的完整流域水系，以较为短小的南北向出山径流为主。自东北向西南倾斜是准噶尔盆地最为重要的地形特征，南部为广布沙漠的冲积平原，北部为剥蚀平原。除鄂尔齐斯河属于北冰洋水系外，其余均属内陆水系，消失于沙漠或于尾闾形成湖泊。而塔里木盆地由南向北缓斜，并由西向东稍倾，发源于盆地南北天山阿尔金山的河流在各下游冲积平原交汇组成塔里木河。盆地中塔里木河流向完全受地势控制。相较而言，塔里木盆地水系较准噶尔盆地完整。[1]这一水系分布特点致使南疆有六条大河，径流长且流域面积

---

① 中国科学院新疆综合考察队、中国科学院地理研究所、北京师范大学地理系，等编著：《新疆地貌》，北京：科学出版社，1978 年，第 10、60—61、120—136 页。

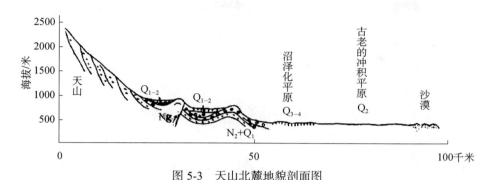

图 5-3　天山北麓地貌剖面图

资料来源：中国科学院新疆综合考察队、中国科学院地理研究所、北京师范大学地理系，等编著：
　　　　　《新疆地貌》，北京：科学出版社，1978 年，第 61 页

广。两岸广泛生长胡杨林和灌木林，下游又形成草甸草场，南疆天然绿洲和人
工绿洲面积都普遍大于北疆，人口分布也与此紧密相关。[1]因此，在此地貌-水
系基础上，南北疆各灌溉指标形成较显著的空间差异。

　　地形、土壤和地下水等条件是影响灌溉效率的主要因素。传统农业时代
次生盐渍化是灌区农业生产的重要影响因子。灌溉绿洲类型决定土壤次生
盐渍化的程度。河谷、扇形绿洲较干三角洲、大河三角洲、湖滨三角洲、大
河（过境河）沿岸绿洲盐渍化程度轻。[2]通过与灌溉效率指标对比可以看出，
伊犁、喀什、和田等地是盐渍化程度轻的河谷平地或扇形绿洲，这些地区的
灌溉效率指标较高。而巴楚、温宿等大河沿岸或三角洲地区盐渍化程度较
重，其灌溉效率则相对低下。

　　传统农业时代，灌渠土壤盐渍化的原因在于灌溉渠道渗漏和灌溉水量过
大，与渠道渗漏、土质和地下水位三者密切相关。以灌溉效率较高的伊犁谷
地为例，据《新疆土壤地理》介绍，该区域的灌渠长度与集水面积并非最高
值，但伊犁地区气候温和湿润，耕地主要分布于山间谷地、中游较高的阶地

① 钱云、郝毓灵主编：《新疆绿洲》，乌鲁木齐：新疆人民出版社，1999 年，第 40—45 页。
② 中国科学院新疆综合考察队、中国科学院地理研究所、北京师范大学地理系，等编著：《新疆地貌》，北
　京：科学出版社，1978 年，第 430—432 页；新疆维吾尔自治区水利厅编：《新疆灌溉》，乌鲁木齐：新
　疆人民出版社，1993 年，第 163 页。

和部分山前细土平原上。通畅的地下水流和较强的地表径流可将盐分带至绿洲以外。细土覆盖的绿洲和泄水条件较好的砾砂层底土、下切较深的河床、下降的地下水位等此类条件使绿洲免遭次生盐渍化的威胁。[①]

巴楚地区作为渠道长度、集水面积值最高的地区之一，灌溉面积和灌溉效率却较低。原因是这里是地下水散失区，盐渍化较轻的只是近河沿岸地下水受河水淡化的狭长地带，其他地区地下水位高，地下水排泄条件较差。[②]《新疆图志·土壤志》记载巴楚州"厥土咸泻"，意即此地拥有较多的盐碱地。[③]所以这一地区灌溉效率较为低下，与伊犁形成较明显的反差。

灌渠自古以来是绿洲区滋养人口、发展农业经济的主要保障。人口和聚落是历史时期区域社会经济的较好代用指标。据本书 1909 年断面数据分析新疆人口密度分布与灌溉各指标的空间分布具有较好的一致性。利用数字化后的 1930 年代地图提取这一时段新疆地区聚落，共 4443 个。[④]对此进行核密度分析，可以看出，本时段聚落形成以和田、喀什、温宿、吐哈盆地、准噶尔盆地南缘的绥来—孚远一带为中心。可见，除吐鲁番哈密盆地因存在地下灌溉系统——坎儿井有所差异外，新疆其他地区渠道长度、灌溉面积、最大集水面积分布同聚落、人口密度分布基本一致。

1909 年南疆人口为 1 803 333 人，北疆只有 244 367 人。[⑤]从《中国人口史·清时期》的"清代中期至 1953 年各省分府人口"表中可以看出，这一分布格局自清中期以来未发生较大变动。[⑥]一方面与上述南北疆自然地理条件有关；另一方面，人口数量的历时性也是重要因素。此外，各灌溉指标的空间差异也是农业基础、人口和聚落数量空间差异的体现。

新疆地域辽阔，作为多种民族生活的区域，拥有不同的生产生活方式，

---

① 中国科学院新疆综合考察队等编：《新疆土壤地理》，北京：科学出版社，1965 年，第 431 页。
② 中国科学院新疆综合考察队等编：《新疆土壤地理》，北京：科学出版社，1965 年，第 432 页。
③ （清）袁大化修，王树枏等纂：《新疆图志》，上海：上海古籍出版社，2017 年，第 2433—2434 页。
④ 王芳：《20 世纪 30 年代新疆地形图的地表水数字化处理及应用》，陕西师范大学硕士学位论文，2017 年。
⑤ （清）袁大化修，王树枏等纂：《新疆图志》，上海：上海古籍出版社，2017 年，第 36—41 页。
⑥ 曹树基：《中国人口史·清时期》，上海：复旦大学出版社，2001 年，第 701 页。

"南耕北牧"是传统时代最重要的特点。由于地理条件和历史进程的作用，北疆因主营牧业多为"行国"，南疆因农垦多为"居国"。"天山南路沙漠水草田自古为农业繁盛之区。山北水草优美，从来以牧为生，间亦开渠种田。"①从1909年断面来看，这一空间差异仍未被彻底消除。

六、灌溉空间分布与近代新疆地区水文变迁事件

本书依据历史资料进行渠系空间数据的重建，在此基础上可以讨论灌溉活动与区域水文变迁的关系。

（一）水文变迁事件

19世纪末20世纪初新疆地区发生多起水文变迁事件，具体表现为一些湖泊的缩小，以及河流断流或缩短。现有研究对于这类水文变迁事件的认识主要体现在基于人口数量、灌溉面积等代用指标进行判断分析，认为灌溉耗水致使河道断流或改道。②现根据有关资料，将新疆各主要河流变迁情况做一汇总梳理（表5-2）。

表5-2　19世纪末20世纪初新疆境内水系变迁情况统计

河名	断流情况	文献记载和研究成果来源	断流或改道时间
喀什噶尔河	"河水巴尔楚克，又八百里至噶巴克阿克集境，与西来之叶尔羌河会。"	乾隆年间《河源纪实》卷二	1899年
	缺水记载	《新疆全省舆图》	
	1889年即已不通叶尔羌河，改入巴楚灌渠	别夫佐夫记录	
	"巴楚州南境，湖荡纷歧，新旧各渠，纵横如缕，南北纡屈往复，出没隐现，令人猝不能辨。"	宣统年间《新疆图志》	

① 曾问吾：《中国经营西域史》，上海：商务印书馆，1936年，第647页。
② 奚国金：《近二百年来塔里木河下游水系变迁的探讨》，《干旱区地理》1985年第1期；韩春鲜：《18世纪以来塔里木河干流河道变化及其与人类活动的关系》，《中国沙漠》2011年第4期；张永雷、陈亚宁、杨玉海，等：《塔里木河河道的历史变迁及驱动力分析》，《干旱区地理》2016年第3期；张莉、安玲：《近300年来新疆头屯河与三屯河的变迁及其影响因素》，《中国历史地理论丛》2015年第3期；张莉、李有利：《近300年来新疆玛纳斯湖变迁研究》，《中国历史地理论丛》2004年第4期。

续表

河名	断流情况	文献记载和研究成果来源	断流或改道时间
叶尔羌河	叶尔羌河有两源，并把听杂阿布河作为东源	《乾隆内府舆图》	20 世纪初至 1935 年
	叶尔羌河有两源	《西域水道记》	
	盖听杂阿布河支渠太多，水力耗散，故不能与西源会汇。新疆新图二源并东流，听杂阿布河尾支渠无数，至麦盖提而并不与泽普勒会	宣统年间《新疆图志》	
阿克苏河	嘉道年间，水宽里许。"东支流经浑巴什军三十余里，是为浑巴河，水宽里许。""五月河流未盛已有浩渺之思矣。"	《西域水道记》	20 世纪初
	老大河已断流	1899—1902 斯文赫定地图	
渭干河	"西川水"是渭干河主流，渭干河出山后分为三支进入塔里木河	《西域水道记》卷二、《新疆图志》	19 世纪末20 世纪初
	间歇河	1899—1902 斯文赫定地图记载	
	渭干河分为南河与北河	《新疆图志》	
且末河	1921 年塔里木河在尉犁县群克改道东流，双方脱离关系	《中国历史自然地理》	1921 年
英尔对雅（新河）	1929 年断流不久	《塔里木盆地考古记》	1929 年
三屯河、头屯河	三屯河东支汇入头屯河、乌鲁木齐河	《近 300 年来新疆头屯河与三屯河的变迁及其影响因素》	19 世纪末20 世纪初
	三屯河下游西支断流，不能汇入		

资料来源：曾昭璇、曾宪珊：《历史地貌学浅论》，北京：科学出版社，1985 年，第 155—163 页；邹逸麟、张修桂主编：《中国历史自然地理》，北京：科学出版社，2013 年，第 424—432 页

由表 5-2 可见，19 世纪末 20 世纪 30 年代这一时段，新疆地区河流变迁事件以南疆为主。其中以 19 世纪末 20 世纪初喀什噶尔河—阿克苏河—渭干河水系断流最早，20 世纪二三十年代的且末河—英尔对雅河—叶尔羌河解体稍晚。空间上，以上河段均位于灌溉面积较大的区域。时间上，若以《新疆图志》开始纂修的 1909 年为资料生成时间断面，那么上述水文变迁事件距该灌溉断面年度区间值为向后推 10 年或向前延伸 26 年。

　　至此，不难联想到上述河段的解体可能与灌溉活动有密切联系。以往研究在述及灌溉活动时往往指向由于人口、耕地面积增长所引起的灌溉耗水。通过整理新疆 1909—1939 年灌溉耕地面积资料却发现，1909—1939 年，灌溉面积甚至处于下降阶段。在水利技术没有显著进步的前提下，灌溉面积的增减与耗水规模即耗水量密切相关。所以，以上分析至少说明灌溉耗水量不能很好地解释塔里木盆地 1909—1939 年的水文变迁事件。只能说明 1909 年前，喀什噶尔河、阿克苏河、渭干河水文变迁可能同灌溉耗水量有关（表 5-3）。

表 5-3　1909—1939 年新疆境内渠道与灌溉面积变化

年份	干渠数量/条	支渠数量/条	灌溉田亩数/亩	资料来源
1909	940	2 332	11 221 901	《新疆图志·沟渠志》
1937	943	2 333	11 190 621	《边疆》1937 年第 11 期
1939	944	2 443	11 189 000	《新疆通志·水利志》

　　事实上，以往研究多注意到灌溉活动对水量的消耗，但对灌溉活动如修渠对地表水系形态的影响却较为忽视。渠道的修建和改造使水系变动的敏感性大大加强。例如，《新疆图志》所载"巴楚州南境，湖荡纷歧，新旧各渠，纵横如缕，南北河纡屈往复，出没隐现，令人猝不能辨"[1]。这一史料可以被解读为因为渠道增多引起区域耗水量的增强，但同样可以解读为广泛的灌溉修渠活动对天然水系形态的干扰。再如，1921 年塔里木河中游尉犁县河滩西北有一条叫小水磨渠的渠道因不注重修浚常年被洪水冲垮。当地农民又强行筑坝阻拦了洪水去路，洪水冲垮渠道后向东，经拉依河流入孔雀河，冲出新河道，扩展成长达 120 千米的河流[2]，这就是近代著名的塔里木河大改道。

---

[1]（清）袁大化修，王树枏等纂：《新疆图志》，上海：上海古籍出版社，2017 年，第 2532 页。
[2] 赖小云：《塔里木河中游地区草湖环境的演变——基于清末至民国草湖纠纷事件的讨论》，《西域研究》2009 年第 1 期；周廷儒、赵济：《南塔里木河中游的变迁问题》，《北京师范大学学报（自然科学版）》1959 年第 2 期。

周廷儒和赵济在研究南塔里木河水系变迁时就指出人工开挖渠道,会使河流冲破渠口,形成新河。[1]因此,传统农业时代灌溉活动对水文变迁的影响不一定只表现在水量上,灌溉对水系形态、结构等因素的作用也需要被考虑。

(二)灌溉空间分布、气候背景与水文变迁事件

灌溉活动重心集中在于田—叶城—英吉沙—库车一线,大致位于南疆塔里木盆地西南—西—西北缘,这一区域属于塔里木河各水系中上游。干旱区河流对气候变化响应极为敏感。因此,前述水文变迁事件的原因是以温度、降水量为代表的气候因素的作用还是灌溉活动的作用需要予以区分和辨析。

较长时间尺度的新疆历史气候重建结果表明,北疆地区最冷阶段出现在1769—1780年和1909—1918年,最暖阶段出现在1947—1959年。降水量方面,1770—2004年中最长偏干阶段是1966—1992年,最干旱年份为1944年。天山山区的平均气温重建序列表明,1681—2002年间最暖阶段为1986—2007年,最冷阶段为1910—1917年。1770—2004年年降水量最长的偏干阶段是1969—1992年,最湿润的年份是1783年。[2]在利用树木年轮重建天山山脉过去500年气候变化结果表明,东天山、中天山和西天山在1875—1910年附近属于偏湿阶段。[3]总体上,19世纪末20年代初在200年尺度下属于冷干期。1880—1910年温度下降,降水量增多。1910年后温度逐步上升,降水量相对增加,呈现出由冷干到暖湿的变化过程(图5-4)。

水文变迁事件包括径流缩短、河流改道。径流方面,冰川融水补给是其变化的主要控制因子,气候变化又是冰川融水补给盈缩的主导原因。[4]已有研

① 周廷儒、赵济:《南塔里木河中游的变迁问题》,《北京师范大学学报(自然科学版)》1959年第2期。
② 何清、袁玉江、赵勇,等:《中亚气候变化调查研究》,北京:气象出版社,2016年,第180—195页。
③ 冯兆东主编:《新疆北部及周边地区过去一万年的气候与水文变化》,兰州:兰州大学出版社,2017年,第189—210页。
④ 段建平、王丽丽、任贾文,等:《近百年来中国冰川变化及其对气候变化的敏感性研究进展》,《地理科学进展》2009年第2期;王圣杰、张明军、李忠勤,等:《近50年来中国天山冰川面积变化对气候的响应》,《地理学报》2011年第1期。

究表明，相对于降水，冰川对气温变化的敏感度更高。[1]河流改道方面，泥沙沉积引起的河床抬升，叠加极端洪水是短时期内河流改道的主因。[2]新疆各地区极端水文事件增加趋势与气温、降水一致，不同极端水文事件对气候变化因子响应略有不同，三者呈正相关。[3]1880—1909年较为冷干，径流量相对减小。这一时期也是新疆建省后垦殖率的较高期。1910—1930年温度上升、降水增加、相对暖湿。冰川融水径流增加，极端水文事件频率上升，垦殖率变动不大。因此，1909年前所记录的水文变迁事件很可能多以气候叠加灌溉

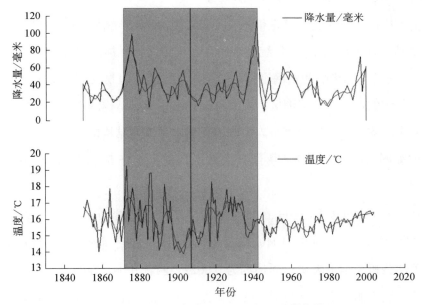

图5-4　近百年来天山山区气温及降水量

资料来源：陈峰、袁玉江、魏文寿，等：《利用树轮图像灰度重建南天山北坡西部初夏温度序列》，《中国沙漠》2008年第5期；喻树龙、袁玉江、金海龙，等：《用树木年轮重建天山北坡中西部7—8月379a的降水量》，《冰川冻土》2005年第3期

[1] 丁永建、刘时银、周文娟，等：《北半球冰川物质平衡变化的若干特征及其气候意义》，《地球科学进展》1996年第6期。
[2] 周廷儒、赵济：《南塔里木河中游的变迁问题》，《北京师范大学学报（自然科学版）》1959年第2期。
[3] 孙桂丽、陈亚宁、李卫红：《新疆极端水文事件年际变化及对气候变化的响应》，《地理科学》2011年第11期。

活动耗水为主，表现为径流量的变化。1909 年后很可能更与气候因素相关，表现为河流的改道。[①]

总而言之，灌溉活动在水文变迁中的角色非常复杂。不能单以灌溉耗水量为度量，渠道对地表水系的影响等地表覆被变动因素更应予以考虑。不同气候背景下灌溉活动的不同方面在水文变迁事件中的角色和作用也不同。

（三）人类改造河网强度与洪涝灾害

河网密度同洪涝灾害的发生具有一定相关性，河网密度值往往是区域潜在的洪涝灾害致灾因子。[②]传统农业时代新疆地区天然河流多已被严重渠道化。[③]受人类活动影响的水网密布，结构紊乱的灌区极易受到极端洪水的冲击。在传统农业时代的绿洲区，人类对天然水系流域结构的干扰是否引起了更多的洪涝灾害？渠网密度是人类改造天然水系流域结构的主要标度。通过将区域渠网密度值同洪涝灾害统计次数进行相关性分析可以对两者关系形成认识。

从表 5-3 中可以看出，自 1909—1939 年新疆全境灌溉面积并未有较大变化。因此，本书选取 1909—1949 年新疆各地洪涝灾害记录频次与渠网密度进行相关性分析。结果表明，R^2 值约为 0.0022，两者并不存在线性相关关系，但这并不能说明洪涝灾害与水网密度无关。一是由于地表天然水网未予考虑并计算；二是限于研究区域保存历史资料完整性致使这一问题难以有效展开分析。这一问题仍存在待解决的空间。

---

① 当然这只是理论的情况，在不同时空尺度上还需要进行特定研究。人类水利工程也是致使河流改道的变量之一，对这一因素的识别和控制需要进一步探讨。但可以看到的是 1921 年塔里木河改道，正是人类筑坝截洪的结果，而极端水文背景也不容忽视。
② 黄诗峰、徐美、陈德清：《GIS 支持下的河网密度提取及其在洪水危险性分析中的应用》，《自然灾害学报》2001 年第 4 期。
③ 中国科学院新疆综合考察队等编：《新疆水文地理》，北京：科学出版社，1966 年，第 10—15 页。

七、基于 Pajek 软件的灌渠-水系网络研究

（一）数据准备与处理

历史时期的渠系多数难以通过空间定位复原其走向，这限制了进一步对其结构特征进行挖掘的可能。灌溉渠道系统是典型的人类作用于自然的产物，其内部结构不但具有作用于天然水环境的自然地理意义，也具有鲜明的人文地理学科中社会地理学意义。社会网络分析方法已较多地在心理学、社会学、人类学等领域中应用，虽然存在动因、文化内涵、动态分析和社会网络嵌入等问题，但摆脱了个人主义、还原主义和社会关系分析上的不足。[①]这一分析范式为本书尝试探析渠系结构提供了有效观察和认知的角度以及研究路径。

地理学、历史学、历史地理学都对这一方法有所吸收，如通过对政治地理学领域的中心性等网络特征的度量揭示各国家节点的度中心性和中介中心性，利用小团体分析分辨利益集团。[②]在对全球地缘政治格局力量结构演变研究中，这一方法被引入对"力量结构"这一网络结构参数的构建，这一参数包括中心性、影响力、关联度、凝聚度等指标。以此对力量结构动态演变进行分析。[③]这一分析模式能较好地对国家间关系进行量化，开展可视化测度，并在不同网络特征内涵抽象比较、稳定性及其更进一步的分形特征值比较方面仍有推进空间。包弼德推动的 CBDB 和 CHGIS 两个数据库的构建与研究实践促进了这一范式的应用和推广。[④]

本书旨在利用这一技术实现整体渠系网络结构的抽象表达，对其网络特征进行探索与揭示。在数据集中对渠道、水系分别进行编码。如"可羊

---

① 汤汇道：《社会网络分析法述评》，《学术界》2009 年第 3 期。
② 潘峰华、赖志勇、葛岳静：《社会网络分析方法在地缘政治领域的应用》，《经济地理》2013 年第 7 期。
③ 刘大庆、白玲、郄笃刚，等：《全球地缘政治格局力量结构演变研究——基于社会网络分析法》，《世界地理研究》2018 年第 1 期。
④ 包弼德：《群体、地理与中国历史：基于 CBDB 和 CHGIS》，《量化历史研究》2017 年第 Z1 期。

石渠"，在数据集中为第 1987 被统计，则对其编码。其属性为干渠，干渠统一生成图形大小值设定为 2，即 "ellipse x_fact 2 y_fact 2"。其下支渠名为"五则口渠"，编码为 1988。支渠统一生成图形大小值设定为 1，即 "ellipse x_fact 1 y_fact 1"。自然河流、泉水等水源单独按次序编码。以上例中引水结构为赛里河—可羊石渠—五则口渠。将 Excel 文件导入 txt 记事本文件中，包括两部分：Vertices 部分为各渠道名称、属性值、关系；Edges 部分为各渠道、水系间关系。可羊石渠—五则口渠就是指五则口渠从可羊石渠中引水一次，记为 "1988 1987 1"。在 Pajek 软件中能实现各种数据的展示与分析（图 5-5）。

1986	库吾栏杆渠	ellipse x_fact 1 y_fact 1	勒不的那渠	
1987	可羊石渠	ellipse x_fact 2 y_fact 2	赛里河	干渠
1988	五则口渠	ellipse x_fact 1 y_fact 1	可羊石渠	
1989	铁鱼满苏渠	ellipse x_fact 1 y_fact 1	可羊石渠	
1990	栏杆渠	ellipse x_fact 1 y_fact 1	可羊石渠	
1991	五喇昆渠	ellipse x_fact 1 y_fact 1	可羊石渠	
1992	管子喇渠	ellipse x_fact 1 y_fact 1	可羊石渠	
1993	屈满子那口渠	ellipse x_fact 2 y_fact 2	赛里河	干渠
1994	申干支渠	ellipse x_fact 2 y_fact 2	赛里河	干渠
1995	八子渠	ellipse x_fact 1 y_fact 1	申干支渠	
1996	克子恰渠	ellipse x_fact 1 y_fact 1	申干支渠	
1997	景仁渠	ellipse x_fact 1 y_fact 1	申干支渠	
1998	哎里渠	ellipse x_fact 1 y_fact 1	申干支渠	
1999	哈亦利口渠	ellipse x_fact 1 y_fact 1	申干支渠	
2000	洒衣渠	ellipse x_fact 1 y_fact 1	申干支渠	
2001	巴衣口渠	ellipse x_fact 1 y_fact 1	申干支渠	
2002	库木口渠	ellipse x_fact 1 y_fact 1	申干支渠	
2003	托古拉口渠	ellipse x_fact 1 y_fact 1	申干支渠	
2004	咽玛渠	ellipse x_fact 2 y_fact 2	克甲阳河	干渠
2005	干哈渠	ellipse x_fact 2 y_fact 2	克甲阳河	干渠
2006	二加渠	ellipse x_fact 2 y_fact 2	克甲阳河	干渠
2007	哈拉塔尔渠	ellipse x_fact 1 y_fact 1	二加渠西隈	
2008	吉利斯渠	ellipse x_fact 1 y_fact 1	二加渠东隈	
2009	堆克满渠	ellipse x_fact 2 y_fact 2	克甲阳河	干渠
2010	堆克满巴什渠	ellipse x_fact 2 y_fact 2	克甲阳河	干渠
2011	合什塔渠	ellipse x_fact 2 y_fact 2	克甲阳河	干渠
2012	库尔喀什渠	ellipse x_fact 2 y_fact 2	克甲阳河	干渠
2013	司马晒拉渠	ellipse x_fact 2 y_fact 2	克甲阳河	干渠
2014	阁担渠	ellipse x_fact 2 y_fact 2	克甲阳河	干渠
2015	辟西乃渠	ellipse x_fact 2 y_fact 2	克甲阳河	干渠
2016	阿斯火什渠	ellipse x_fact 2 y_fact 2	克甲阳河	干渠
2017	沙状渠	ellipse x_fact 2 y_fact 2	克甲阳河	干渠
2018	克甲阳渠	ellipse x_fact 2 y_fact 2	克甲阳河	干渠
2019	米拉乌苏渠	ellipse x_fact 2 y_fact 2	克甲阳河	干渠
2020	塔尔巴什渠	ellipse x_fact 2 y_fact 2	克甲阳河	干渠
2021	波内泉渠	ellipse x_fact 2 y_fact 2	本处南山麓泉水	干渠
2022	阿得浪渠	ellipse x_fact 2 y_fact 2	克甲阳河	干渠
2023	柯柯塔罕渠	ellipse x_fact 2 y_fact 2	克甲阳河	干渠
2024	阿拉曼渠	ellipse x_fact 1 y_fact 1	柯柯塔罕渠东隈	
2025	拉衣哈渠	ellipse x_fact 1 y_fact 1	柯柯塔罕渠	
2026	胡萝考渠	ellipse x_fact 1 y_fact 1	柯柯塔罕渠西隈	
2027	普力思渠	ellipse x_fact 2 y_fact 2	克甲阳河	干渠

图 5-5 Excel 界面的河流-渠系编码（截图）

　　渠系网络生成过程中，仍有以下问题需要说明：首先，不同政区中同一河流水源编码的选择。事实上，所生成的渠系网络结构可以用两种方式表示：以绿洲-政区单元方式和引水来源方式。例如，叶尔羌河流经叶城、莎车等行政区域，从政区角度可以将叶尔羌河作为引水源编码多次；但基于自然地理角度考虑，这一河流本身是其所属绿洲水系-渠系统的水源，单条河流多是绿洲的主要水源。单片绿洲可以作为独立的水系-渠系结构进行研究。因此，引水源依据自然地理基础确定，即在同一绿洲中，同一河流流经多个政区时作为同一引水源考虑。

　　其次，绿洲干流-支流水系关系表达。河流、水系、流域是地表水的不同尺度形式。在理论情况下，进行统计编码会呈现干流-渠道，支流-渠道此类结构形式。但干流-支流本身又属于绿洲的天然水系结构。在本书中，网络方向指向引水源。在网络分析中，连线是网络中两点之间的联系。其中有方向的称为"弧"，无方向的称为"边"，即弧代表由一个顶点指向另一个顶点，边代表两个顶点相互指向。换句话说，边等同于双向弧。其中一条或多条弧构成有向图。①在水系-渠系网络中，渠道往往从河流引水，渠道指向河流，为单向指向，所构成的是典型的有向图。但是，干流-支流网络一般表现为干流从支流引水，干流指向支流，一般干流有多个支流汇入，因此具有多个指向（图 5-6）。

　　最后，研究尺度和对象是网络分析不可忽视的两大基本因素。针对不同绿洲区，考虑流域整体水系状况，包括干流、支流、渠道等要素。以单条河流为单位的水系-渠系网络展开单个河流的个案研究。而对于渠道关系研究则仅需考虑干渠与支渠间的联系。在这一情况下，可以生成基于渠道要素

---

① 〔荷〕诺伊、〔斯洛文〕姆尔瓦、巴塔盖尔吉：《蜘蛛：社会网络分析技术》，林枫译，北京：世界图书出版公司北京公司，2012 年，第 6—8 页。

的干渠-支渠关系网络、基于单条河流的河流-渠道关系网络和基于流域水系的干流-支流-渠道关系网络三种类型。[①]

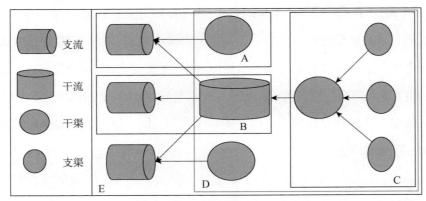

图 5-6　水系-渠系结构理论图示

注：A 表示干渠-支流结构；B 表示干流-支流结构；C 表示干渠-支渠结构；D 表示去除干流-支流关系的水系-渠系结构；E 表示总体层面水系-渠系结构

（二）灌渠网络可视化呈现与介绍

通过 Pajek 软件的数据处理功能（这里指基于 Kamada Kawai 算法的布局功能），生成 1909 年新疆水系与渠系网络结构图（图 5-7），以自由赋能（Free）和分组形式（Separate Components）分别表示。

从表面可视化效果上看，基于自由赋能和分组形式生成的结构图具有较复杂的形态特征。而分组形式能更好认识这一问题，这一形式中，顶部的独立复杂网络多为较大绿洲，底部是较简单的灌溉网络，这些绿洲灌溉网络更具复杂性。较复杂网络水源多为较大水体，说明围绕较丰富的引水源所形成的灌溉网络更为复杂。那么，这种灌溉网络复杂性是否具有社会或经济学方面的指示意义？下文将以渭干河-库车河三角洲绿洲为例进行测度与挖掘。

---

① 事实上，如果考虑自然河流间的联系还可以构建干流-支流网络关系。

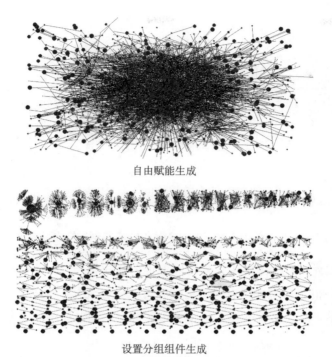

自由赋能生成

设置分组组件生成

图 5-7　自由赋能生成与设置分组组件生成的渠网结构

注：在分组形式下可以看出水源丰富区域，表现为图中上部较密集、复杂区域，下部反之

（三）绿洲灌渠网络特征意义挖掘

　　渭干河-库车河三角洲绿洲属于典型的山前冲积-洪积平原绿洲，作为新疆较大的绿洲灌区具有较强典型性。渭干河和库车河出山后被大规模引用，出于研究的可操作性考虑，本书只选取河流出山后绿洲平原地区进行研究。在本书研究时段内灌区主要河流为渭干河、库车河以及各类山水、泉水。因为缺乏各类山水具体名称的记载，且此类山水多属于较小的季节性河流。该地区历史时期的山水较难确定，因此统归一条山水的引水源。前文业已说明，渠道具有多重属性特征，是聚落的表征和载体，将相关整理后的数据导入Pajek 软件，生成基于渠道的干渠-支渠关系网络。如图 5-8，对渭干河-库车河三角洲绿洲的水系-渠系网络关系进行网络可视化呈现。

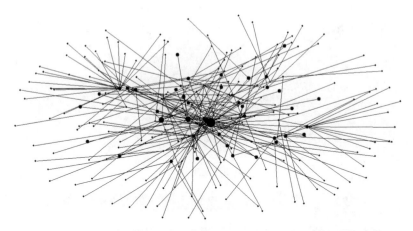

图 5-8　渭干河-库车河三角洲绿洲水系-渠系网络结构可视化呈现

在自然界和社会生活中，事物以各种模式和状态分布。较常见的如钟形的"泊松分布"和与其相对的"长尾分布"。据 Zipf 和 Pareto 分别对单词出现频率和个人收入统计的研究发现，少数英文单词被使用的频率远远大于多数生僻单词。少数人拥有的收入往往多于多数人的收入，这一现象被称为"幂律定律"，广泛存在于社会、经济、物理、人口等学科之中。目前国内对此方面的研究如学术合作网络也取得较为一致的结论。"幂律分布"作为一种无标度网络，属于复杂性网络，同时意味着社会存在"马太效应"和"不平等性"。[①]在传统农业时代绿洲水利社会中，绿洲区域经济水平差异与水资源占有量密切相关，由此可以进一步探讨水利社会中存在的不平等性。

将前文述及的渠道与聚落间的关系予以考虑会发现一个较为明显的现象，即干渠所在的聚落拥有较多点数，说明干渠所在聚落的重要性，这一重要性表现在支配水资源的能力。一个聚落控制的渠道数目越多，其所获得的水资源总量越多。在灌渠与水系所构成的网络中，其网络集中性为 0.13326。就单一绿洲渠系而言，更能对该问题详细说明。通过对各渠道中心度的计算，发现其网络中心度呈长尾分布。取双对数拟合后，可以看出呈明显的幂律分

---

① 胡海波、王林：《幂律分布研究简史》，《物理》2005 年第 12 期。

布，R^2 值为 0.93825（图 5-9）。

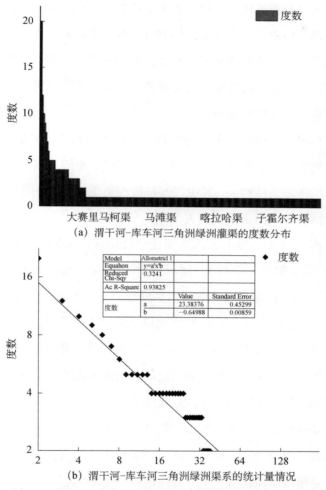

（a）渭干河–库车河三角洲绿洲灌渠的度数分布

（b）渭干河–库车河三角洲绿洲渠系的统计量情况

图 5-9　渭干河–库车河三角洲绿洲灌渠网络度数分布形态

　　呈幂律分布的渠道中心度进一步表明，这一权利受较少的所有者支配。也就是说，较少的聚落占有多数水资源份额。灌溉网络的不平等性在这里得到较明显的体现。首先，通过对此类网络的探析能促进对绿洲水利社会秩序的进一步思考。其次，当前历史时期水利社会研究多注重围绕理论的演绎或归纳，注重案例实证研究，颇有一种"还原主义"倾向。而对整体关系的考察将更有助于对绿洲整体社会网络关系的把握，以此得到不同认知。再次，现代灌渠网络与历史时期具有连续性和继承性，渠系和水系密切相关。网络演化分析能进一步从几何意义探析水系网络演化机制。最后，灌渠网络本身所具有的复杂性特征，使其成为历史地理信息化工作者探索自组织理论在历史地理学中应用方式的良好对象。

本书研究表明：1909 年新疆地区灌溉空间渠道长度、灌溉面积、最大集水面积与有效灌溉系数均有较大差异。差异形成的原因与气候、地貌、土壤、地下水等自然地理条件相关，其中气候与地貌是主导因素；同时，也和人口、文化生产生活方式等因素密切相关。

长期以来，对干旱绿洲区水文变迁事件的成因多归于灌溉耗水量的规模。实际上，灌渠物理形态对天然水系的作用也是不容忽视的重要因素。通过对 19 世纪末 20 世纪新疆境内初水文变迁事件的考察，本书认为，在气候变化背景下，不同时段人为和自然作用应该综合评估考量。人类活动的人工灌渠密度与区域洪涝灾害的关系较为复杂，值得进一步探索。

河流与河流、河流与灌渠、灌渠之间都呈网络形态。对于难以落实到空间的历史时期灌渠关系，通过 Pajek 软件予以实现。其中，对灌渠网络的可视化呈现需要基于不同对象和尺度。典型绿洲灌渠网络度数具有"长尾分布"特点，且具有"幂律分布"特征，属于"无标度"的复杂网络。可以看出，绿洲水利社会聚落灌溉呈现"不平等性"和"马太效应"。从整体视角对这一问题的认识将更为有效。

第二节 近百年来渭干河-库车河三角洲绿洲灌渠变动及其环境效应

近百年来，人类活动对全球环境产生了深刻影响，人类的工程活动已经使地球上至少 83%的地表发生改变，河流系统变化被认为是重要的驱动力之一。①在干旱区，人类开发利用水资源所引起的生态环境效应更为显著。②一些学者先后对干旱区水资源利用所引起的流域水系结构及绿洲水环境效应给予关注。但目前对这一问题的认识主要集中于模型预测、过程研究，或针对近50年来流域水系结构变化过程及驱动因素探讨。③对较长时段，尤其是历史时期的"人-水"系统变化及相互反馈机制并未形成较为深入的认识，在把握"人-水"系统互动过程及机制层面存在不足。

近年来，塔里木河由于引水量的增多，流域生态困境越发明显，以至于不得不依靠生态输水来缓解形势。研究表明，塔里木盆地的水环境受中上游地区的农业开发影响较大。④渭干河-库车河三角洲绿洲灌区是塔里木河盆地最大的灌区之一，渭干河曾是塔里木河中游主要的补给水源，于20世纪中期断流。⑤近百年是绿洲传统农业水利向现代水利转型时期，所以，该时段区域内的农业开发过程在整个塔里木盆地的绿洲中具有典型性和代表性。

自古以来，灌渠就是人类作用于天然水环境进而影响生态环境的主要载体。以绿洲灌渠变动为主线，探究近百年来绿洲的地表水变化能更好地把握"人-水"互动过程及具体机制，为当今"全球变暖"背景下的干旱区水资源利用提供借鉴。

---

① Meybeck M. Global analysis of river systems: From Earth system controls to Anthropocene syndromes. *Philosophical Transactions of the Royal Society of London*, 2003, 358 (1440): 1935-1955.

② Al-Zu'bi Y. Effect of irrigation water on agricultural soil in Jordan valley: An example from arid area conditions. *Journal of Arid Environments*, 2007, 70 (1): 63-79；陈曦主编：《中国干旱区土地利用与土地覆被变化》，北京：科学出版社，2008年，第169—230页；鲍超、方创琳：《干旱区水资源开发利用对生态环境影响的研究进展与展望》，《地理科学进展》2008年第3期。

③ 杨树青：《基于Visual-MODFLOW和SWAP耦合模型干旱区微咸水灌溉的水—土环境效应预测研究》，内蒙古农业大学博士学位论文，2005年；凌红波、徐海量、乔木，等：《1958—2006年玛纳斯河流域水系结构时空演变及驱动机制分析》，《地理科学进展》2010年第9期；张莉、杨越、刘传飞：《过去300年来新疆奇台县水资源利用的变化及其环境响应》，《干旱区资源与环境》2012年第7期。

④ 满苏尔·沙比提、努尔卡木里·玉素甫：《塔里木河流域绿洲耕地变化及其河流水文效应》，《地理研究》2010年第12期；Xue L, Yang F, Yang C, et al. Identification of potential impacts of climate change and anthropogenic activities on streamflow alterations in the Tarim River Basin, China. *Scientific Report*, 2017, 7 (1): 8254.

⑤ 中国科学院新疆综合考察队等编：《新疆水文地理》，北京：科学出版社，1966年，第10—28页。

一、绿洲渠系变动

（一）材料来源

本研究的资料来源可以大致分为历史文献及古旧地图两类（表5-4）。渭干河-库车河三角洲绿洲灌区自古以来就是新疆地区重要的农业区。自清政府18世纪中后期收复新疆之后，库车绿洲先后作为库车直隶厅或直隶州辖地。由于人口的增加，新疆地方政府相继于1902年、1930年析置沙雅县与托克苏县。在这期间，新疆地方政府多次组织专业机构进行新疆地区的测绘及调查工作，留下了大量的地方志书和古旧图件。此外，在清中后期经世学派的影响下，一批学者及官员留下的涉及灌区环境变迁、社会经济状况的志书或游记，也是本研究利用的资料之一。

表 5-4　资料利用状况介绍

时间断面	文献名称	提取信息
1820 年代	《西域水道记》	灌区内主要自然水系数量、流向；农业开发状况；灌渠信息，包括长度、宽度、灌溉面积、引用水源地、渠道等级、气候背景
1900 年代	《新疆图志》	
1990 年代	《新疆水文地理》《新疆土壤》《库车县水利志》《库车县地名图志》《库车县志》《沙雅县志》《新和县志》《新疆通志·测绘志》《新疆维吾尔自治区气候历史资料》《中国气象灾害大典·新疆卷》	

地图方面，本研究主要利用 1909 年前后完成的《新疆全省舆图》、1935年的陆军参谋总部测量局所测绘的 1∶300 000 新疆地形图、1966 年版的《中华人民共和国新疆维吾尔自治区地图集》和 1994 年版的《新疆维吾尔自治区地图册》，并以 1956—1959 年中国科学院新疆综合考察队的成果《新疆水文地理》《新疆地貌》为参考资料。其中，据《新疆通志·测绘志》记载，《新疆全省舆图》是《新疆图志》的地图部分，所反映的是 19 世纪末 20 世纪初新疆地区的地理空间格局。[①]1935 年的 1∶300 000 新疆地形图是国民政府

---

① 新疆维吾尔自治区地方志编纂委员会、《新疆通志·测绘志》编纂委员会：《新疆通志·测绘志》，乌鲁木齐：新疆人民出版社，1996 年，第 184—187 页。

参谋本部实行的各省 1∶100 000 调查图和 1∶50 000 地形图十年迅速测图计划（以下简称"十年速测计划"）期间的产品，具有较高精度。①此外，本研究还利用地理空间数据云网站（http://www.gscloud.cn/）中获得的绿洲GDEMDEM 30 米分辨率数字高程模型（digital elevation model，DEM）数据进行参考和调校。

就本研究而言，《新疆全省舆图》与 1935 年地形图反映了传统农业时代（1900 年代、1930 年代）新疆地区的水文状况。1960 年代国家启动了新疆现代灌区建设，为便于进行古今对照，本书中以《新疆维吾尔自治区地图册》（1990年版）中的渠系数据作为现代数据，用以体现 1960 年代之后新疆的渠系情况。

（二）研究方法

1. 灌区水系数字化

本研究选取近代以来新疆地区的测绘图件资料（表 5-5），在 ArcGis10.2环境下对古旧地图进行数字化，提取近百年绿洲水系与聚落等绿洲环境要素。

表 5-5　老旧地图情况介绍

图幅名称	图幅比例尺	绘制时间	编绘单位	配准方式	配准总误差
《新疆全省舆图》"库车州总图"	1∶93.3 万	1900 年代	东方学会	水系出山口、聚落	0.0458°
《新疆军用地形图》"库车县""沙雅县"部分	1∶30 万	1930 年代	参谋本部陆地测量局	图幅四角经纬度	0.0047°

古旧测绘地图中的水系空间结构保存较为完整，其所含节点与河链数量对连通性有重要指示意义。因此，为了数据标准化，首先需统一区域范围。其次，对比 1909 年《新疆全省舆图》中库车州总图与沙雅县图后发现，水系方面，沙雅县图除较库车州总图多两条旁系支流外，其他均无变化。此外，

---

① 《中国测绘史》编辑委员会编：《中国测绘史》，北京：测绘出版社，2002 年，第 571—577 页；王芳、潘威：《三维技术在历史地貌研究中的应用试验——1935 年以来博斯腾湖变化》，《地球环境学报》2017年第 3 期。

利用《新疆图志·水道志》①等资料记载的灌区水系数量、水系流向进行比对，发现两者基本吻合。最后，与 2017 年新疆维吾尔自治区电子地图信息比较，主要地物信息（河流出山口、约 150 个重要聚落）偏差不大，证明本研究利用的地图资料可以支持水系重建。

2. 提取文献记载的渠道信息

1909 年《新疆图志·沟渠志》所记录的渠道信息较为完备，包括渠道名称、距城里程、分水口、引水源、长宽度、灌溉面积等内容，其中渠道等级可分为干渠和支渠。通过与同时期《新疆图志·建制志》及所载信息对比，发现每个聚落都建有渠道，通过提取聚落信息能完成渠道的空间点定位。

1909 年之后渠道记载较为琐碎，散见于地方水利志、地方志、地名志中。除此之外，由于受到新中国成立后灌区渠系改造影响，存在各资料记录标准不一的状况。本研究为了数据标准化，只提取 1909 年与 1990 年两个时间断面的一级干渠，即直接引用自然河流的灌溉渠道，并在 Pajek 软件环境下完成渠系结构重建。

Pajek 属于可视化复杂网络分析软件，能对复杂网络关系实现分析与可视化呈现。本书采用 Pajek 软件进行分析的原因包括以下两个方面：首先，本研究所提取的灌溉渠系网络在结构上存在干渠与自然河流之间的关系；其次，历史时期的诸多灌渠进行过改造变动，多难以定位其走向。Pajek 软件能够在缺少地理空间的条件下实现灌渠关系结构的抽象可视化表达。

3. 绿洲其他环境信息提取

相对于地表水系，其他环境信息的提取较为便利。历史文献资料，如成书于 1911 年的《新疆图志·水道志》，新中国成立后的水利志、地方志等文字或图幅信息记载较为完备。利用地名定位，确定其空间方位，并与史料对比，完成地下水、土壤等环境信息梳理与提取工作。

---

① （清）袁大化修，王树枬等纂：《新疆图志》，上海：上海古籍出版社，2017 年，第 2591—2600 页；马大正、黄国政、苏凤兰整理：《新疆乡土志稿》，乌鲁木齐：新疆人民出版社，2010 年，第 271、291、321、330 页。

　　利用 Pajek 软件提取 1909 年与 1990 年灌区干渠数据得出以下结构关系图（图 5-10）。

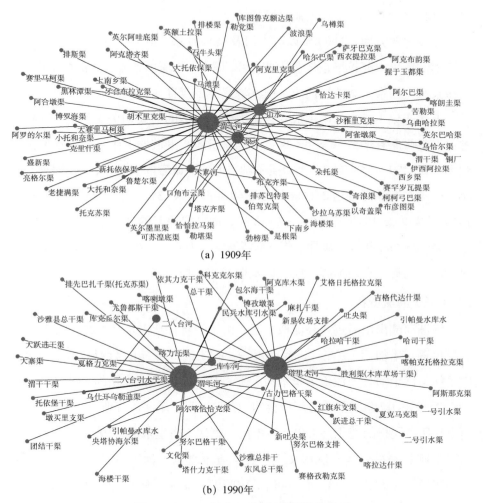

(a) 1909年

(b) 1990年

图 5-10　1909 年与 1990 年灌溉结构体系

　　综合图 5-10 及同一时期文献资料分析可知，灌渠在结构、引水源皆有较大变动。结构方面，近百年来引水结构更趋于简化。1909 年，一级干渠主要分布于距水源较近的聚落，此后逐级被各聚落支渠所引，形成干渠-支渠的渠系结构。1950 年代、1960 年代进行截弯取直、裁支并干的渠系调整，增建了排水渠等配套工程。至 1990 年代初形成水库-干渠（排水渠）-支渠，或总干渠-干渠（排水渠）-支渠的灌溉结构。

灌溉水源方面，1909 年以渭干河及泉水为主。至 1990 年代引水中心向绿洲南部塔里木河扩展，形成以渭干河、库车河、塔里木河为主的引水中心。一些泉水、山水（季节性河流）引水源逐渐不复存在。

上述变化主要是新中国成立之后的工程改造的结果。1950 年代之后灌区进行了整修原有渠系、合并干渠、干砌卵石灌浆渠道的工作。据《库车县水利志》载，"从 1953 年起，大力搞了裁支并干、截弯取直工作，直到 1965 年年底全县共有灌溉渠道 216 条，比 1949 年减少 45.3%，总长 2950 公里，比 1949 年减少 25.1%"[1]。1964—1982 年，灌区将原有的多条干渠合并成引水总干渠，全面改建成干砌卵石灌水泥浆防渗。此外，1958 年之后，还相继修建跃进、乌尊、东河塘等水库，以及堰塘和涝坝。

（三）河流流程

绿洲河流出山后进入径流散失区。由于经济社会需水量日益增大，渠道数量也逐步增加，河流流程进而缩短。据成书于 1756 年的《西域图志》记载，库车河与渭干河合流注入塔里木河。到了 1821 年前后，徐松的《西域水道记（外二种）》中已经不再有两河相会的记载，表明库车河流程业已缩短。[2]渭干河也经历了同样的变化，历史上渭干河一直注入塔里木河，1957—1959 年中国科学院新疆综合考察队水文组经过调查发现渭干河下游已经与塔里木河互不相通。一方面，依靠河流补给的尾闾湖的盈缩变化是其流量增减较好的反映。较之于 1900 年代，1960 年代之后，整体上依靠河流补给的绿洲北部和中部较大面积的湖泊及沼泽（草湖）逐渐消失湮没。另一方面，主要依赖

① 《库车县水利志》编纂委员会编：《库车县水利志》，乌鲁木齐：新疆科技卫生出版社，1993 年，第 108—109 页。
② （清）徐松：《西域水道记（外二种）》，朱玉麒整理，北京：中华书局，2005 年，第 97—102 页。

出山后河流径流补给的地下水位也逐渐降低。靠地下水补给的巴依孜库勒湖、恰克马克湖水面逐渐缩小或消失。可见绿洲河流水量减少、流程缩短具有普遍性。

河流流程缩短的主要原因是绿洲需水量增大，渠道引水效率增强。前者以传统农业时期为主，后者以水利现代化阶段为主。近百年来绿洲人口数量由1902年的124 877增长到1944年的217 086人，1990年的624 009人。[①]相应的绿洲灌溉面积由1909年的92.54万亩增长到1985年的360万亩。绿洲社会的需水量不断增加。此外，1950年代以来的水电站修建与以截弯取直、卵石灌浆为代表的灌渠改造提高了水资源的利用效率，使自然河流的水体连续性受到大坝的控制，河流流程缩短，一些自然河流甚至因这一过程消失。

（四）河流形态与水系形状

灌渠改造直接作用于河流形态，使其经历了均一化与非连续化的过程。河流形态均一化是指在河流整治过程中将自然河流渠道化。表现为河流形态直线化，渠道断面规则化，河床材质硬质化。[②]河流形态的改变又会直接影响水系形状。在绿洲区，水源是聚落存在和发展的基础。通过梳理地方志书表明，1909年绿洲每个聚落都修有以本聚落命名的渠道，聚落对灌溉渠道表现为较强的依赖性。在缺少渠道具体走向信息的情况下，聚落是渠道空间位置具体的表征。

本研究基于古旧地图和地名数据重建了近百年来绿洲地表水系与渠道空间分布状况。从空间分布状况可以看出，近百年绿洲水系形状由树枝状向分散状转变。相比于1909年—1930年代，1930—1990年代这一过程更加剧烈。聚落的分布与水系形状较为一致，相比于1909年与1930年代，1990年代聚落整体更向南拓展。

---

① 《库车县志》编纂委员会编：《库车县志》，乌鲁木齐：新疆大学出版社，1993年，第108—109页；沙雅县史志编纂委员会编：《沙雅县志》，乌鲁木齐：新疆人民出版社，1995年，第113—115页；《新和县志》编纂委员会编：《新和县志》，乌鲁木齐：新疆人民出版社，1997年，第87页。

② 董哲仁：《河流形态多样性与生物群落多样性》，《水利学报》2003年第11期。

1909 年与 1935 年水系分散化过程表现为主干河流改道导致新河的形成。这主要是由渠系布局、渠道质量、绿洲平原地貌等因素决定的。在极端水文条件下，一方面，由于技术的限制，与河流距离的远近对聚落及渠道的选址限制很大，渠道多沿河流两侧集中分布，因而这一区域水网密度不断增大。另一方面，在渠道施工设计上，引水闸口以圆木和方木、卵石为主，为了防洪，在挑水坝或挡水坝上做一个底部略高于引水闸底的退水口，设施简陋，人工干预较弱。加之平原河段比降的降低，极易造成泥沙淤塞，因此难以经受较强洪水的冲击。一些渠道会演变成新河的河床，如 1911 年《新疆水利会第二期报告书》中记载"河水陡发，决口一处，后成大渠一道，计长 200余里，宽约十六七弓不等"①。

20 世纪 90 年代，水系分散化的趋势更为显著，工程因素在其中起着主导作用。包括基于引水效率的河流与渠道的直线化改造、对渠道和河流的卵石灌浆工程等使这一格局更加固定，而渠道引水能力的提高也为以聚落为代表的人工绿洲扩张提供了便利。这一时期的聚落（渠道）空间布局突破了传统农业时代与水源距离的限制，开始呈发散状扩展。由于上述干扰力度的增大，河流由自然蜿蜒型转变成直线型，水系形状也由树枝状逐渐演变成分散状（图 5-11）。

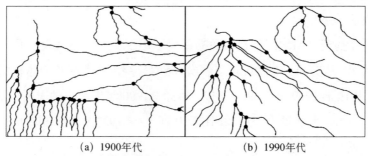

(a) 1900年代   (b) 1990年代

图 5-11　灌区地表水系结构（1900 年代和 1990 年代）

---

① 新疆维吾尔自治区气象局科学研究所：《新疆维吾尔自治区气候历史资料》（内部资料），乌鲁木齐：新疆维吾尔自治区气象局，1981 年，第 30—73 页。

（五）水系结构

水系连通性是评价不同时段区域水系结构变化过程的较好指标。本研究通过提取 1909 年《新疆全省舆图》"沙雅县"图幅及 1994 年版《新疆维吾尔自治区地图册》"沙雅县""新和县"图幅，选定同一灌溉强度较大区域的水系进行概化结构处理，计算其平均连通度，其计算公式为：$R = \frac{1}{N} \sum r_{ij}$。[①]

其中，r_{ij} 表示节点连通度，即任意两节点变为不连通所要删除的最少河链数目，N 表示节点数量；R 表示水系连通度，即所有节点连通度的平均值。

通过提取与计算，发现绿洲水系节点由 32 个下降到 1990 年代的 25 个，河链数由 34 个下降到 22 个，连通度由 30.19 下降到 10.20，表明灌区整体水系连通度的降低。传统农业时代土渠类似于人工开挖的河流支流，灌渠引水口充当水体交换或泄洪的功能。经过新中国成立后的渠系改造，这一功能也已退化（表 5-6）。

表 5-6　1909 年和 1990 年灌区水系结构相关要素

年份	节点数量/个	河链数量/个	连通度	干渠引水口/条
1909	32	34	30.19	50
1990	25	22	10.20	17

二、水系格局变动背景下绿洲地表排涝问题

近百年来渭干河-库车河三角洲绿洲灌渠变动研究前期结果表明，绿洲灌溉渠道的变动直接影响了河流形态，进而使地表水系流程变短，连通度降低，产生去主干化，分散化的过程。一般情况下，水系连通性的强弱同河网调蓄洪水能力呈正相关[②]，这使传统农业时代河网所承担的水体交换或泄洪功能逐渐受到影响。衡量近百年来气候变化、洪水频率与水系连通性三者关

[①] 邵玉龙、许有鹏、马爽爽：《太湖流域城市化发展下水系结构与河网连通变化分析——以苏州市中心区为例》，《长江流域资源与环境》2012 年第 10 期。

[②] 徐光来：《太湖平原水系结构与连通变化及其对水文过程影响研究》，南京大学博士学位论文，2012 年。

系，能对以气候为代表的自然致洪因素和以地表水系结构为代表的人为致洪因素有清晰区分。

在干旱绿洲区气候—极端水文事件—洪涝灾害事件这一关系链中，气候变化引起极端径流变化是其中较重要的一环，而历史时期气象与水文资料的缺乏致使这一问题难以深入讨论。不过，张瑞波等利用天山南坡阿克苏地区树轮重建的阿克苏河过去 300 年径流量结果表明，径流丰枯变化与历史文献记录的洪旱灾害、天山暖湿气候特征基本吻合，说明历史时期天山南坡降水量-洪旱灾害的变化存在较好的对应关系。[①]

作为典型的绿洲冲积平原，洪灾频次与区域极端径流事件联系紧密。绿洲河流水量以冰雪融水和区域降水补给为主。温度和降水量是衡量近百年洪水状况较好的气候背景指标。基于已有研究成果[②]，本书选取天山山区温度、邻近天山南坡阿克苏地区降水量序列构建近百年绿洲气候变化背景[③]。在《新疆维吾尔自治区气候历史资料》[④]《中国气象灾害大典·新疆卷》[⑤]等材料基础上统计出绿洲 1909—2000 逐年的洪水次数，与气候背景进行比较（图 5-12）。

比较结果表明，温度方面，1909—1935 处于升温阶段，1935 年后温度显著降低，1940—2000 年略有起伏，但低于 1935 年前温度。1915—1935 年属于近百年温度最高时段。降水量方面，1909—1915 年降水量逐渐减少，1920—1955 年是降水量增多时段，1955—1990 年为持平稳状态，1990 年后略有上升。1909—1915 年、1925—1955 年是近百年降水量最多时段。总体而言，1909—

① 张瑞波、魏文寿、袁玉江，等：《1396—2005 年天山南坡阿克苏河流域降水序列重建与分析》，《冰川冻土》2009 年第 1 期。
② 满苏尔·沙比提、努尔卡木里·玉素甫：《塔里木河流域绿洲耕地变化及其河流水文效应》，《地理研究》2010 年第 12 期。
③ 陈峰、袁玉江、魏文寿，等：《利用树轮图像灰度重建南天山北坡西部初夏温度序列》，《中国沙漠》2008第 5 期；张同文、王丽丽、袁玉江，等：《利用树轮宽度资料重建天山中段南坡巴仑台地区过去 645 年来的降水变化》，《地理科学》2011 年第 2 期。
④ 新疆维吾尔自治区气象局科学研究所：《新疆维吾尔自治区气候历史资料》（内部资料），乌鲁木齐：新疆维吾尔自治区气象局，1981 年，第 30—73 页。
⑤ 《中国气象灾害大典》编委会编：《中国气象灾害大典·新疆卷》，北京：气象出版社，2006 年，第 78—146 页。

1955 是绿洲近百年来温度与降水量较高的时段。

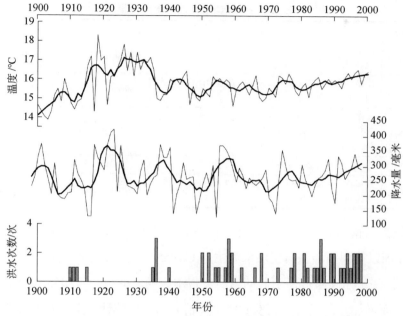

图 5-12　近 100 年天山山区温度、降水量及绿洲洪涝灾害频次

资料来源：陈峰、袁玉江、魏文寿，等：《利用树轮图像灰度重建南天山北坡西部初夏温度序列》，《中国沙漠》2008 年第 5 期；张同文、王丽丽、袁玉江，等：《利用树轮宽度资料重建天山中段南坡巴仑台地区过去 645 年来的降水变化》，《地理科学》2011 年第 2 期

注：粗线为 10 年滑动平均

近百年绿洲共有洪水记录 53 次，呈增多趋势，相关绿洲典型性洪水水情见表 5-7。其中 1910—1915 年、1935—1940 年、1950—1960 年、1980—1990年、1990—2000 年是高发时段，共 43 次，占所有时段的 81.32%。通过与温度及降水量对比表明，1910—1915 的洪灾频发期处于温度及降水量较多时段，1935—1940 年与降温、降水增多这一背景对应，1950—1960 年属于温度降低及降水量减少期，1980—1990 年温度略有上升但降水量仍减少，1990—2000 年温度与降水量虽略有上升但仍属历史较低水平。在 1920—1935 年温度大幅上升期间绿洲却鲜有洪灾发生。所以说，绿洲洪灾与气候背景关系并

不显著。

表 5-7　绿洲典型性洪水水情记录

年份	洪水水情记录	资料来源
1911	河水陡发,决口一处,后成大渠一道,计长二百余里,宽约十六七号不等	《新疆维吾尔自治区气候历史史料》
1915	中南乡阿克吾斯塘村,岁发大水泛溢横流,自倾大河一道,上下数十里	《新疆维吾尔自治区气候历史史料》
1958	库车县发生百年一遇的洪水,洪水以 1150 米^3/秒冲入县城,致使库车县遭受毁灭性灾害,沙雅河堤决口 25 处	《中国气象灾害大典·新疆卷》
1968	库车县洪水将跃进渠道冲开 4 个口子	《中国气象灾害大典·新疆》
1997	拜城县、库车县、新和县受灾,冲毁渠道 23.4 千米、大坝 8810 米、闸口 52 座	《中国气象灾害大典·新疆卷》

依据水情特点能进一步对致洪因素进行辨别。从历次洪水灾情记录来看,绿洲以暴雨型和融雪型洪水为主。在 1955 年之后,绿洲气温与降水量逐步降低,极端水文事件所引起的洪涝灾害本应随之减少。但 1955 年之后洪涝灾害反而增加且形成三个高发时段。灾情方面,经统计,渠道被冲毁或河流决口的情况达 30 次,约占 56.60%。[①]地表水系蓄洪能力变化可能与 1955 年后洪灾频发密切相关。

在未出现大规模水利工程扰动的传统农业时代(1960 年代之前),洪水次数较少,洪水同气候变化背景有较强的一致性。这是由传统农业时代水网的脆弱性、渠系布局敏感性及绿洲平原地貌所共同决定的。1910—1940 年代,天山温度升高,降水增多,形成 1909—1915 年、1930—1940 年两个洪水灾害较多的时段。1950 年代之后天山温度降低,降水量减少,但这一时期洪水却表现为增多趋势,形成 1950—1960 年、1980—1990 年、1990—2000 年三个高发时段。20 世纪五六十年代之后的洪涝灾害的增多却与温度及降水量的减少这一气候背景不相符,表现为无规律的特点。该时期正是绿洲由传统农业社会向现代工业社会的转型阶段。这一时段的洪水频率深受这一社会背景

[①]《库车县水利志》编纂委员会编:《库车县水利志》,乌鲁木齐:新疆科技卫生出版社,1993 年,第 208 页。

的影响。20 世纪 50—60 年代的水利建设在取得巨大社会经济效益的同时，也产生了自然河流水系连通度下降、结构化丧失、水系格局改变等副作用，洪水宣泄功能逐渐减弱，难以抵御较强洪水的冲击。

地下水一直是传统农业时代灌区重要的水资源。渠道、河床及田间渗漏是地下水主要的补给来源（图 5-13、图 5-14）。在干旱绿洲区，河流出山后往往在砂砾层潜流。这里丰富的地下水资源也得到主政者的重视。民国初年，就拟在此地修建坎儿井。据 1909 年统计，绿洲泉水灌溉面积达 71 473.5 亩，约占总灌溉面积的 7.83%，引地下水的灌渠长度约占灌渠总长度的 7.66%。其中，库车县灌区泉水灌田面积为 75 775.2 亩，约占总面积的 37.3%。到了 1983 年，库车灌区泉水灌田 7000 亩，仅占灌渠总面积的 2.3%。[①]

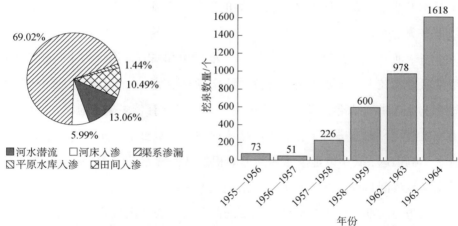

图 5-13　1980 年代灌区地下水补给来源
资料来源：《库车县水利志》编纂委员会编：《库车县水利志》，乌鲁木齐：新疆科技卫生出版社，1993 年，第 64—70 页

图 5-14　1955—1964 年灌区历年挖泉数量
资料来源：《库车县水利志》编纂委员会编：《库车县水利志》，乌鲁木齐：新疆科技卫生出版社，1993 年，第 152—157 页

1950 年代、1960 年代的水利建设中，渠系截弯取直，裁支并干，渠系的硬化及水库调节致使地下水补给缺失，水位降低。这一时段持续增多的开挖

①《库车县水利志》编纂委员会编：《库车县水利志》，乌鲁木齐：新疆科技卫生出版社，1993 年，第 152—154 页。

行为说明已有泉水的流量不断减少，需要以增多数量来代替质量的不足。

绿洲中南部湖泊与沼泽湿地主要依靠地下水补给。较之于 1900 年代，1960 年代之后，整体上灌区北部和中部较大面积的湖泊及沼泽逐渐消失湮没，灌区南部陆续出现一些呈破碎化分布的较小湖泊。具体而言，灌区内的一些草湖或湖泊被相继改造为水库。另外，一些如巴依孜库勒湖、恰克马克湖水面逐渐减小或消失。绿洲天然植被因为地下水位降低呈萎缩状态。①

动物方面，以底栖无脊椎动物为主。野生鱼类物种丰度与数量是其重要指标。野生鱼类主要集中于各河流与草荡中。近百年来，由于河流截弯取直及水坝修筑，湖沼消亡加上引水量增加，一些鱼类逐渐消失。据《库车县水利志》记载，作为肉食性鱼类的新疆大头鱼在 20 世纪 60 年代之后已不多见。②

渭干河-库车河三角洲绿洲以潮土、灌淤土和灌耕棕漠土为主，灌溉对土壤性状影响较大，主要表现为土壤盐渍化以及沙漠化，而沙漠化是因盐渍化导致土地弃耕的结果。渭干河-库车河三角洲绿洲有较多盐岩地层，风化后，由流水或大风搬运进入平原。土壤盐渍化的产生主要是由地下水、地表径流排水不畅引起，其中以地下水为动力的积盐过程最为广泛。从图 5-13 中可以看出渠系渗漏是绿洲灌区地下水补给的主要来源。

在历史时期，位于绿洲灌区南部的沙雅县就表现出盐渍化的特点。因为干三角洲绿洲的特性，盐分一般积聚在绿洲下部。1912 年的《新疆图志·土壤志》记载库车州和沙雅县分别为"厥土黄壤"和"厥土白坟"，位于绿洲南部沙雅县的"白坟"指的就是盐碱地。③传统农业时期的引水渠道以土渠为主，

①《库车县水利志》编纂委员会编：《库车县水利志》，乌鲁木齐：新疆科技卫生出版社，1993 年，第 38—40、178 页。

②《库车县水利志》编纂委员会编：《库车县水利志》，乌鲁木齐：新疆科技卫生出版社，1993 年，第 179—180 页。

③（清）袁大化修，王树枏等纂：《新疆图志》，上海：上海古籍出版社，2017 年，第 1478 页。

渠系渗漏严重，灌溉定额偏高，没有有效的排水系统，加之土壤性状极易引起地下水携带积盐位抬升造成盐渍化。当地灌区只能用土地利用率较低的"干排水"方式，即利用地形高差将灌溉土地盐分向地形较低处转移。1956—1959年中国科学院新疆综合考察队针对土壤方面问题指出渠系渗漏、跑水，平原水库渗漏引起的地下水上升是灌区次生盐渍化的主因。盐渍化的土地会在风沙等因素作用下进一步导致绿洲沙漠化。

从1950年代起灌区开始了对渠系进行截弯取直的改造，修建了排水渠道，并对渠道质地进行水泥灌浆硬化处理。经过防渗处理，地下水位下降，土壤盐碱化得到一定程度上的控制。而今绿洲盐渍化土壤主要分布于河流下游，绿洲扇缘地带。

小结

本书利用历史文献资料与老旧地图对近百年来渭干河-库车河三角洲绿洲灌渠结构与水系格局状况重建，研究结果表明：

第一，1900年代至1990年代，灌溉体系结构逐步简单化，体系逐步规整化，层次上由河流-干渠-支渠形成河流-总干渠（水库）-干渠-支渠（并配有排水渠）的体系结构。形态与材质方面，灌渠水体由蜿蜒型变为直线型，渠系硬化。1950年代之前，渭干河、库车河、泉水为主要引水源，至1980年代形成以渭干河、塔里木河为引水中心。灌渠变动直接作用于绿洲河流形态，使其向均一化、非连续化发展。

第二，灌渠变动使绿洲水系格局发生改变，具体表现为去主干化与分散化过程。河流流程缩短、水系形状变动、水系连通度下降等现象，说明这一时段水系格局发生了深刻的改变。灌渠变动致使地下水位下降，促使灌区土壤盐渍化得到缓解，但同时加速了绿洲中部湖沼的消亡，进一步对水生生物环境产生影响。

第三，河网的蓄洪能力与水系连通性密切相关，结合气候背景分析，20

世纪 60 年代之后，洪涝灾害频率与气候变化背景不相吻合，表现为无规律性的特点，而此时正是绿洲天然水系受人工渠系显著扰动的阶段。近百年来，灌区渠系建设与水利工程的现代化过程是影响绿洲水系格局以至于径流特征的主要因素。当前新疆绿洲区的水利建设应注重与绿洲自然河流之间的协调。

第三节　近代绿洲灌渠模型建立试验

一、灌渠路径复原

在二维平面中，灌渠属于线数据或面数据。在长度、宽度、相关聚落已知的前提下，重建其具体路径和立体形态是下一步需要考虑的工作。复原历史渠道具体路径存在多方面的困难。多数渠道由于后期工程改造或地表扰动作用已荡然无存。对于个别大型历史渠道而言，依靠文献考证定位、水利资料整理、数字化近代地图并参考 DEM 数据和遥感影像是渠道路径重建的有效方式。但仍存在因投影信息缺乏导致数字化后图层偏移，以及因缺乏地形要素考量而带来的精度问题。因此，对于多数缺乏具体走向的渠道而言，这一方法存在很大的不确定性。而依靠 GIS 的空间分析方法能为这一研究目标的实现提供一种有益的补充。

（一）基于成本路径的重建方法

在 GIS 中，成本面（cost surface）是一个栅格型的成本距离工具，用于计算各像元到成本面上指定的源位置处的最小累积成本。[①]这一手段在历史地理学研究中已经有较好的应用，在历史交通路径复原中尤其显著，如比利时根特大学地理系维尔布鲁赫（Verbrugghe）等对罗马时代道路的复原研究。这一研究利用景观考古的方法，基于地形数据、土壤图，在 ArcGIS 软件中构建最低成本路径，同时利用航拍照片和考古发现进行检验，保证其

———————————

① 张海：《GIS 与考古学空间分析》，北京：北京大学出版社，2014 年，第 201 页。

准确性。^①曹迎春等在对明代长城边防驿路复原中，计算过道路的通行成本。该研究针对包括长城、河流、地形起伏、坡度等不同成本面设定等级计算，结果表明在 30 明里（1 明里≈572.4 米）尺度内精确性较高。该研究利用聚落对较长路径进行分段能较好地解决了路径复原问题。^②

上述交通路径的复原工作与灌渠路径复原有诸多相似之处。首先，在二维地图上灌渠与交通线都属于线或面数据，而具体路径更是以线数据为载体的表达；其次，二者都属于人类在地表上的工程活动，与聚落、农田、水系、坡度、植被等地理要素具有密切联系；最后，在历史文献中部分渠道和道路具有走向、长度、起始与终止位置的记录。因此，在研究路径和模式上，灌渠复原可以参考历史交通路径的复原工作。

但是，较之前者，灌渠复原存在极高的不确定性与难度。交通路线往往距离较长，现代路网往往是历史时期路网的延续，其与聚落的关系更为密切。因此，交通路线的参考点较多、确定性较高、构建成本路径的信息更加丰富。灌渠（尤其是干旱绿洲区），除出山口径流外的渠道引水口和聚落外，其余参考点较难确定。在引出山径流的灌区里，灌渠往往要经过一片无农田聚落的洪积扇，绿洲区本身聚落较少。灌渠长度较短，且多数经过近现代水利工程改造，因此存在继承性较差、参考点较少、不确定性较高等问题。

（二）渠道重建问题探讨与实践

在历史渠道路径的复原中，需要根据不同地貌条件考虑成本面的构建。首先，在缺乏现代水利技术的传统农业时期，人类引水较明显受地形条件限制；其次，人类引水需要考虑与水源的距离，引水目标点比较明确（如聚落或农田）；最后，在渠道选址过程中，不同聚落或农田的支渠分水位置也是需要考量的空间因素。因此，以上三点由三个变量构成。基于 DEM 数据的地

---

① Verbrugghe G, de Clercq W, van Eetvelde V. Routes across the Civitas Menapiorum: Using least cost paths and GIS to locate the Roman roads of Sandy Flanders. *Journal of Historical Geography*, 2017, 57: 76-88.
② 曹迎春、张玉坤、张昊雁：《基于 GIS 的明代长城边防图集地图道路复原——以大同镇为例》，《河北农业大学学报》2014 年第 2 期。

形成本面（包括坡度、地表起伏度、高程）是基础数据，人类引水源和目标点（即成本路径的起始点）需要通过文献考证来确定。相比而言，干渠-支渠分水位置可以看作上述因素中最不确定的变量。事实上，通过各目标点重要程度的权重值分配能对分水位置进行大致估定。再通过与现代分水位置相比较，单条干渠位置显然较支渠更容易确定。

在重建之前有几个问题需要进行讨论。首先，文献记录的干渠位置是距城距离还是实际距离；其次，干渠的起始位置具体在何处。前文已述及，渠道位置同聚落记载是一致的，这一点通过电子地图也可以得到基本确认。因此，干渠位置是聚落距城的道路距离。所以，该情况增加了渠道准确定位的难度，但聚落能为渠道重建提供必要的参照点。

干渠的起始位置是重建的基本空间数据。因为河流出山口因山前土壤多为易渗水的砾石层，干旱区渠道一般在出山口附近引水。在当地调查访谈中，部分居民表示，旧社会为防止渠道下渗，往往会给渠道底部使用防渗材料。[1]在《新疆全省舆图》"阜康县图"中我们注意到，其渠道标注与天然径流无明显区别。至今，当地渠道多在出山口引水。因此，将引水点起点定位在河流出山口附近。而渠道终点则依据数字化后的近代地图和聚落经纬位置确定大致方位。[2]

具体方法如下：在 DEM 中生成坡度数据（对坡度进行重分类）—在 DEM 中生成起伏度数据（对起伏度进行重分类）—对坡度和坡向数据进行重分类加权计算—创建成本方向和成本路径栅格数据—计算最低成本路径。如商户沟渠，在城东八十五里，导源白杨河南山雪水，长四十里。其起始点定位在白杨河出山口，在地图上可以看出这一渠道经过商户沟之东，滋泥泉之西等地，终点位于东泉之西。

---

① 这一防渗材料的使用是因为干渠和支渠尚无法确定，但出山口往往成为多数径流下渗散失区，因此考虑出山口进行防渗处理的可能性较大。

② 该方位存在较强的不确定性，存在聚落参考点空缺、数字化地图后的经纬差等问题。因此只能选择终点参考点信息较丰富的渠道。

（三）重建路径检验

渠道检验包括实际长度与具体形态。因为近现代以来，渠道已经经过较强的工程因素干扰，只能通过历史数据与当时地图进行判断。通过长度对比，重建渠道长度较历史记载差距在 3000 米左右，具体走向形态基本一致。忽略渠道弯曲或终点位置的不确定性等因素，这一结果较为可靠，能基本复原出历史时期渠道大致走向。当然，如果拥有更多的参考点，这一方法的准确性可以进一步提高（表 5-8）。

表 5-8　重建主要渠道信息及对比　　　　　　　　　单位：千米

渠道名称	始点	聚落	终点	长度	重建长度
商户沟渠	白杨河出山口	商户沟、滋泥泉、东泉	东泉附近	23.040	26.47
土墩子渠	甘河子出山口	土墩子	大泉子东北	28.800	21.21

在实践中这一方法是否具有普适性？当然，在参考点信息详细的情况下，这一方法可以复原多数历史时期的灌渠。但是参考点信息是以文献记载、野外调查和考古发现为前提的。因此，这一方法只适用于部分参考点信息全面的渠道复原工作。对渠道的准确复原能进一步为历史时期水系格局重建、历史时期绿洲社会用水状况等具体问题提供有效帮助。

二、历史时期灌渠场景三维可视化重建

（一）立体可视化：地理三维场景构建与历史时期地貌场景复原

传统 GIS 以平面空间、二维数据为研究载体和对象。事实上，现实的地理场景属于三维空间，加以时间维度使 HGIS 更为复杂。传统基于 2.5 维的 GIS 空间分析，比如基于 DEM 分析，能增强地表立体可视化效果展示。可依靠表面结构模型，如规则网格（regular grid）、不规则三角网（triangulated irregular network，TIN）、边界表示（boundary representation，B-rep），这类结构模型对实体空间轮廓描述和形态的塑造较有效，而无法构建空间实体结构拓扑，难以进行较复杂的三维空间分析。[①]但在一些基本的三维空间分析层面

---

① 张海：《GIS 与考古学空间分析》，北京：北京大学出版社，2014 年，第 271—273 页。

十分有效，因此具有广阔的利用空间。

对于历史地理学而言，三维场景重建在历史自然地理、历史城市地理研究中都有较好的应用前景。早在 20 世纪 80 年代，曾昭璇和曾宪珊就指出，历史地貌的复原和地貌年代的测定是历史地貌学的根本任务。[1]其中人类地表工程活动对地貌影响尤为强烈，干旱-半干旱灌渠工程较具代表性。重建的灌溉场景能直接加深对这一地貌过程的理解，GIS 技术的成熟为进一步重建研究提供了可能。

本研究利用 DEM 数据，结合较高分辨率的卫星影像、文献资料、近代地图、实地考察，基于 SketchUp、ArcGIS、Global Mapper、Google Earth 等软件平台，完成近代新疆绿洲灌区典型灌溉场景的重建。历史时期灌溉场景可视化重建不仅可以给研究者提供丰富的视觉信息和景观感知度，同时为进一步三维空间分析提供了可能。

（二）灌溉场景三维可视化构建过程与实现

近代典型灌溉场景主题的选定是理解和分析的基础。绿洲灌溉一般流程包括龙口引水-干渠支渠分水-支渠或斗渠引入村庄或农田。龙口、干支渠分水口、传统水利中的水磨、农田灌溉都是较具代表性的绿洲灌溉景观。本研究选用一处典型主题景观即渠首引水-分水，渠首引水-分水是最为重要的绿洲灌溉流程，水磨是绿洲灌区居民利用水动力进行农业生产实践的典型代表。其中渠首引水-分水工程结合地貌数据进行灌溉场景还原，水磨只进行工程模型的构建。

当前三维地貌建模的方法较多，限于篇幅不能详述。例如，利用地形图，基于 CAD 生成高程点，进而生成等高线，将其导入 ArcGIS 中转换成shapefile 文件，或基于高程点利用 ArcGIS 生成 TIN，再导入 SketchUp 软件中生成地形模型，最后进行地表或剖面纹理处理。[2]或在 CAD 中直接采集高

---

① 曾昭璇、曾宪珊：《历史地貌学浅论》，北京：科学出版社，1985 年，第 4—5 页。
② 程师：《河南省赵口灌区总干渠典型段三维可视化系统》，郑州大学硕士学位论文，2012 年；王刚：《基于 SketchUp 和 ArcGIS 的三维 GIS 应用研究》，东华理工大学硕士学位论文，2014 年。

程点，利用插件工具建立三维格网地貌模型，再导入 SketchUp 软件中处理。[①]
相比于基于 DEM 数据生成 TIN 数据冗余较少。

　　本研究中场景的构建基于文献资料、调查访谈、影像资料、DEM 等数据材料。笔者曾于 2018 年 10 月 24 日进行了实地考察，新疆绿洲灌区位于阜康滋泥泉镇南部白杨河出山口上游，白杨河水库南部有一处废弃的渠坝。经纬度大致为东经 88.52°，北纬 44.05°，高程为 939.48 米。渠坝明显是因为洪水的冲毁，白杨河上游水系河漫滩阶地上有明显的洪积物，在不同时间、不同水量的情况下河道（图 5-15b 处）呈东西摆动态势。渠道水电设施（图 5-15c 处）东北部有一处废弃的聚落（图 5-15a 处）。这一聚落在历史时期应当从白杨河引水，在影像上这一态势清晰可见。因此，选择此处进行引水-分水状况重建能较好地反映多数绿洲引水设施的历史面貌。当然，这一历史时期的水利设施真实面貌不一定如此，本书只选择农业时代的水利设施框架进行设想并模拟重建，重点是对重建方法进行探索。成熟的手段和方法能更多地应用于各方面的历史地理三维场景重建中，为认识和解决不同问题提供可能。

图 5-15　聚落（a）、白杨河河道（b）和被冲毁的水坝（c）

① 杜研、王方雄、王博：《基于 SketchUp 的三维地貌建模技术》，《地理空间信息》2013 年第 1 期。

数据准备：关键在于获取较高分辨率的影像，步骤包括 DEM 数据下载—在 Global Mapper 中进行投影—Arcscene 生成三维模型—利用插件导入 SketchUp—进行工程建模和要素编辑。

具体流程：一是在网络上下载 Local Space Viewer 三维数字地球软件，在其中选取 Google Earth 产品，下载试验区影像和 DEM 数据（下载地址：http://www.locaspace.cn/ ）。二是在 Global Mapper 软件中对下载的影像和DEM 数据分别进行投影，采用 UTM，分别输出为 Tiff 和 DEM 类型。三是将其分别在 Arcmap 中打开，在试验区影像上数字化提取二维结构的渠堤、挡水坝、分水坝、闸门槽、木框架、木底板等水利设施；添加 "high" 列输入其高度，同时转 DEM 栅格数据为 TIN 格式。在 Arcscene 界面中打开影像和水利设施要素，将体要素根据高度拉伸处理，赋予其 TIN 属性。四是将水利设施要素 "由三维图层转要素类" 转换为 Geodatabase 地理数据库类型，输出保存为 shp 文件，在转化工具中将多面体转为 Colldda，以 dae 格式输出。利用SketchUp6ESRI.exe 插件在 SketchUp 软件中导入水利设施模型，进行工程模型关系处理或纹理贴图，完成后输出为 dae 格式。在 Arcscene 中替换即可完成灌区三维地貌场景的构建。本书该部分旨在对此方法进行探索，事实上，拥有丰富资料的研究区更适合此方法的推广和应用。如在历史时期水利、交通、城市景观，以及战争地理研究中，这一方法更具有普适性。

通视分析[①]、缓冲区分析能够进一步以河流水源为基础，利用资源域分析方式，为认识并解决具体问题提供可能。

以灌溉面积为例，各聚落渠道的灌溉面积与图中绿洲区具有很好的一致性。三维空间分析能广泛地应用到历史地理研究的各方面。三维场景为历史地理研究注入了空间维度的思路：地理学的空间是三维空间；历史地理本身就具有多维属性；空间维度随时间维度变化；不同的连续时空剖面构成时空

---

① 通视分析对于理解历史时期灌渠、聚落选址具有重要意义。当前利用格网手段对历史时期土地利用进行重建集中在格网的基础上选取不同指标的综合分析，包括选取坡度、高程、聚落、人口、水源距离等要素。通视分析能为上述指标权重的确定提供参考和保证。

连续体是今后应着力思考并研究的方向。

本章小结

以《新疆图志》和《新疆全省舆图》为主体，提取其中渠道长度、宽度、灌溉面积等属性数据，依靠文献梳理、地名考证、地图数字化等方法完成近代1909年新疆地区灌渠空间数据集的重建。该数据集共有渠道3201条，其中干渠909条，支渠2292条。近代新疆灌溉渠系重建研究通过数字化提取聚落2958个，同时提取部分具有矢量形态的渠道数据。对以上数据进行编码，最后以部分聚落和渠道共有字段进行关联，生成新疆地区1909年灌渠空间数据集。近代新疆灌溉渠系重建研究表明地表渠系变动对干旱绿洲区LUCC过程评估具有积极作用。

在数据集基础上，本书对1909年新疆地区灌溉空间格局进行分析，发现该时段各灌溉指标空间格局存在较大差异。其中灌溉面积、渠道长度、渠道最大集水面积具有较强一致性，而有效灌溉指数却不一致。这同区域气候、地貌、地表水资源量、水网密度、土壤和地下水等自然因素密切相关，如盐渍化较严重的巴楚绿洲明显较伊犁谷地灌溉效率低。同时，以聚落密度和人口密度为代表的区域社会经济水平也对这一格局产生重要影响。

19世纪末20世纪初新疆地区发生多起水文变迁事件。以往在探讨这一问题时主要关注灌溉耗水的作用。事实上，修渠对地表水系物理形态的扰动也是不容忽视的要素。将这一问题置于气候变化背景下可以看出，1909年前水文变迁事件可能以气候叠加灌溉耗水量为主，表现为径流量的变化。1909年后可能更与气候因素关系密切，表现为河流改道。因此，在不同气候背景下的水文变迁具有不同的表现形式。渠道纵横交错，在绿洲中形成水利灌溉网络。本书采用Pajek软件对灌渠关系进行可视化网络结构图像的生成，在此基础上对渭干河-库车河三角洲绿洲渠道网络进行分析，可以看出，中心点度的分析表明，各渠道呈"长尾分布""幂律分布"。近代新疆灌溉网络结构分析说明绿洲中灌渠网络的无标度性特征，进而表明，灌渠所属聚落对水资源的分配具有强烈的不平等性，这一不平等性在绿洲水利社会的指示意义值得特别关注。上述对渠系形态、网络结构等因素的考量，可以看出 LUCC 过程的复杂性和系统性。

本书利用历史文献资料与老旧地图对近百年来渭干河-库车河三角洲绿洲灌渠结构与水系格局状况进行重建。研究结果表明：近 100 年来，灌溉体系结构逐步简单化，体系逐步规整化，层次上由河流-干渠-支渠形成河流-总干渠（水库）-干渠-支渠（并配有排水渠）的体系结构。在形态与材质方面，灌渠水体由蜿蜒型变为直线型，渠系硬化。1950 年代之前，渭干河、库车河、泉水为主要引水源，至 1980 年代形成以渭干河、塔里木河为引水中心。灌渠变动直接作用于绿洲河流形态，使其向均一化、非连续化发展。灌渠变动所引起的绿洲水系格局发生改变，具体表现为去主干化与分散化过程。从近百年来河流流程缩短、水系连通度下降来看，这一时段水系格局发生了较深刻的改变。河网的蓄洪能力与水系连通性密切相关，结合气候背景分析，20 世纪 60 年代之后，洪涝灾害频率与气候变化背景不相吻合，表现为无规律性的特点，而此时正是绿洲天然水系受人工渠系显著扰动的阶段。近百年来，灌区渠系建设与水利工程的现代化过程是影响绿洲水系格局以及径流特征的主要因素。

以阜康绿洲为案例，在实地考察的基础上，结合历史文献、老旧地图和现代卫星影像资料，利用 ArcGIS 软件、SketchUp 软件等尝试基于成本路径对灌渠路径进行复原。结果表明，复原路径无论形态、走向或长度同文献记载较一致。结合考察资料的深度分析能进一步降低误差。笔者选定柏杨河上游一处分水设施重建表明，基于工程建模软件同地理空间信息分析软件的融合能对历史地理学研究产生积极的意义。

本书所重建的数据集工作仍需完善，包括数据载体尺度的缩小，这需要长时期大量的聚落提取、考证与渠道信息的融合。此外，渠道路径的复原仍然需要基于大范围的考察，甚至考古工作。笔者团队的研究表明，当前空间分析、社会网络分析等方法的使用对传统历史地理研究具有一定程度的突破和启发。干旱区的水系网络结构意义、渠道网络的复杂性特点值得进一步探索和挖掘，这一探索维度也可以扩展到历史地理学其他分支中去。

第六章 实践案例（下）

第一节 工作目标与主要技术手段

一、工作意义

江汉平原位于我国湖北省中南部地区，主要由长江、汉江及其大小支流和湖泊的近代沉积物构成，是典型的冲积、湖积平原。平原内河网密布，湖泊众多，除少部分土墩台地外，绝大部分地区的地面高程均在河流、湖泊的洪枯水位之间，汛期低于河、湖水面[1]，呈现出"大平小不平"的地貌特征。在这种地理环境下要想发展农业，首先就必须解决排涝和灌溉的问题。在这种背景下，人们将堤防修建与农田建设结合起来，发展出带有该区特色的农业垦殖方式——垸田。

明清时期，随着大量移民涌入该区域，受到人口压力和政府奖励垦荒政策的影响，江汉平原围垦规模持续扩大。农耕区的迅速扩大，使得江汉平原成了全国重要的经济区。明代中后期，开始流传"湖广熟，天下足"的谚语，江汉平原成为极为重要的粮食产区。入清之后，该区依然是全国重要的农业区。

然而该区水环境在农业开发过程中面临着不少实际困难。首先，历代在

---

[1] 梅莉、张国雄、晏昌贵：《两湖平原开发探源》，南昌：江西教育出版社，1995 年。

荆江沿岸不断修建培筑堤防，最终导致荆江形成单一河道，泥沙日益淤淀，河床抬高，明代以后形成地上河，加上两岸穴口的消亡，导致水灾频发。尤其是在枝江到武汉这一段区域内，汛期多发，往往决口漫堤，不利于人们的日常生活和生产。其次，荆江两岸低洼平原地带，围垦造成大量湖泊消失或萎缩，调蓄洪涝能力不断降低，形成了明清以来"无岁不涝"的局面。在这一背景下，垸田的排水能力往往决定了涝灾的规模和持续时间。当地涝灾与湖泊湿地的减少、人工建设垸田、开挖排灌渠等有着密切的联系。而近百年来，人类活动又是湖北省湖泊湿地演变的主导因素。围湖造田是人类活动影响湖北省湖泊状况的主要方式[①]，这关系到当前和未来湖北地区的水环境的发展，所以说对人类活动与涝灾之间的关系有清楚的认识是非常必要的。

晚清民国是历史上距离现在比较近的时段，对当时江汉平原的垸田形态、分布格局和河网结构进行深入研究，可以进一步揭示两者之间的关系，实现上述研究目标。

20世纪30—40年代，冀朝鼎就已经将江汉平原划为唐宋元明清时期的基本经济区之一。[②]同时他注意到两宋期间人们在长江流域的围田活动，其中对于江汉平原地区虽然没有太多关注，但多次引用《江汉堤防图考》中相关内容，对湖北省的长江堤防和垸田灌溉已经有所介绍和提及。日本学者河野通博的《清代湖北省的洪水》对清代湖北洪水灾害进行了统计和分析。[③]

20世纪50—60年代，出于经济建设和农田水利建设的考量，对于这一区域的研究更多地集中在江汉平原地貌和荆江河曲演变等问题上。林承坤和陈钦峦认为，历史上荆江自由河曲的发展具有周期性，河曲曲折率的周期变动，决定于荆江对分流的淤积与人的筑堤围垸堵塞穴口。[④]陈钦峦等通过研究

---

① 张毅、孔祥德、邓宏兵，等：《近百年湖北省湖泊演变特征研究》，《湿地科学》2010年第1期。
② 〔美〕冀朝鼎：《中国历史上的基本经济区与水利事业的发展》，朱诗鳌译，北京：中国社会科学出版社，1981年。
③ 〔日〕河野通博：《清代湖北省的洪水》，《人文地理》1948年第2号。
④ 林承坤、陈钦銮（峦）：《下荆江自由河曲形成与演变的探讨》，《地理学报》1959年第2期。

江汉平原地形地貌特征，对平原农田水利化提出了切实可行的意见。①

这一时期国外学者研究亦有涉及水利方面，论文有日本河野通博的《荆江分洪觉书》、英国伊懋可的《明清时期的水利治理与管理》等。②

1990 年代后，学界对于江汉平原垸田的研究开始细化，对于垸田出现的时间、发展历程、特征、开发与洪涝灾害的关系、移民与开发、区域经济等进行了不同程度的考察和讨论，其中以武汉大学石泉为代表的学术团队是主要的学术力量。

在石泉之前，对于江汉平原垸田产生的时间，国内外学界大致有两种看法：①林承坤和陈钦峦认为，在西晋时，荆江垸田开始大规模兴建③；②日本学者森田明认为，垸田是随着明代江南移民大量迁入长江中游后出现的④。石泉和张国雄在系统梳理历史文献后，对垸田的产生时间进行了考证，认为垸田的产生时间至迟当不晚于 13 世纪中期的南宋端平、嘉熙年间⑤，这是目前学界比较认可的看法。

江汉平原垸田大规模的发展主要是在明清时期，大致过程是：明中叶逐渐增多，明清之际由于战乱短暂萎缩，清初得到恢复，清中叶达到高潮。⑥具体经历了以下几个阶段：①明前期（1368—1468），初兴与缓慢发展；②明中期（1469—1511），迅速发展形成第一个高峰；③明后期（1522—1644），继续发展并孕育危机；④清前期（1645—1735），战争过后缓慢恢复；⑤清中期（1736—1820），形成第二次高峰并趋于饱和；⑥清后期（1821—1911），屡垦屡溃，生态环境严重恶化。⑦

---

① 陈钦峦、王富葆、尹国康：《江汉平原地区的地貌及其与农业生产的关系》，《南京大学学报（地理学）》1963 年第 1 期。
② 转引自廖艳彬：《二十世纪以来明清长江流域水利史研究综述》，《中国经济与社会史评论》2012 年第 0 期。
③ 林承坤、陈钦銮（峦）：《下荆江自由河曲形成与演变的探讨》，《地理学报》1959 年第 2 期。
④〔日〕森田明：《清代湖広における治水灌漑の展開》，《东方学》1960 年第 20 辑。
⑤ 石泉、张国雄：《江汉平原的垸田兴起于何时》，《中国历史地理论丛》1988 年第 1 期。
⑥ 谭作刚：《清代湖广垸田的滥行围垦及清政府的对策》，《中国农史》1985 年第 4 期。
⑦ 张家炎：《十年来两湖地区暨江汉平原明清经济史研究综述》，《中国史研究动态》1997 年第 1 期。

张国雄根据江汉平原垸田的特征，认为"垸堤、涵闸、渠系"是必要而充足的辨别条件。他从清代行政管理的角度，将垸田分为官垸、民垸、私垸三种。①官垸、民垸都属于合理开发，私垸则是违法垦殖。张家炎按土地利用方式，将垸内田地分为四种：水田、旱地、水旱不定型耕地及湖底水田。又根据垸中水、旱田地不同比例将垸田分为三种：以水田为主型、以旱地为主型及水、旱两兼型。②

目前学界普遍认为，明清时期江汉平原大开发主要是大量移民涌入的结果。对于移民的大量流入对垸田开发的影响，一方面肯定了移民对于农业发展有着积极意义；另一方面已经开始反思清中后期盲目垦殖所造成的一系列环境问题③，普遍认为该区域洪涝灾害频繁发生与以垸田开发为主的人类活动有着密切关系。④

这一时期，对于江汉平原以堤防修建为主的水利工程已经开始关注，同时对于制度层面的问题也有所思考。林承坤认为筑堤围田改变了江汉平原地形的起伏、水系的分布乃至水文特性，造成了严重的自然灾害。⑤张建民以江汉地区和洞庭湖地区为中心，讨论了清代该区域堤垸水利经营的修防制度与修防组织、资金来源与负担，同时他也注意到了在水利建设中的冲突与协调。⑥李红有通过对明清江汉平原水利开发的考察和分析，探究了发

① 张国雄：《江汉平原垸田的特征及其在明清时期的发展演变》，《农业考古》1989 年第 1 期。
② 张家炎：《清代江汉平原垸田农业经济特性分析》，《中国史研究》2001 年第 1 期。
③ 谭作刚：《清代湖广垸田的滥行围垦及清政府的对策》，《中国农史》1985 年第 4 期；张建民：《对围湖造田的历史考察》，《农业考古》1987 年第 1 期；张国雄：《明代江汉平原水旱灾害的变化与垸田经济的关系》，《中国农史》1987 年第 4 期；张建民：《明清农业垦殖论略》，《中国农史》1990 年第 4 期；张国雄、梅莉：《明清时期江汉—洞庭平原的人口变化与农业经济的发展》，《中国历史地理论丛》1989 年第 4 期；龚胜生：《清代两湖地区人口压力下的生态环境恶化及其对策》，《中国历史地理论丛》1993 年第 1 期；张国雄：《清代江汉平原水旱灾害的变化与垸田生产的关系》，《中国农史》1990 年第 3 期；张国雄：《明清时期两湖开发与环境变迁初议》，《中国历史地理论丛》1994 年第 2 期；鲁西奇、蔡述明：《汉江流域开发史上的环境问题》，《长江流域资源与环境》1997 年第 3 期。
④ 张建民：《清代湖北的洪涝灾害》，《江汉论坛》1984 年第 10 期；宋平安：《清代江汉平原水灾与经济开发探析》，《中国社会经济史研究》1990 年第 2 期；张家炎：《江汉平原清代中后期洪涝灾害研究中若干问题刍议》，《中国农史》1993 年第 3 期。
⑤ 林承坤：《古代长江中下游平原筑堤围垸与塘浦圩田对地理环境的影响》，《环境科学学报》1984 年第 2 期。
⑥ 张建民：《清代两湖堤垸水利经营研究》，《中国经济史研究》1990 年第 4 期。

展过程中的历史条件、本质及内在的规律性，试图从中总结经验教训。①彭雨新和张建民在其论著中对于这些问题也有所关注和思考。②

进入 21 世纪后除了对于江汉平原经济开发与环境变迁的继续讨论外③，相关学者开始以水利史、社会史、人类学的视角进入研究区域，来探讨水利制度、基层社会与权力运作、水利纠纷等相关问题。

鲁西奇认为江汉平原的水利区域区分为四个层级，即以台、墩为主体的"居住区域"，以"垸"为主体的"生产区域"，多个垸联合的"协作区域"，以及由干堤环绕的"生产区域"，区内民众有共同的利益与责任。④ 他认为明清时期江汉平原水利社会的出现是以围垸为中心展开的。⑤鲁西奇和潘晟还对汉水中下游河道的变迁和堤防建设进行了长时段的研究，同时对这一地区的垸田建设过程进行了详细的考证和论述。⑥此外，多数学者采用个案研究的方法，对于"堤垸水利与地方社会"的研究，取得了一定的成果。周荣以《白莒垸首总印册》为中心，考察了堤垸修防、经营与地方社会的关系，认为江汉平原特定的自然生态环境所提供的生存条件催生了垸民自我组织、自我管理的内在要求，在官、绅、民互动的过程中，国家的政策、地方官的个人意志、基层民众的愿望和士绅的聪明智慧等来自不同出发点的多种需求、多种策略和多重利益交织在一起，形成了一种微妙的动态平衡关系，而这种传统的沿袭，形成了水利社会习惯和有效的基层社会运行机制。⑦吕兴邦通

---

① 李红有：《明清江汉平原水利开发初探》，武汉水利电力学院硕士学位论文，1990 年。
② 彭雨新、张建民：《明清长江流域农业水利研究》，武汉：武汉大学出版社，1993 年；张芳：《明清农田水利研究》，北京：中国农业科技出版社，1998 年。
③ 鲁西奇：《区域历史地理研究：对象与方法——汉水流域的个案考察》，南宁：广西人民出版社，1999 年；杨果、陈曦：《经济开发与环境变迁研究——宋元明清时期的江汉平原》，武汉：武汉大学出版社，2008 年；尹玲玲：《明清两湖平原的环境变迁与社会应对》，上海：上海人民出版社，2008 年；张家炎：《移民运动、环境变迁与物质交流——清代及民国时期江汉平原与外地的关系》，《中国经济史研究》2011 年第 1 期；袁理：《堤垸与疫病：荆江流域水利的生态人类学研究》，北京：中国社会科学出版社，2014 年。
④ 鲁西奇：《台、垸、大堤：江汉平原社会经济区域的形成、发展与组合》，《史学月刊》2004 年第 4 期。
⑤ 鲁西奇：《"水利社会"的形成——以明清时期江汉平原的围垸为中心》，《中国经济史研究》2013 年第 2 期。
⑥ 鲁西奇、潘晟：《汉水中下游河道变迁与堤防》，武汉：武汉大学出版社，2004 年。
⑦ 周荣：《明清江汉平原地区的堤垸水利与地方社会——以〈白莒垸首总印册〉为中心》，《中国经济与社会史评论》2009 年第 0 期。

过档案及其他材料，对民国末年江汉平原的"民垸"做解剖，认为垸在总体上的自治程度较高，地理环境、频繁的修防及其仪式化倾向、寺庙的存在为共同体的稳定提供了基础。①肖启荣考察了汉水中下游堤防的组织、管理与纠纷情况，认为在咸丰以前，国家行使监督、组织权力，地方精英、堤甲承担具体事务；咸丰后，因战事导致资金、人力短缺，国家控制力减弱，地方社会在组织管理中的地位上升。②随着汉水中下游水环境的变化，一方面国家人力、资金管理存在时空差异，进而形成水利管理基本格局；另一方面地域集团在各自所处具体环境下有着不同反应。③国外学者对于该区域这一问题的研究，主要以法国学者魏丕信为代表，认为江汉平原明清时期的水利建设经历了"发展—衰退"的循环模式。④

历史地理学对于近百年来平原河网研究的展开，主要得益于 3S 技术的应用。满志敏于 2005 年已经提出对于历史地貌研究中的河流地貌，要把视野从干流扩展到水系上，可以关注的区域有长三角、珠三角、华北平原，淮河及苏北平原。⑤ 目前，相关研究成果主要集中于长三角和珠三角地区，其他区域研究成果相对较少。潘威和满志敏以 2004 年上海市青浦区为研究范围，基于 GIS 技术构建网格体系，提取了 1918 年和 1978 年两份军用地形图中的湖荡面积、河网密度、河流数据等数据，通过个案研究总结出了大河三角洲历史河网面貌的复原方法。⑥此外，他们利用《重浚江南水利全书》，结合实测地图和电子地图，复原了道光七至十七年（1827—1837）江南地区河流

① 吕兴邦：《江汉平原的堤垸水利与基层社会（1942—1949）——以湖北省松滋县三合垸为中心》，《古今农业》2011 年第 1 期。
② 肖启荣：《明清时期汉水中下游干堤修防的组织、管理与纠纷》，武汉大学硕士学位论文，2005 年。
③ 肖启荣：《明清时期汉水中下游的水利与社会》，复旦大学博士学位论文，2008 年。
④〔法〕魏丕信：《中华帝国晚期国家对水利的管理》，林清清译，见陈锋主编：《明清以来长江流域社会发展史论》，武汉：武汉大学出版社，2006 年，第 796—810 页；〔法〕魏丕信：《水利基础设施管理中的国家干预——以中华帝国晚期的湖北省为例》，魏幼红译，见陈锋主编：《明清以来长江流域社会发展史论》，武汉：武汉大学出版社，2006 年，第 614—650 页。
⑤ 满志敏：《历史自然地理学发展和前沿问题的思考》，《江汉论坛》2005 年第 1 期。
⑥ 潘威、满志敏：《大河三角洲历史河网密度格网化重建方法——以上海市青浦区 1918—1978 年为研究范围》，《中国历史地理论丛》2010 年第 2 期。

系统在人工整治中所受到的影响及其改变。① 满志敏主编的《上海地区城市、聚落和水网空间结构演变》一书，涉及对上海地区的水网格局的研究。②闫芳芳等以今上海地区为研究范围，提取了 1918 年和 1978 年两个时间断面上的河网信息，通过对比发现 1918—1978 年河网密度化的原因是 20 世纪五六十年代进行大规模水利兴修运动时，开挖新河渠的同时大量保留了原有的河道，新中国成立后农田水利发展规划将该区"小圩"结构彻底改造成"园田"。③侯鑫和潘威基于大比例尺地形图和历史图文资料，重建了珠三角 20 世纪 30 年代的河网模型，对传统农业末期平原河网水系进行了高精度复原，计算其最大槽蓄容量并分析了研究区域的特点。④对于历史时期江汉平原河网的研究，目前还没有太多成果。马宗伟等利用网格覆盖法计算出长江中下游河流分维，结果表明河道分维越大、河网分维越小，洪水发生可能性则越高。⑤

总的来看，对于江汉平原垸田的研究主要时段集中在明清时期，不少学者从历史地理学、水利社会史、农业史等角度对其进行了深入的研究和讨论，从中产生了许多极具启发性和结论性的观点和认识，这为江汉平原垸田的研究奠定了坚实的基础。不过同时要注意的一点是，对于民国时期江汉平原垸田的研究，相对来说比较薄弱。对于传统时期无论是垸田还是河网的具体情况，往往通过文献记载来予以考证分析，在研究过程中虽然也利用了一些舆图作为辅助，取得了不错的效果，但不得不承认的一点是，从江汉平原全局来看是无法做到定量分析的。江汉平原作为中国最主要的几个平原之一，在

---

① 潘威、满志敏：《"江南水网"在城市化前夕的改造》，见邹逸麟主编：《明清以来长江三角洲地区城镇地理与环境研究》，北京：商务印书馆，2013 年，第 335—347 页。

② 满志敏主编：《上海地区城市、聚落和水网空间结构演变》，上海：上海辞书出版社，2013 年。

③ 闫芳芳、满志敏、潘威：《从小圩到园田：近百年来上海地区河网密度变化》，《地球环境学报》2014 年第 6 期。

④ 侯鑫、潘威：《20 世纪 30 年代珠江三角洲平原河网结构重建及最大槽蓄容量》，《热带地理》2015 年第 6 期。

⑤ 马宗伟、许有鹏、李嘉峻：《河流形态的分维及与洪水关系的探讨——以长江中下游为例》，《水科学进展》2005 年第 4 期。

历史时期由于垸田的不断开发和建设，与之同时出现的便是堤防修筑和渠道开挖，这些都极大地改变了江汉平原的河网结构，但是垸田和河网两者到底是一种怎么样的关系呢？近些年随着 GIS 技术的引入，相关学者开始尝试对长三角、珠三角的河网采取这一技术进行分析讨论，已经取得了不错的效果，而江汉平原目前对于河网的定量分析时段主要还是集中在现代，其采用的方法和资料无法应用到民国时期。本书正是在这种背景下，参考其他区域同时段的研究方法，尝试应用到 1920 年代江汉平原的河网和垸田复原上，通过这一基础性的工作，推进江汉平原的垸田、河网等方面的研究。

二、工作内容

通过对"民国地形图"的数字化，重建 1920 年代江汉平原的垸田格局和河网结构。在此基础上，进一步对垸田的空间分布格局、垸田在不同地区的面积分布进行分析，并选取相关区域重建明清以来发展演变状况。建立河网密度指标，对河网结构进行文字说明和量化分析，进一步讨论垸田与河网之间的联系。以民国时期的报纸记录为主，分析在水利纠纷发生背后的因素。

本书研究的主要内容主要由以下几部分组成。

（1）对资料（主要是指民国大比例尺地图）进行辨析，以揭示其真伪性、分辨率、准确性。本书的研究基础主要是建立在对民国时期 1：50 000 大比例尺地图的数字化。所以必须对这套图的来源和流传做相关考证，同时要证明地图上所显示的要素达到了 1：50 000 的比例，此外为提高数字化后数据的准确性，进行相关的空间校正也是必不可少的。

（2）展开对近代大比例尺地图中对于水系、垸田、堤防等的线、面要素提取。这一过程包括地图拼接、要素提取、空间校准、数据库设计等。由于这套图是多组分幅图，为提高配准精确度，要先对这套图按照顺序进行裁剪、拼接，然后根据每幅图四角所示经纬度进行地理配准，之后进行空间校正。在接下来的要素提取之前，要先进行数据库的设计，添加"名称""等级""面积"等字段，准备工作完成后，便可以开始数字化处理。

（3）根据垸田的数字化结果，对垸田的分布格局和面积予以说明和分析，并基于典型地区进行垸田个案的研究。通过历史文献记录和舆图内容，恢复垸田的发展变化过程，建立3—4个时间断面的分布格局，从个案角度认识垸田演变的具体过程。

（4）根据重建的历史河网数字化结果，对基本水体情况进行描述，并对基本指标（主要是指河网密度）进行重建，对其进行量化分析。

（5）根据河网密度的结果，比对垸田数字化结果，分析两者之间有何关系。

（6）选取江汉平原某一垸，对其内部的发生水利纠纷事件进行分析。

本书在研究中对于江汉平原1920年代河网结构以及垸田形态的复原，主要工作是对民国1∶50 000地形图的数字化。这套地形图是在国民政府参谋本部统一部署下，由湖北测量局绘制，但与现代测绘技术相比，在精度上还是存在问题的。关于具体的质量情况，在1946年编写的《军事委员会军令部测量第四队沿革志略》中有相关记录："因受经费、时局影响，以致时行时辍，且已成图之精度复不一律，沿江下游（长江石首以下），及沿平汉路一带，系用三等三角为基准点，故该部分图精确度较强"；"以测角图根为基准点的鄂南一带……多不易接合，故该部分图精度较弱；鄂西一带只用独立经纬点为基准，故该部分图精度尤逊"；"鄂东、鄂北一带采用三等三角为基准点，故该部分图精度亦强"。[1]

此外，这套地形图并不是"原图"，而是在昭和十三年（1938）日本重制的版本。综上所述，在进行相关分析前，有必要把这套图的绘制、流传过程交代清楚，同时以现代测绘数据为依据，对相关数据做空间校正。

---

[1] 转引自湖北省地方志编纂委员会编：《湖北省志·城乡建设（下）》，武汉：湖北人民出版社，1999年，第509页。

三、资料来源说明

1913 年，国民政府参谋本部实行"十年速测计划"。在这之后，湖北测量局开始以此为准绳展开测绘工作，其中 1∶50 000 地形图于 1917 年开始施测，到 1946 年的近三十年间，"因事变频仍或因经费困难，以致时作时辍"①。到 1945 年，湖北省 1∶50 000 地形图一共完成 403 幅（其中 1924—1926 年完成的 120 幅系调查图），除了鄂西山地一些地区没有测绘外，基本覆盖了湖北省大部分地区，大约 21 万平方千米。

这批图绘制完成后，由于图上对于交通路线、地形以及聚落等要素绘制得非常详细，在当时的背景下其军事意义非常重大，因此官方对于它的保密工作极为重视，一般不轻易展示。而这批图之所以会落入日本人手中，与其在明治维新后在中国进行的一系列情报搜集工作有着密切的关系。这批图便是被时任孙传芳军事顾问的冈村宁次在一次机缘巧合下偷走的。鲁格在《偷来的秘密》一文中对此曾有过详细描述，其中便提及 1926 年北伐战争期间，作为孙传芳军事顾问的冈村宁次，趁机将华中中部地区的 1∶50 000 地形图偷走带回了日本。②从鲁格的文章叙述来看，本书研究中所用到的地图应该就属于冈村宁次带走的那批华中中部地区图。日本战败后，将这些地图移交给了中国政府，后辗转藏于湖北省档案馆。

这批地图的版式与同一时段其他省份绘制的地图类似，"图名"居中靠上，命名依据一般以图中所绘主要区域的地名为主。左上角有一方格，内部分成九个小格，居中部分涂满阴影代表此图，其余各部分则按照上北下南的方位各填写邻近地图的地名（即图名）。右上角一般有文字注明该区域的主要范围，格式为"×县湖北省"。左上角往下在图的左侧注明该图的绘制时间和发行时间，由于该图是日本军方的重制版，所以时间包括中、日两个年份，

---

① 湖北省测绘志编纂办公室：《湖北省测绘志（送审稿）》，内部资料，1990 年。
② 鲁格：《偷来的秘密》，《当代军事文摘》2005 年第 11 期。

格式为"昭和×年制版（中华民国×年制版），同×年×月发行"。右下角往下在图的右侧注明该图的编号，格式为"'南支那'五万分之一图××（所属县）××号"。左下角则是"陆地测量部 参谋本部"字样，右下角则是标高和图式的说明，比例尺居中位于图的最下面。地图四角都标有经纬度，每幅图的经度差为 15′，纬度差为 10′。地图边缘标注有每条等高线的数值以及某些交通路线或者河流到达之处。地图内容主要绘制有具体地形、河流、湖泊、地名、垸田、交通路线等。

这些地图等高线均以 100 米为起点所绘制，考虑到研究区域为平原，在确定大致范围后，去除等高线密集的图幅，最终经过筛选找出 52 幅图，其中潜江、龙湾等地区未能找到，不过从整体来看，这些图已经覆盖了江汉平原的主要区域，不影响研究。

四、空间校正与数字化

在完成对这批地图的筛选后，接下来要做的便是地理配准和空间校正。在进行配准之前，由于每幅图四周都有空白部分，因此首先要根据方位顺序进行裁剪和拼接。这一工作做完后，便根据每幅图的四角经纬度在 ArcGIS 软件中进行配准。关于这幅图的精准度上文已有说明，因此在进行配准后必须进行空间校正，否则无法与其他数据进行叠加和分析。

本书校正的主要依据为 CHGIS 中 1911 年县和村镇数据、1∶1 000 000 矢量地图数据（来源为国家基础地理信息中心），经过多种数据的校正发现，这批图总体上向西偏移了 5000—6000 米（图 6-1），具体判断过程如下。

历史时期虽然长江和汉江河道变化比较大，但近代以来由于堤防的日益完善，实际上从整体来看变化并不大，因此可以与现代的数据叠合做对比。以 1∶1 000 000 数据中的长江、汉江为依据，再加载民国时期数据中的这两条河流，可以发现向西偏移了 6000 米左右。

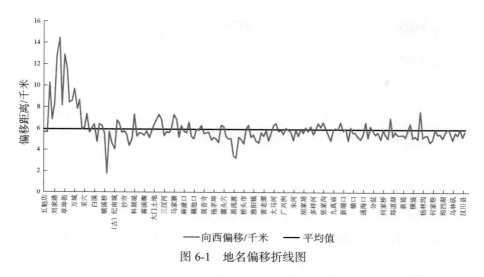

图 6-1　地名偏移折线图

　　此外，这批图绘制时间大都在 20 世纪 20 年代前后，而 CHGIS 又有 1911 年的县和村镇数据，两者在时间上非常接近，可以将地图上的地名数据与 1911 年的数据叠加做对比，通过对 170 多个地名的对比发现，除个别几个点偏移超过 10 千米外，其余都为 4000—7000 米，平均偏移为 5960.6 米，这与上述对比的结果基本一致。此外，对比还发现这些地名分别有向南、北偏移的情况存在，但基本都没有超过 1000 米，对数据的使用和分析影响不大。

　　此外，对于一些面积较大的湖泊比如洪湖、排湖、白露湖、长湖与 1∶1 000 000 数据中这些湖泊的对比也存在类似的情况。有一点值得说明的是，为避免由于各个数据所采用的投影坐标不同而产生的偏移误差，在做比对时会重新赋予民国时期数据新的投影，使两者投影相同，上述结论也是在这一背景下所得出的。

　　完成配准和空间校正后，在进行数字化工作之前还有一步要做的就是要检验地图是否达到了 1∶50 000 的精度。最直接的办法是拿现代同比例尺下该区域的地图叠加分析便可，但由于涉及保密暂时无法获取，因此不能采用这一方法。

另一种思路就是在确定地图上两地位置在没有发生过变化的情况下，先测量两地之间的实际距离，再使用 ArcGIS 软件中的测量工具测出一个数值，如果两者对比结果基本相似，便可以认为其精度大概达到 1∶50 000。以沔市和刾湖堤为例，两者实际直线距离大约为 31 千米，而在 ArcGIS 软件中利用测量工具所测量得到的结果为 29.3 千米，两者结果相似，因此可以认为这一批地图达到了 1∶50 000 的精度。孔云峰通过对民国初期河南省 1∶100 000 地形图的精度分析，表明经线方向平均向西偏移 6.28′，纬线方向平均向南偏移 2.23′，平原地区地图相对精度要高于山区。[①]这一结论与本书得出的结果具有较好的一致性，也就说明产生这一误差的主要原因是受限于当时测绘技术，和在 ArcGIS 软件中的操作没有关系。

在上述步骤结束后，接下来也是最重要的便是对地图中的要素进行数字化，主要对象包括河流、湖泊、垸田等线、面要素。每一个要素对应一个图层，每一个图层都有相对应的属性表，包括"编号、要素属性（线、面、点）、名称、面积、长度"等字段。最终数字化结果包括大小河流（包括自然河流和人工开挖渠道）5000 多条、垸田（只包括完整构成一个面的）2000 多个、湖泊将近 3000 个。

第二节　1920 年代江汉平原的垸田

一、垸田的定义与形态

垸田的兴起一定意义上和经济重心的南移有着密不可分的联系。早期由于河湖密布的自然地理环境，再加之农田水利技术的不成熟，才会出现《史记·货殖列传》和《汉书·地理志》中记载的"火耕水耨"现象，社会发展则处于"无冻饿之人，亦无千金之家"的状态。到唐宋时期，随着人口大量南迁和技术的传入，该区域开始得到大规模开发，最终经历宋元的发展，在

[①] 孔云峰：《民国初期河南省 1∶10 万地图精度分析》，《地球信息科学学报》2011 年第 2 期。

明清时期迎来了高潮。

在讨论垸田重建的相关问题之前，首先要对它本身有一个认识，即什么是垸田，我们该如何定义它。对于这一问题前人已经做了很多工作，基本得出了类似的结论，其中梅莉等最先对历史文献中的相关记载进行了梳理，得出的观点也最为完整，内容具体如下：

> 童承叙《嘉靖沔阳志》卷 8《河防》云："民田必因地高下，修堤障之，大者轮广数十里，小者十余里，谓之'院'。"这里所说的"院"，就是"垸"。同治《监利县志》卷 1《方舆志》在考证"垸"字时说："'院'字，《玉篇》云：'周垣也。'《增韵》有'垣墙者曰院'。今南堤之内有田数千亩，俱作堤塍御水，亦有周垣之象。字可从院，然以田亩畛域名为院，似太文，俗读'垸'，音如'院'。以其偏旁著土，故相沿为'垸'。"由于垸是院字的变体，音义相通，而院为垣墙之义，故有的县仍称"院田"，有的县又称"垣田"。①

通过综合考察，他们认为"垸田是两湖平原河湖交错的水乡地区一种四周以堤防环绕、具备排灌工程设施的高产水利田"②。这一解释可以说是最贴近江汉平原垸田实际情况的。

从数字化结果来看，垸田形态绝大部分呈现出一种不规则的圈状结构，这符合文献中的记录。这些大大小小的垸往往由堤防环绕形成，在地图上呈现出闭合且不规则的圈状结构，内部往往修有各种渠道、排水口和涵闸，彼此之间又修有渠道来互相沟通，呈鱼鳞状分布在江汉平原上。不过有少数垸，在形态上呈现出半闭合的形态，江陵县东南部的岑河口一带便是典型案例，绝大部分垸田都有完整的堤防结构，彼此相邻。不过在西北方向，有一系列沿河流分布的半闭合垸田，开口分别朝向南北，类似于鱼骨的形状。此外在

---

① 梅莉、张国雄、晏昌贵：《两湖平原开发探源》，南昌：江西教育出版社，1995 年，第 88 页。
② 梅莉、张国雄、晏昌贵：《两湖平原开发探源》，南昌：江西教育出版社，1995 年，第 91 页。

垸田聚集区的周围也存在着很多这种半开口的非闭合垸田。还有一类，虽然名称上也叫"某某垸"，但往往位于河流漫流区域，没有任何堤防，统称为"厂畈"，即指河流经过没有堤防的田地。

张国雄将明清时期江汉平原垸田内的土地类型分为四类，首先是地势最高、接近垸堤的外围地带——旱地；其次为稻田；再次是"似田非田，似水非水者。水至为堑，水退为田，每年种植，仅堪一季"的"荒沙湖田"，或叫"厂畈"，这是再次围垦的首要对象；最后是"种柴草资渔利"的"湖底水田"。后两类实为洪泛区，旱地稻田才是有稳定经济收益的农田。[①]这些没有堤防的田地，往往地势较低，同时又有多股河流流经，加之周围分布有湖泊，一旦发生洪涝灾害往往是受灾严重地区，但在综合考量下，不设堤防应该是性价比最高的做法。而只有部分堤防的垸田出现的原因就比较复杂了，有的可能是年久失修所导致；有的可能是出于地形的考量，比如有些垸田的缺口部分往往是地势较高的山地；也无法排除个别不完整的垸田是新修筑，在绘制地图时还未完工；同时也有可能存在地图绘制时出现的错误；还有就是也许经过数次洪水冲刷以后，垸被废弃，名称则被保留下来作为一种地理标识，与之类似的"某某台"便是这样演变的结果，在今天的江汉平原上成为自然村的名称。

二、垸田的面积与分布

对 1920 年代江汉平原垸田的结构形态形成一定认识后，接下来最重要的一个步骤便是对它的面积和分布情况进行考察。在具体展开论述之前，首先要明确一点，系统自带的属性表有"计算字段"的功能，理论上是可以计算出线要素的长度和面要素的面积，但前提是必须在投影坐标下，而本书使用的这批图在绘制时没有使用投影坐标，因此在实际操作中要想计算垸田的面积就必须赋予该图层一个投影坐标。结合江汉平原所处地理位置，本

① 张国雄：《江汉平原垸田的特征及其在明清时期的发展演变》，《农业考古》1989 年第 1 期。

书选用的坐标是"WGS_1984_UTM_Zone_50N"。从计算结果来看，垸田面积大小差距非常大，最小的只有不到 1 平方千米，最大的可以达到 100 多平方千米。

总的来看，垸田的分布呈现出沿江（长江、汉江）、沿河、沿湖以及平原区的特点。从数字化结果来看，江汉平原的垸田被汉江和长江一分为三：第一部分是汉江北部，包括天门、汉川、孝感等地区，这一区域垸田面积普遍较小，主要分布在河湖周边，整体规模较小；第二部分是汉江以南、长江以北区域，包括沔阳、监利、江陵、潜江等地区，这一区域是江汉平原的腹心地带，垸田分布最为密集，尤其是长湖—三湖—白露湖—洪湖的四湖地区最重要，其间分布的垸田面积大小不一，数量庞大，彼此紧密相连；第三部分则是长江以南，洞庭湖以北地区，包括松滋、公安、石首、嘉鱼等地区，这一地区的垸田依托荆江自北向南不断扩展，而公安地区尤其是沿荆江江堤分布的垸田，面积普遍较大，石首、松滋等地分布的垸田面积则相对较小，其余地区垸田零星沿长江南岸分布，面积也很小。

汉江以北和长江以南的大部分地区，由于处于江汉平原的边缘地带，而这些地区往往已经邻近丘陵山地，因此分布呈现出比较明显的聚类特征，并且面积普遍很小。相对于长江南岸的石首、监利等地的垸田，公安、松滋一带有着明显的不同，最大的特点就是存在比较多面积较大的垸田，这一现象的出现与明中叶形成的"北堤南疏"的思想有着密切关系。这一思想的形成，导致荆江两岸分流的局面，逐渐演变成主要向南岸泄洪，使得洞庭湖成为荆江洪水的重要调蓄点。关于这一具体变化过程，李可可曾经在《明清时期荆江洪水出路与"舍南救北"》一文中有详细论述，主要结论如下：

> 荆江洪水历史上长时期依靠南北两岸的穴口分流。明中叶"二口南流"局面的形成直接导致了"北堤南疏"治江策略的产生，从此，荆江大堤得以不断加高加固，江汉平原愈来愈依赖荆江大堤的

防洪保障，荆江洪水的分泄"专注于南"，结果导致湖身的浅涩与萎缩，促进了湖区堤垸的兴筑。道光年间，在频繁而严重的洪水压力之下，"北堤南疏"的策略逐渐演化成"舍南救北"，随着洪水形势的日益严峻，南岸被舍弃的范围扩大，终于导致了畛域之争并使之日趋激烈。[①]

在这种背景下，公安、松滋地区的垸田修筑的都比较大，以期在发生河堤决溢、洪水泛滥时候，给予缓冲，减轻洪涝灾害带来的损失。如果在围垸时，选择修筑比较小的垸，一旦洪水发生，极容易大面积被冲毁，而这一地带本身又是洪水频发，极易造成修建—破坏—修建的循环，其中的代价无疑是巨大的。

三、汉江以北地区垸田格局的演变

下面以天门、汉川和孝感县为例，尝试根据文献记载建立垸田分布的几个时间断面，考察明清至 1920 年代垸田的发展变化。这里要说明的一点是，受制于特殊的地理环境和水文条件，江汉平原垸田的开发和维护是与堤防建设紧密相连的，因此有关垸田的记载，往往见于地方志的堤防、水利章节以及一些私人或者官方所修纂的水利志书中，而这些历史文献在各个州县的分布非常不均匀，所以各个地区的说明会根据所收集材料有所详略，所建立的时间断面也会有所差异。

天门县"地势东南多水，西北多山。附沔水者，地卑而坦；界京山者，地高而隆"[②]，垸田发展受地形限制较大，考虑到用水需求，往往"北资山泉之灌溉。县南汉水之滨，乃以堤防为重焉"[③]。因此从清代初期开始，垸田主要集中在县境南部地区，并且依附于汉江及其支流包括牛蹄河、通顺河等南

---

① 李可可：《明清时期荆江洪水出路与"舍南救北"》，《荆州师范学院学报（社会科学版）》1999 年第 3 期。
② （清）俞昌烈：《楚北水利堤防纪要》，毛振培等点校，武汉：湖北人民出版社，1999 年，第 70 页。
③ 中国水利水电科学研究院水利史研究室编校：《再续行水金鉴·长江卷 2》，武汉：湖北人民出版社，2004 年，第 900 页。

北两岸。乾隆年间的《天门县志·水利》中有详细记载，内容见表 6-1。

表 6-1 《天门县志》（1765）主要河流两岸垸田记载

分布位置	垸田名称
襄河南岸	獚獐垸、牙旺垸、马家垸、上中洲（六区）、下中洲（六区）、下老观垸、石泉垸、长湖垸、猪矢垸、滥泥垸、奸獐垸、汇麻垸、官湖垸、北河垸、七江垸、青泛垸、桑林垸、夹洲垸、戴家垸
襄河北岸	长沟垸、月儿垸、上老观垸、范獐垸、洋潭沙沟垸、牛蹄垸、龚新垸、上陶林垸、下陶林垸、黄沙垸、团湖垸、查家垸、下殷河垸、泊鲁垸
通顺河南岸	上古垸、中下古垸、吴孔垸
通顺河北岸	芦林垸、大剅垸、牛槽垸、梁陈垸、穀家垸、报台滥沟垸
牛蹄河南岸	谭家垸、白湖垸、虎獐垸、河湖垸、黄洋垸、万贡垸、殷老垸、麻佃裴湖垸、毛湖垸、胡小垸、夹洲垸、施家垸、新冲垸、郑家垸、河湾垸、倒套垸、鸦鹊垸、柴头垸、钗子垸、下沙湾、宝丰垸
牛蹄河北岸	尹家垸、寒土垸、截河垸、花台垸、赵家垸、高作垸、新堰垸、陈昌垸、南湾垸、西汉垸、横林垸、张家台、冯思垸、高家垸、邹鲁彭垸、截筑汇麻垸、便文垸、李家港、灌溉垸、徐鲁苏汉垸、尹家垸、台陂垸、程铁垸、长乐垸、左脑垸、观音堂、社湖垸

　　《天门县志》自乾隆三十年（1765）知县胡翼修纂后，直到道光元年（1821）知县王希琼才再次修志，由于没有公开出版，要想了解这一时期天门县垸田的格局，笔者选择了同一时期成书稍晚的《楚北水利堤防纪要》作为参考依据。从其中记载对比来看，无论是垸田名称还是分布格局都没有发生太大变化。

　　时间延续到 1920 年代，从数字化结果来看，首先，这一时期天门县的垸田格局在之前的基础上发生了一定的变化。总的来看，由于地形限制，县境北部依然只有零星垸田分布。其次，在天门县以西有少量垸田呈带状分布，在其以东和三台湖以西的地带，是整个县境内垸田的集中分布区，在这个区域内东西向分布的垸田面积较大，南北向的垸田面积普遍较小。再次，牛蹄河两岸仍然分布有一些垸田，其中乾隆年间的一些垸田比如谭家垸、河湖垸、观音堂等得以保留，但很多已经消失。汉江两岸的情况与牛蹄河类似，除了北岸分布的长勾垸、老观垸、洋潭沙沟垸和牛蹄垸，以及南岸的长湖垸和一些不知名的小垸外，其他垸田在地图上并未见到。通顺河两岸的情况，由于缺失了潜江部分的地图，目前无法得知具体情况。

　　关于明清时期汉川县境内主要河流的堤防建设和垸田分布状况，鲁西奇和潘晟在《汉水中下游河道变迁与堤防》一书中已经考证得非常清楚了，因此在下文相关论述中，对这些需要说明的变化过程采取直接引用已有结论，不再对方志或者水利志书进行重复梳理。

　　汉川县的垸田发展是和河流堤防建设紧密联系在一起的，明代由于堤防建设始于中后期，而且进度缓慢，因此见于文献记载和舆图中的垸较少。有清一代，随着河湖堤防的逐步建立和完善，垸田的开发力度也随着不断上升，由于出现官垸与民垸的区分，垸田的变化主要集中在民垸和厂畈上，官垸变化则相对较少。

　　为什么会出现这种现象呢？这里涉及的主要问题就是垸田的分类，因此在展开说明之前有必要予以解释。张国雄对此有过比较深入的研究，他认为从行政管理角度来划分，清代垸田可以分为官垸、民垸、私垸三类。所谓官垸，即其垸名、垸堤长宽丈尺都必须在官府登记并报部备案。民垸仅登垸名，并且无报部规定。官垸报废，必须经部核实，得皇帝俞允。民垸报废则由垸民视其收益情况自行决定。此为官民垸区别之一。另外，官垸岁修前要上报修护计划，整个工程是在水利官员催督下进行，工竣由官府验收。民垸是否岁修，工程规模多大，决策权主要掌握在垸内地主豪绅手中。施工进度及工程质量也由垸民自己负责。至于私垸，它与前两者的区别在于它的非法性和没有法定的田赋负担，非法性是根据它对泄洪排涝蓄涝有无阻碍决定的。而随着河湖变化，可能不再是阻碍，因此非法性这一特征是不稳定的。①

　　这样看来，便很好地解释汉川县垸田的变化了。由于官垸是记录在册，并且有着严格的维护制度，因此一旦确立，很难产生新的变化。而随着移民进入和该区人口的再生产，大量土地被垦殖，民垸、私垸数量随之不断攀升。由于主导权在垸民手中，完全视利益而定，其兴废便会和当时的河湖环

---

① 张国雄：《江汉平原垸田的特征及其在明清时期的发展演变》，《农业考古》1989 年第 1 期。

境紧密联系在一起，随着河湖变化，比如河流改道、决口以及湖泊消亡，如果维护成本太高，便会选择放弃，再挑选合适之处进行开垦，而私垸因为没有记录或者部分升科成为民垸，那么反映在文献上的直接表现便是民垸的变化最大。

据同治《汉川县志》卷9《堤防》记载，汉川"宋元以前川堤兴废无可考，大抵皆始于明代"①。光绪《汉川图记征实》卷3《堤防》亦有"川邑堤防，始于明季"②的说法。研究表明，明代从渔泛浔、乾驿至汉川田二河转张池口与今河水河道相合的汉水河道，在明后期尚未修筑堤防，而在汉川境内的汉水正流堤防也较少，直至万历以后堤防才有较大发展。③《江汉堤防图考》成书于明朝隆庆二年（1568），比较详细地讲述了该时段长江中游地区水利堤防形式及治理过程。④它的内容大致由分县堤图和配套的文字解说两部分组成，从中我们可以对汉川当时的河湖环境和垸田分布格局有一个大致了解。

从《江汉堤防图考》来看，县境四周都分布有面积大小不一的湖泊，汉江在过张池口后分流，"一由竹筒河出刘家河隔二水复合流出汉口，故无大水患"⑤。垸田主要分布在县境西部，呈南北纵向分布在汉江支流两岸，有一些垸比如彭公（湖）垸、蓼湖垸和南湖垸等一直延续到了清代，而县境内汉江两岸基本没有垸田。鲁西奇和潘晟的研究也表明，万历至崇祯年间堤垸主要集中在西北周陂等乡，分布有南垸、老实垸、叫子台、太实垸和永固垸等，可以确定属于汉水沿岸堤垸的实际上只有白鱼垸。⑥县城的东北方向分布有小松湖、长湖和横湖，还没有形成后来水域面积广大的汈汊湖。

---

① 同治《汉川县志》卷9《堤防》，同治十二年刻本，第1页。
② 光绪《汉川图记征实》第3册《堤防》，光绪二十一年刻本，第26页。
③ 鲁西奇、潘晟：《汉水中下游河道变迁与堤防》，武汉：武汉大学出版社，2004年，第235页。
④ 陈涛：《美国国会图书馆藏明刻本〈江汉堤防图考〉的来历及史料价值初探》，《中国历史地理论丛》2017年第2期。
⑤ 《江汉堤防图考》，世界数字图书馆网站，网址：https://www.wdl.org/zh/。
⑥ 鲁西奇、潘晟：《汉水中下游河道变迁与堤防》，武汉：武汉大学出版社，2004年，第237页。

虽然良好的河湖环境可以减轻水患发生的频率和对垸田的冲击，但由于堤防建设比较缓慢，依旧有大水发生的状况。嘉靖三十九年（1560）汉水就发生了一次决溢，导致汉川各垸俱溃，"而竹筒河中塞十五里许，其张池口江身又复浅狭"①，使得水道壅塞，船舶不通。隆庆三年（1569），"知县张崇德疏浚腾池口，引松湖水东流，达汉逶迤五六里许。万历中再浚，从县东迎恩桥转搬载口，出会汉水，上有腾池桥，其出口名为乌柏口"②。

清前期康熙、雍正年间堤垸开始恢复并进一步发展，众多官垸随之开始在汉江两岸出现。关于堤防修筑顺序，首先从地势较高的西北境，与北部邻近天门河、牛蹄河、涢水地带开始；其次是中部的湖区地带；而汉水两岸由于工程量过于巨大加之地势险要最后开始修筑。③鲁西奇和潘晟根据乾隆十二年（1747）成书的《汉阳府志》的卷13《地舆志》和卷15《堤防志》，对汉江南北两岸的垸田进行了统计，其中汉水北岸主要有彭公垸、裙带垸、香花垸、姚儿垸、江西垸、麻埠垸等六垸；汉水南岸主要有白鱼垸、扁担垸、太安垸、索子垸、谢家垸等五垸。对比《江汉堤防图考》中的汉川县部分舆图就会发现，随着汉江两岸堤防建设的展开，垸田开发紧随其后，使得离江较近的湖泊被填垦，比如图上的江西湖、姚儿湖无论是从所处地理位置还是名称来看，都不难发现就是后来的江西垸和姚儿垸。还有一点就是，从同治《汉川县志》和光绪《汉川图记征实》记载可知，以上这些垸全部为官垸，而官垸最主要的特点便是"官督民修"和"记录在册"，由此不难看出最早官垸的出现很可能和官方对于沿江堤防的重视有着紧密关联。

除过南部的汉江外，汉川西北境内有竹筒河流经，在其两岸也分布有众多垸田。鲁西奇和潘晟根据乾隆《汉阳府志》卷15《堤防志》记载统计了出现的垸田，并进一步对可能出现的时间进行了合理分析，具体内容见表6-2。

---

① 《江汉堤防图考》，世界数字图书馆网站，网址：https://www.wdl.org/zh/。
② 同治《汉川县志》卷7《山川志》。
③ 鲁西奇、潘晟：《汉水中下游河道变迁与堤防》，武汉：武汉大学出版社，2004年，第300—301页。

表 6-2 竹筒河诸垸出现时间统计表

名称	修筑时间
老实垸、南湖垸	万历年间
太实垸、教子垸、德丰垸	天启四年（1624）
喻家垸、蓼湖垸、糜溅垸、东湖垸、杨条垸、石心垸、彭公垸、竹筒垸	康雍时期

除此之外，根据清代地方官员奏呈给皇帝的奏折，笔者发现在相关洪涝灾害记录中，有些时候会提到具体的垸名，而通过奏折上的具体年份可以得到这些垸田出现的最早时间下限。通过对《清代长江流域西南国际河流洪涝档案史料》中湖北地区官员的奏折筛选，发现了几处记录，内容见表 6-3。

表 6-3 《清代长江流域西南国际河流洪涝档案史料》所见垸田记录

垸名	出现时间	奏折内容
彭公垸	乾隆六年（1741）	汉阳府汉川县之彭公垸堤，于四月十二三（5 月 26、27 日）等日，因上游水发，堤口被淹数丈，当即修筑
六湖垸、裙带垸	乾隆十年（1745）	县属之六湖垸、裙带垸各冲溃一口
宁家垸	乾隆十一年（1746）	襄水暴涨，将永丰垸漫决三口，冲倒草房八间，人口并未伤损。是夜水势下流，复将白鱼、宁家二垸各溃一口，幸该垸早、中二稻，俱已收割……惟晚禾间被淹没
打雁垸	乾隆十三年（1748）	堤塍溃决，有该县之宁家、白鱼、打雁等三垸，田禾被淹
谢家垸	乾隆二十九年（1764）	汉川等县属榔头、谢家等垸，于六月初七、初九（7 月 5、7 日）等日被淹
麻埠垸	乾隆三十四年（1769）	五月下旬连朝大雨，江湖水涨，将……汉川之宁家麻埠等处……之沿江、傍湖各低洼田地、房屋，俱被浸淹各等情
南湖垸	嘉庆十五年（1810）	牛蹄支河水涨异常，致北岸南湖垸之田二河水漫过堤，溃缺一口，计宽十余丈
长兴垸、老实垸、太实垸、魏夏垸	嘉庆二十年（1815）	又因天门、潜江二县堤溃，水势下注，致将该县北关之外七里庙、长湾、长兴等垸畈，及西乡挨湖之德丰、太实、老实、魏夏等垸淹没

资料来源：水利电力部水管司科技司、水利水电科学研究院编：《清代长江流域西南国际河流洪涝档案史料》，北京：中华书局，1991 年

从以上结果来看，对比同治《汉川县志》和《汉川图记征实》中的垸田记载情况，可以发现有近八成的官垸在明代后期至清代乾嘉时期已经出现，

而分布在竹筒河两岸的垸田应该属于在明代开发基础上的继续发展，也有一部分是康雍时期的产物，而汉水两岸则基本是属于清代初期官督民修下的产物。

除此之外，变化最大的应该是汈汊湖。根据 1982 年《汉川县志》记载，汈汊湖在宋代以前，原本是一片洼地，大水时面积超过 1000 平方千米，对比1920 年代汈汊湖面积也才 200 多平方千米，可想而知当时还处于人烟稀少待开发的状态。之后由于汉水的泥沙淤积，逐步"沃野千里"。宋代以后，随着不断围垦，逐步形成了汈汊大垸。清初，由于汉水泥沙长期淤积，河床不断抬高，圩垸相对低下，后果就是每次遭遇汉水涨溢决口，汈汊大垸往往一片汪洋，垸民不堪其苦。最终在乾隆三十二年（1767），汉江再次决堤溃口，当地百姓请求废垸还湖，官府最终予以批准，同治《汉川县志》对此过程曾有详细记载，内容如下：

> 按乾隆三十二年春士民请废垸堤，知县左修绪详准入告，其略云：汉川汈汊垸在县境之西北，北有汈汊大湖，南街彭公、蓼湖、香花三垸，东西北三面圈筑长堤七千五百余丈，例系官督民修，堤外东为松湖，北为慈湖，西为竹筒支河，东北为德安府河入松湖之顶冲，西南为汉河，由竹筒支河入慈湖之顶冲，西北为天门县河三台湖入慈湖之顶冲，一经泛涨，水逼堤根，兼之彭公等三垸地居高阜，积水汇之，垸惟西北隅建有闸口，以资宣泄，而堤之正北一面内湖之水，又直抵堤内外，冲刷最为受险，以致漫溃频仍；垸内田亩势原洼下，科则甚轻，每年春麦大概有收，迨泛涨漫溃，业民多借捕鱼为生，然垸内尚有红粮三则，田地非尽属水乡渔粮，故溃决之年照例赈恤并借项修堤，合计乾隆二十六年、二十九年、三十年三次被水蠲免赈借等项，已费万有余金。第每年竭力修工，业民洵为艰苦，溃后抢筑大费周章，即无水之年岁修亦复拮据，是以有情愿废堤不筑之请。查该垸计长七千余丈，形虽绵长，单薄殊甚，向

系垸民分上下八总，按亩出夫分修，今欲加高培厚，足资捍卫则所费甚巨，民修力有不能借帑，难以征补，不如改粮废堤，以便民生而顺水性，旋奉部檄确查改则上八总红粮改入渔粮项下，上则起征免银九十二两一钱三分，减免南米八十石六斗四升，下八总减免南米五石一斗一升。①

总结来说，之所以要废垸为湖，最主要的原因就是投入与产出不成正比，效益太低。由于汈汊大垸三面被河湖环绕，不得不大范围修筑堤防，加之河湖冲刷和河流决溢，堤防维护成本太高，百姓苦不堪言；而汈汊垸本身又是官垸，并且科赋较低，一遇洪涝灾害侵袭，结果就是官府往往还得照例赈恤。无论是百姓还是官府都不愿意再投入大量的人力、物力、财力来经营，因此最终还是予以废除。汈汊湖的恢复，提高了这一地区调洪蓄洪的能力，大大降低了周围发生洪涝灾害的概率。可以说，平原湖垦为田，田又废成湖的现象日渐突出，是垸田大规模兴建剧烈改变当地河湖关系的必然结果。②不过虽然这一时期垸田的规模和围垦河湖的程度已经超过了明末，但相对清中后期来看，依旧保持了相对稳定的生产，出现了"湖广熟，天下足"的谚语。这和一系列政策的执行有着密切关联，比如禁垸之策、堤防岁修体制的确立等，水利工程的建设也加强了垸田的防洪能力，一定程度上缓和了人与水争利的矛盾。

道光、同治年间后，汉川民垸有了长足发展。《楚北水利堤防纪要》成书于道光二十年（1840），从其中的汉川全图来看，官垸的分布格局已经与同治《汉川县志》中的堤垸图基本一致，主要集中分布在县境西部竹筒河两岸和汉江两岸，此外在县境以北府河两岸也分布着少量官垸。民垸主要分布在竹筒河西岸、汉江两岸及松湖口以东。

光绪时期垸田主要格局已经成型，《汉川图记征实》中对官垸和民垸都有非常清楚的记载，具体内容见表6-4。

---

① 同治《汉川县志》卷9《堤防志》，同治十二年刻本，第17—18页。
② 梅莉、张国雄、晏昌贵：《两湖平原开发探源》，南昌：江西教育出版社，1995年，第120页。

表 6-4　《汉川图记征实》所见垸田记录

位置	官垸	民垸
汉南官民垸畈	谢家垸、索子垸、太安垸、扁担垸、白鱼垸	向家垸、黄家垸、桐木垸、何家垸、新垸（即永熟垸）、仁和垸、天成垸、祥兴垸、黄公垸、永乐垸、大兴垸、永丰垸、上太和垸、鸟跨垸、下太和垸、永福垸、隆兴垸、萧家垸、五德垸、三合垸、四合垸、全家垸、严家垸、永丰垸
汉南腹内官民垸畈	临江垸、细鱼垸、湘洋垸、朱龙垸、打雁垸、莲子垸	三邑垸、和丰垸
汉北官民垸畈	麻埠垸、江西垸、姚儿垸、香花垸、六湖垸、裙带垸、彭公垸	洪湖北垸、洪湖南垸、仁和垸、人和垸、安乐垸、同乐垸、快乐垸、吉稼垸、同兴垸、刘家垸、岳家垸、王家垸、严家垸
牛蹄支河官民垸畈	喻家垸、南湖垸	
竹筒河西岸官民垸畈	蓼湖垸、糜溦垸、东湖垸、石心垸、老实垸、德丰垸	杨条垸、邓家垸、蓝家垸
竹筒河东岸官民垸畈	竹筒垸、教子垸、太实垸	五婆垸、六小垸、小林垸、纸笔垸、永盛垸、宝丰垸、福星垸、紫微垸
涢南官民垸畈	郭家垸、十八里垸	高家垸、乐兴垸
涢北官民垸畈	后湖垸	长丰垸、灌子垸、蔡家垸、三合垸、九合垸、扁担垸、汪家垸
招儿河北岸垸畈	魏夏垸	
松湖东南官民垸畈	郝城垸、长兴垸	内包垸、扁担垸、道冠垸、沈家垸、天成垸、乐民垸、老军垸、蒋家垸、高家垸
腾池河南北垸畈堤防		永兴垸、大兴垸、正兴垸、曹家垸、段家垸、天成垸、公兴垸

　　到了 1920 年代，垸田在晚清的格局之上进一步发展。对比《汉川图记征实》中的记载来看，汉水南、北岸变化不大，基本维持了原有的格局，变化比较明显的是汉川南部与沔阳接壤的朱龙垸、莲子垸，这两垸内部基本被朱龙湖和莲子湖占据；竹筒河两岸民垸减少，剩余的基本都是官垸，原来的杨条垸、东湖垸以及糜溦垸三垸合并为一垸，垸内的杨条湖与东湖南北相连，糜溦湖与其他两湖中间有两条河道相连，三个湖泊占据了垸内一大

半面积，与此相邻的南湖垸情况类似。境内的东部和东北部则有了较大的变化，东北部有府河（即涢水）入境，垸田沿河流两岸向外不断扩张，彼此相接。不过值得注意的是，这一部分垸田无论是垸与垸之间还是垸内都极少有河流或者渠道分布。随着涢水继续南流，直至到达新沟汇入汉水，这个区间内的垸田数量也增加了不少，尤其是洪湖北垸以北的区域垸田分布比较密集。

值得注意的一点是，汉水以南处于县境东南部的区域，由于地形起伏较大，呈现出中间高、四周低的特征。考察《楚北水利堤防纪要》中汉川全图直观的反映是，虽然外围有一圈大小不一的湖泊分布，内部却遍布山地无法进行开垦，但即便是在这种条件下，依旧有民户尽可能地寻找可以利用的土地进行开垦，比如在白石湖以西的黄家垸、黄公垸和和丰垸，这些垸基本两侧都是山地。与之截然相反的是汉南腹内的情况，从汉川全图来看汉江南岸的垸田虽然有从沿江向腹内发展的趋势，但实际效果貌似并不理想。整个汉南腹内被南屏垸一个垸覆盖，而且除了南部修建了堤防外，其余并没有修堤迹象。为什么会出现这种情况呢？最大的原因还是地势低下，无法有效解决泄洪排涝的问题，根据1992年《汉川县志》记载：

南屏垸位于境南，北带汉江，南临泛区，面积约占全县1/4。以往仅高阜之地筑有小堤，建成小垸，能在正常年景保收。内有朱龙湖、莲子湖、细鱼湖、杨家洪、刘家湖、汪氏湖、蔡家湖、江西湖、上涉湖、北淌湖等十多个湖泊。皆是芦草遍地，钉螺横生。1919年（民国八年），天干湖涸，士绅王伟礽组织民众，集合零星小垸，创筑南屏堤，建成南屏垸。南屏垸兴建后，虽有防水之堤，却少有出水之路，沔水从老襄河、展翅河、吴家长河3路直入腹内，而垸内仅江集、五行口两部小闸排泄，远远不能满足排水要求，1934年加建军山闸，也因设计简陋，受"桃汛闭，重阳开"的约束，排水有限；加之汛期受东荆河泄流，长江沌水倒漾的威胁。因此，垸内常积水成灾，大片土地弃耕。[1]

从汉川全图来看，南屏垸堤以南为汉阳县境内，由于同样处于泛区，大片土地被弃耕，其间遍布河流湖泊，基本没有聚落分布，这也从侧面反映了这一区域受灾的严重程度。虽然修建了上自沔阳周家帮，东经汉川广口、江集、北河和汉阳新帮、五行口，下抵军山西麓，长达 14 千米的南屏垸堤，但是由于堤身单薄，实际效果并不乐观。根据 1∶50 000 汉川县图的标注，可以得知测绘于民国十八年（1929），而汉川全图中南屏垸的位置垸田建设依旧没有任何起色，垸内的汪氏台湖、江西湖、蔡家湖、刘家湖等已经大面积沦为沼泽草地。

直到新中国成立后，通过集合人力、物力多次修筑，堤防的抗洪能力才大大增强。据《汉川县志》记载，南屏垸堤几经加修，至新中国成立初，堤顶高程约 27 米，堤面宽度 2 米左右。1954 年 4 月，设置"川汉沔南联合管理段"（1957 年被撤销）。1956 年汉阳加修成功垸堤，在北河处与南屏垸堤相交（俗称斗坝合拢），南屏垸堤线改由西起北河斗坝闸，东至军山闸止，长 9.1 千米，较前缩短 5000 米。由于新中国成立以来的多次加修，堤顶高程达到 30.50 米，坡度内外比均为 1∶3，大部分筑有压浸台，堤面宽度 5—6 米，并在迎风堤段散石护坡 1000 余米长，抗洪能力较以往大为提高。1954 年以后未发生溃口。[2]与此相比，在民国时期，如此规模的堤防，全凭当地百姓负责维护，可想而知是一件多么艰巨的任务，在这种背景下，垸田的建设根本不可能取得大的进展。

随着后期不断开发，汈汊湖虽然没有再次被围垦，但沿湖周围已然开始有垸田出现，《汉川图记征实》中松湖东南和腾池河两岸的官民垸，很多就分布在汈汊湖附近。从数字化结果来看，到了 1920 年代，在汈汊湖以南、汉江以北狭窄的区域内，分布着众多面积较小的垸田；而西南方向除了名为"新

---

[1] 湖北省汉川县地方志编纂委员会：《汉川县志》，北京：中国城市出版社，1992 年，第 154 页。
[2] 湖北省汉川县地方志编纂委员会：《汉川县志》，北京：中国城市出版社，1992 年，第 148 页。

淤洲"的垸外，周围都是滩地，初步分析应该是由于竹筒河流经，可能时常发生决溢，因此没有进一步开垦。实际上像汧汉湖这种废垸还湖的现象只是少数情况，更多的则是湖泊淤淀被围垦，从同治《汉川县志》卷 7《山川志》记载来看，大量湖泊在垸田开发进程中消失，具体见表 6-5。

表 6-5 同治《汉川县志》所载湖泊消失情况

名称	位置及淤废情况
横湖	县东五里，今淤
溢港湖	横湖以北，同治九年李鸿章派官集士民勘丈
江西湖	县南五里，濒临汉水，道光二年屡溢屡淤
泽湖	县南十五里，淤为平地
龙车湖	县南十五里，旧为潴水之区，今成平陆
桐木湖	县东南二十里系马口下，逐年淤成平陆
叚庄湖	县南三十里，今淤为平地
木头湖	县南四十里，近淤
赤野湖	县南四十里，今淤
瓜子湖	县西北三十余里，今淤浅
播义湖	今淤成平田
汪泗湖、台湖	俱在县西南四十里，今淤
白土湖	嘉庆十五年已淤成田
黄金湖、铜顶湖、司里湖、随湖、留良湖	诸湖之最深广者咸丰初汉水北溢悉淤

与天门、汉川相比，孝感的垸田发展实际上最受地形因素限制，孝感北部为低山区，山峰海拔一般为 500—800 米。中部为丘陵过渡地带，地面高程为海拔 50—150 米。南部是平原湖区，只有这一部分属于江汉平原，地面高程在海拔 50 米以下，最低为童家湖，海拔 17.5 米，平原湖区占全区总面积的 29.4%。[1]在这种条件下，最初的农业大都是以陂塘灌溉为主的小型水利农田。见于方志记载的垸田往往称为"某某垣"，虽然单从字面来看，"垣"和"垸"实际上区别并不大，但是在孝感地区，往往"垣"与"陂塘"统称为"陂垣"，从这一点也可以看出垸田规模并不大。康熙《孝感县志》卷 5《营建》

---

① 孝感地区水利志编纂委员会编：《孝感地区水利志》，武汉：武汉大学出版社，1996 年。

有载:"(陂垣)旧序曰:土藩水垣,土客水陂,匪陂不膏,匪垣不稼,山泽之利兼之矣。邑其病岁乎,或曰:旱涝天也。奚土费曰:天胡可恃也。"此外,文中还提到"垣田原系湖乡,止产茅苇,居民择地势高阜处垒土为堤,竭力耕作,聊充国赋,山水暴涨,偶或冲决,鸠众自修,赋无逋欠"。①从这些记载不难发现,这一地区的垸田大多为百姓自发修建,而在发生洪涝灾害后,也是民间自发维修,在缴纳赋税上也没有拖欠,基本是处于自给自足的状态。《孝感地区水利志》中也有相关表述,内容如下:

> 至宋代,围垸筑堤防,建闸排水,开引引湖水渠,修建塘堰。
> 明至清初,全市小型农田水利发展较快。
> 围垸筑堤建设,是孝感市平原湖区扩大耕地,保护居民的重要水利设施。明嘉靖五年(1526)云梦知县潘渊筑两河口堤保护田庐居民。明万历元年(1573)德安知府马文炜修建㵐河西岸的孝感黄丝垸。据孝感卧龙碑刻记载,鲁家、万金、茶湖、文家是明末清初孝感的四大部垸。据统计,清末孝感有 56 处围垸。②

有关清初孝感地区的垸田建设情况,康熙《孝感县志》卷5《营建》亦有详细记载,内容见表6-6。

表6-6 康熙《孝感县志》所见陂垣

位置	名称
广阳乡	白陂(县丞卢哲修)、罗陂、研陂、长安陂、常林陂、大城陂、长塘陂
宏乐乡	雀陂、马陂、东官陂、天娥陂、石花陂、裩陂、石堰
郭下乡	石陂、官陂、千工陂、黑龙墩、乌陂
白云乡	八口陂、陈陂、磨陂、清水堰
其他	黄花垣、罗家垣、友邻垣、三台垣、天井垣、董家垣、戴家垣、宋家垣、高公垣、徐家垣、深沟垣、老鹳垣、鲁家垣、游家垣、游家小垣、汪家垣、万金垣、茶壶垣、彭家垣、李家垣、文家垣、长湖垣、冷家垣、简家垣、新城垣、游家垣、张家垣、涂柳垣、鲁班堤、鲁家垣、杨子垣、姜家垣、王家垣、叶家垣、张王垣、王家垣、冯家垣、鹅湖垣、柳家垣、枯河畈、湾半垣、黑龙墩、七里垣、邓家垣、秦家垣、溢马垣、孟家垣、柘树垣、响水垣、刘家垣、虫蛀垣、黄丝堤(知府马公文炜筑)、蔡家垣、李家新垣、龙坑

---

① 康熙《孝感县志》卷5《营建》,清嘉庆十六年刻本。
② 孝感地区水利志编纂委员会编:《孝感地区水利志》,武汉:武汉大学出版社,1996年,第303页。

有清一代，《孝感县志》只有康熙和光绪年间编纂的两部，而从光绪《孝感县志》卷2《营建》中有关"陂垣"的记载来看，完全是对上一部县志的传抄，没有任何改动。结合当时的情况进行推测，很可能是由于本身平原地区面积有限，即使垸田有进一步发展，但从整体局面来看，也不属于大范围的扩展。因此在重新修纂县志时，才会原封不动选择传抄。

从数字化结果来看，到了1920年代，孝感地区的垸田变化依旧不大，比如县境南部的茶湖垸、鲁家垸、文家垸等一直从明末清初延续到了民国时期。从汉川全图来看，由于孝感县城东北部和西南部两侧基本都是山地，因此垸田整体呈西北—东南向分布，同时可以看到除了县城周围的垸面积非常小以外，垸与垸的面积差距普遍不大。这就说明，孝感地区从明末清初到1920年代，这种以陂塘为主的小型水利农田，长期维持在一种自给自足的状态，而限制于地形因素，并没有像江汉平原的典型区域一样，无论是垸田的总体数量，还是自身面积，都没有显著的变化。

第三节　河网结构分析

一、1920年代地表水体基本状况

从数字化结果来看，垸田建设，出现大量长短不一、结构比较复杂的人工渠道，这就使得1920年代的江汉平原地表水体状况比较复杂，因此本部分将从河网和湖泊两个方面，对其概况进行介绍。

江汉平原地势低洼，河流主要分为长江水系和汉江水系，其中纵向河流分布在上荆江南北两岸的公安、枝江、松滋、江陵及荆门州境内，并且南岸的河网结构相对于北岸来讲要复杂一些，此外南岸公安境内的河网以虎渡河为分界，西侧河流大部分长度都在10—13千米，而东侧河流则呈现出另一特征，纵向有几条较长的河流，与虎渡河基本保持平行，其间分布着许多连接湖泊的小河。自藕池口到簰州的上荆江部分，除石首县以北的河曲部分分布

有一些河流外，从藕池口至尺八口这一部分，由于河曲发育，出现大量洲滩，南岸基本只有少数支流。从尺八口至簰州一带，南岸由于山地众多，河流分布也比较少，大都是作为沟通荆江和沿岸湖泊而存在的。

四湖地区情况各有不同。长湖以北大都已经是丘陵山地，河流自北向南注入湖泊，最主要的功能是补给蓄水量。三湖附近，由于缺少"潜江县"图幅，因此对于其东侧的情况不是很了解。西侧则分布有一系列面积较小的湖泊，彼此通过河流连接在一起。此外，在三湖西南部，河流纵横交织，呈现出明显的网状结构。白露湖周围河网比较稀疏，河流分布与湖泊有着密切关联，大都是作为沟通附近湖与湖而存在的。洪湖作为江汉平原腹内连接荆江的核心所在，承担着蓄洪泄洪的重任，因此围绕湖泊四周，分布有大量支流，彼此相连，并与周围湖泊、水系紧密联系在一起。

江汉平原腹内即沔阳境内，河网主要特征为树状结构。以东荆河和汉江为例，河流主干自西向东流经平原境内，在河流两岸分布有密密麻麻的支流，这些支流往往长度很短，大都是人工开挖的渠道，而渠道彼此又修有支渠相互连接；此外，这一地区湖泊碎片化非常严重，使得彼此之间沟通的河流数量增多，这就导致河网结构非常复杂，河网密度也非常高。沔阳以东、汉江以南的汉川县境内，河网稀疏，分布有众多小型湖泊，河道并不固定，时常发生泛滥。

汉江以北地区，主要分布有沉湖、中洲湖、汈汊湖等大型湖泊，这些湖泊在排涝蓄洪方面起着重要作用，因此河流分布与洪湖类似，其中沉湖最为典型。沉湖南北两侧分别为牛蹄河和汉江流经，每遇河流决溢，大量河水便会汇入其中，因此整个沉湖四周分布有密密麻麻的支流，来沟通河湖。沉湖以北的天门县境内，受地形限制，境内北部河流稀少，河流主要分布于境内东部地区，其西、北、南三侧都分布有湖泊，因此河网也呈现出树状结构。汉川以北的孝感地区，同样受制于地形，河流呈西北—东南走向，支流众多，河网密度较高。

　　江汉湖群是我国乃至世界上最不稳定的湖泊群，主要表现为大小湖泊形态不稳，面积变化大，消亡与解体迅速。[①]从数字化结果来看，1920年代江汉平原的湖泊碎片化已经非常严重。湖泊的面积和数量呈现出截然不同的两种情况，占总水面积近80%的湖泊，数量却只占到不到1/3，而绝大多数的小型湖泊，虽然数量多，但总面积却占了很少一部分。整体来看，面积较大的一些湖泊，诸如洪湖、汈汊湖、排湖等往往都分布在长江、汉江或主要支流沿岸。州县中无论是数量还是面积，沔阳州位居首位，而除了江陵县和汉川县境内分布有长湖、白露湖以及汈汊湖等面积较大的湖泊以外，公安、石首、监利、天门、松滋、孝感等县，分布的湖泊面积都比较小。而之所以这些面积大的湖泊没有解体，最主要的原因便是这类湖泊承担着境内排涝蓄水的功能，对于垸田体系非常重要，因此是必须存在的，而其他湖泊，则因为其排涝蓄水的作用较小，随着围垦不断地解体消亡。

二、河网密度分析

　　河网密度是指流域内干支流的总河长与流域面积的比值，即单位面积内的河道长度，代表一个区域内河网疏密程度。江汉平原1920年代的河网密度，在数字化工作完成后便可以进行计算。具体步骤如下：

　　第一步需要计算出所有河流（不包括长江干流）的长度。要完成这一工作，首先得赋予"河流"图层一个投影坐标，根据所处地理位置，这里设置的投影坐标为WGS_1984_UTM_Zone_50N。接下来再打开属性表，添加"SUM_length"字段（即河流长度），选择"计算几何"选项计算出长度（单位为千米）。

　　第二步建立该区域1000米×1000米的栅格。选择ArcGIS中的toolbox工具，依次打开数据管理工具→要素类→创建渔网，导入河流图层来确定经纬度范围，在"像元宽度"和"像元高度"中设置为1000米，几何类型选择

---

① 金伯欣主编：《江汉湖群综合研究》，武汉：湖北科学技术出版社，1992年，第17页。

"POLYGON"，点击生成，最终生成 23 656 个网格。

第三步分别计算落在每个网格中的河流长度。

由于每一个方格为 1000 米 × 1000 米，在计算出方格中的河流长度后，实际就是河网密度值，单位为千米/千米²。

计算结果河网密度为 0—4.439 千米/千米²，最小值为 0（之所以会出现这种情况，是因为这一区域湖泊众多，有些网格中是没有河流记录的，计算下来便默认为空值），最大值为 4.439 千米/千米²，平均值为 0.428 千米/千米²。

从整体来看，荆江以北、汉江以南的平原地带河网密度要明显高于周围地区，其中存在几个密度高值区域：①以沔阳县为中心半径 30 千米的区域是整个江汉平原河网密度最高的区域，尤其是排湖以北、沉湖以南的区域，密度最高；②在江陵县东南方向存在一个半径 9000 米左右的极值区域，具体范围南到岑河口，西至荆江，北至岑河口，东到三湖；③在孝感县城以南、汈汊湖东北方向，以及河溶司附近，也存在一个范围比较小的高密度区域。

之所以会出现这种现象，对比 1920 年代江汉平原垸田的数字化结果和河网密度图，就会发现两者在空间分布上有较好的一致性。首先，密度最低的地区即密度区间 [0，0.131158] 部分，可以发现这些区域，要不是面积较大的几个湖泊所在位置，要不就是垸田分布比较稀疏的地方；还有一些边缘地区由于靠近山地丘陵，河网密度也比较低。其次，垸田分布密集的区域，往往都是河网密度较高的地区。最后也即最重要的一点是，河网密度最高的区域，垸田往往除了分布比较密集以外，其面积都普遍较小。这就足以说明，清末民初江汉平原河网的形成与垸田开发密切相关。因为垸田在建设过程中，为了解决灌溉与排涝的问题，往往要开挖河渠，而随着清中叶以后开发规模不断扩大，垸田出现饱和状态，这就使得除了垸田本身要修筑渠道以外，垸与垸之间、垸与湖之间、垸与河之间、湖与湖之间、湖与河之间等都需要通过河流或者渠道来互相疏通联系，从而降低洪涝灾害发生的频率，来减轻损失。四湖地区和沔阳境内是整个江汉平原垸田分布最密集的地区，而且湖泊碎片化又比较严重，这就需要修建大量支渠，加之河湖关系复杂，也加大了对大型水利工程的需求。以四湖地区为例，嘉庆十二年（1807），湖广总督汪志伊为解决洪涝灾害，于监利福田寺、沔阳新堤修建闸门，疏通两闸之间的陈河港、白公溪等地区，并建立了与之配套的开闸放水制度，内容如下：

> 又沔阳州所属滨临江水之新堤地方，即古之茅江口并前水港口，系前明大学士张居正因有关其祖坟风水筑堤堵塞。今丈量新堤内河之水高于外江水一丈二尺，宜开堤建石闸一座。并筹定启闸章程：每年十月十五日先开新堤闸，十月二十日次开福田寺闸，计可疏消积水五六尺，各垸田即可涸出十分之八九；每年三月十五日先开福田闸，不以邻为壑，三月二十日次开新堤闸，不使江水倒灌。至姚家河以上之积水欲由太马河而达于闸，必须于郑家废垸中开小河一道以通之。其上下两闸间之陈河港、王家港、郑家湖、刁子口、白公溪、嘉应港、白洼塘、何家湾、水头港等处淤塞，亦应一律挑挖深通，俾水达洪湖，由新堤石闸入江，则江、监、潜、沔四邑数百垸积涝之田可期涸出。[①]

这一水利工程的实施，极大地缓解了江水倒灌的问题，以及江陵、监利、潜江和沔阳等地的积水问题，而洪湖由于承担了主体泄洪蓄洪的作用，因此一直到 1920 年代，在大部分湖泊为垸田包围的状况下，依旧在周围保留了众多滩地。

至于另外两个河网密度高值区域、情况则与沔阳、四湖地区又有所不同。这两个区域之所以河网密度高，除了因为垸田分布比较密集外，最重要的一点就是垸田普遍规模不大，这就导致在一定的空间内，挑挖渠道的数量与垸田面积成反比，因此就会出现在垸田密集的地区，垸田面积越小，河网密度越高。

垸田除了影响河网密度外，对湖泊的影响也非常大。乾隆《天门县志·水

---

① （清）俞昌烈：《楚北水利堤防纪要》，毛振培等点校，武汉：湖北人民出版社，1999 年，第 113—114 页。

利》曾载："防下田浸则湖泄之，旱则湖溉之，田之良，良以湖。湖不可埂，埂则涂泥壅遏，水闭不行且涸，病在田，水溢不受且泛病在田。"由于整个平原地势低洼，河网纵横交织，如果没有湖泊进行调蓄，一旦发生洪涝灾害，后果可想而知，因此湖泊对于垸田的重要性可谓不言而喻。从数字化结果来看，除了洪湖、排湖以外，绝大多数面积比较大的湖泊已经被垸田包围，而面积较小呈碎片化分布的湖泊，则被一个个垸内包于其中，这无疑大大降低了江汉平原内部处理洪涝灾害的能力，民国二十年（1931）、二十四年的大面积洪水泛滥就是最好的证明。